DIREITO PENAL: PARTE ESPECIAL

realidades social, dogmática e jurisprudencial

SÉRIE CURSOS DE DIREITO

inter saberes

Fauzi Hassan Choukr

DIREITO PENAL: PARTE ESPECIAL realidades social, dogmática e jurisprudencial

Rua Clara Vendramin, 58 ■ Mossunguê
CEP 81200-170 ■ Curitiba ■ PR ■ Brasil
Fone: (41) 2106-4170
www.intersaberes.com
editora@intersaberes.com

Editora-chefe Lindsay Azambuja
Gerente editorial Ariadne Nunes Wenger
Assistente editorial Daniela Viroli Pereira Pinto
Revisão de texto Fábia Mariela De Biasi
Edição de texto Palavra do Editor ■ Tiago Krelling Marinaska
Capa e projeto gráfico Sílvio Gabriel Spannenberg
Equipe de *design* Sílvio Gabriel Spannenberg ■ Charles L. da Silva
Diagramação Cassiano Darela
Iconografia Regina Claudia Cruz Prestes

Dados Internacionais de Catalogação na Publicação (CIP)
(Câmara Brasileira do Livro, SP, Brasil)

Choukr, Fauzi Hassan
Curso de direito penal : parte especial : realidades social, dogmática e jurisprudencial / Fauzi Hassan Choukr. – Curitiba, PR : InterSaberes, 2024. – (Série cursos de direito)
Bibliografia.
ISBN 978-85-227-1427-8
1. Direito penal 2. Direito penal - Brasil I. Título. II. Série.
24-210666 CDD-343

Índices para catálogo sistemático:
1. Direito penal 343
Cibele Maria Dias - Bibliotecária - CRB-8/9427

1ª edição, 2024.
Foi feito o depósito legal.

Sumário

Capítulo 1

Elementos fundamentais para a construção da Parte Especial do Código Penal 7

1.1 Uma breve abordagem sobre codificação e consolidação de leis (penais) 8

1.2 Parte Especial do Código Penal: entre teorizar e sistematizar 10

Capítulo 2

A dimensão existencial e sua tutela penal 21

2.1 A vida como tutela principal na cronologia legislativa do Código Penal 22

2.2 Contextualização 23

2.3 O crime contra a vida na sociedade brasileira contemporânea 25

2.4 Realidades sociais que impõem particularidades na criminalização contra a vida 33

Capítulo 3

A dignidade sexual 87

3.1 Realidade social da violência sexual 95

3.2 Fatores de vitimização acentuada 96

3.3 A dimensão normativa da dignidade sexual 98

3.4 A ação penal nos crimes contra a dignidade sexual 101

Capítulo 4

Crimes contra o patrimônio 105

4.1 Crimes contra o patrimônio na sociedade brasileira 106

4.2 Crimes patrimoniais e pandemia 107

4.3 O impacto da tecnologia nos crimes patrimoniais 109

4.4 O fator etário para os crimes patrimoniais 111

4.5 A dimensão econômica do patrimônio 112

4.6 Crimes contra o patrimônio e reincidência 114

Capítulo 5

Crimes contra a fé pública 163

5.1 Introdução 164

5.2 Falsidades 164

Capítulo 6
Crimes contra a administração da justiça 179

Capítulo 7
Crimes contra o Estado democrático de direito 197
7.1 Introdução 198
7.2 O eixo da tutela política: a proteção do Estado de direito 201
7.3 Interfaces entre as bases gerais do direito penal e a tutela política 204

Referências 243
Sobre o autor 251

Capítulo 1

Elementos fundamentais para a construção da Parte Especial do Código Penal

1.1 Uma breve abordagem sobre codificação e consolidação de leis (penais)

A codificação do direito penal desempenha um papel crucial na organização e no funcionamento do sistema penal, cuja sistematicidade e organicidade apresentam-se como horizontes indispensáveis numa perspectiva de racionalidade.

O "código"[1] normativamente produzido abrange(ria) inteiramente uma determinada matéria, reunindo o tratamento normativo do assunto e atuando como referência para futuros tratamentos legislativos relacionados a esse tema. Além disso, a codificação também tem o papel de rediscutir o conteúdo das normas esparsas no sistema jurídico, especialmente quando estas se mostram excessivas, inadequadas ao contexto social ou desproporcionais entre si.

Recorde-se que

> Unidade, completude e coerência são, portanto, postulados que devem ser observados tanto e principalmente pelo jurista, como também pelo legislador. Embora pertença a uma unidade jurídica, seja normativa ou dogmática, o fenômeno jurídico é um todo complexo e seus efeitos são estudados separadamente por exigência da boa didática. (Caruso; Brener, 2022, p. 2)

A codificação é tema de discussão ao longo da história penal brasileira (objeto principal desta obra), desde as Ordenações Afonsinas, Manuelinas e Filipinas até os debates contemporâneos sobre o Código Penal de 1940, reformado em 1984[2] e agravado pela sucessão frenética de criação de tipos penais desde a redemocratização, em 1988[3].

Contudo, essa proliferação desenfreada de criação de novas condutas penalmente relevantes coloca em discussão a expansão do sistema incriminador para além da racionalidade clássica atribuída à codificação.

A obtenção da racionalização do sistema (aqui, em particular, o jurídico-penal) não passou despercebida pela sociologia (geral e jurídica). Max Weber, ao analisar o desenvolvimento do capitalismo ocidental, destaca a importância da racionalização na esfera jurídica, ressaltando que a incorporação da lei racional precedeu o surgimento do capitalismo moderno e contribuiu para a ascensão desse sistema econômico (Borges, 2007) e que esse período de incorporação da

---

1 Para nossa abordagem sobre os enfoques da palavra *código* na estruturação do sistema penal, ver: Choukr, 2003.

2 Ver, entre outros: Ponte; Aoki, 2018.

3 Ver, na vasta literatura a respeito, entre outros: Cifali, 2015.

lei racional marcou uma transformação classificatória e enciclopédica, essencial para a consolidação do capitalismo moderno (Borges, 2007).

Com base nessa análise, a legislação penal deve ser construída de forma a conectar meios e fins de maneira clara e coerente, evitando lacunas que possam comprometer sua aplicação (Borges, 2007).

Esse ideal de racionalidade não se mostra compatível com a realidade social em que o sistema penal acaba por assumir funções simbólicas e promocionais[4], além de servir de mecanismo de sustentação para um determinado modelo econômico[5] que lhe exige um papel central num cenário de aparente desregulação estatal, mas que não abre mão de instrumentos punitivos para garantir seu funcionamento. Nem a construção acadêmica, nem as manifestações do "direito vivido" foram capazes de frear esse movimento[6].

No contexto brasileiro pós-redemocratização, a política criminal demonstrou uma ambiguidade marcante entre punição e prevenção[7], autoritarismo e cidadania. Isso resultou na aprovação de leis que tanto recrudescem a punição quanto ampliam direitos e garantias dos acusados.

Aqui, como justificativa para o expansionismo penal, cabe discutir a posição de Silveira (2010), para quem esse acréscimo de criminalização decorre do Estado de bem-estar social particularmente otimizado, segundo o autor, na Constituição de 1988. Assim, conclui seu raciocínio para afirmar que

> no tocante à relação direitos sociais vs. leis penais, o crescimento das últimas parece menos ligado ao modelo de Estado (intervencionista ou abstencionista) do que às expectativas geradas no sentido da efetivação de direitos. No final da década de 80 e durante toda a década de 90, auge do vento neoliberal na política brasileira, temos bons exemplos de leis penais com visível coloração social. (Silveira, 2010, p. 25)

Alegar que o sistema penal se expande em função de direitos sociais é uma afirmação ousada, para dizer o mínimo, que se choca com toda a literatura criminológica que, com sólida pesquisa de revisão bibliográfica e empírica, mostra exatamente a preponderância do modelo econômico na construção da expansão penal e, mais que isso, no incremento da lógica da punição.

Ademais, por essa mesma preponderância econômica e seus reflexos no desmantelamento do Estado de bem-estar social, observa-se o agravamento da pobreza como um fator determinante para o expansionismo da lógica punitiva.

---

4 Ver: Mendes, 2015.
5 Ver, entre outros: Souza, 2012.
6 Ver, entre outros: Falavigno, 2021.
7 Ver, entre outros: Pastana, 2020.

Melhor seria afirmar que a legislação neocriminalizante (Campos; Azevedo, 2020), oriunda de diferentes espectros, contribuiu para a complexidade do sistema penal brasileiro[8] para além de seu óbvio resultado de superencarceramento (Ferreira; Masieiro; Machado, 2018).

Essa dualidade na formulação de leis indica a necessidade de uma abordagem diferenciada para compreender a política criminal no Brasil e seus impactos na (ir)racionalidade penal codificada. A ausência de um padrão hegemônico sobre o funcionamento do sistema penal resulta na aprovação de normas com objetivos diversos. Por isso, é equivocado afirmar que o Brasil segue de forma mecânica a tendência de aumento do poder punitivo estatal observada em outros países ocidentais (Campos; Azevedo, 2020).

Essa superprodução legislativa coloca em risco, portanto, as bases lógicas de sustentação de um ideal de codificação – e até mesmo de consolidação – de leis (penais) e compromete de maneira substancial o que se pretenderia ser a construção de bases de uma "teoria geral" da Parte Especial de um "código" penal.

1.2 Parte Especial do Código Penal: entre teorizar e sistematizar

Inicialmente, é necessário delimitar a abordagem a seguir proposta para entendê-la como referente ao conjunto de condutas incriminadoras contidas no diploma legal denominado *Código Penal*. Esta é uma delimitação conceitual relevante se considerarmos que na "doutrina italiana recentíssima, a expressão *parte especial do direito penal* é utilizada em sentido amplo incluindo, também, a noção de *parte especial do Código Penal*" (Sales, 2004, p. 4).

Ademais, tira do contexto da presente obra abordagens da legislação descodificada, ainda que, por certo, ela seja de fundamental importância se observado o sistema penal como um todo.

Ao se deparar com o título proposto para o presente tópico, é preciso considerar, segundo cremos, a viabilidade de uma "teorização" da Parte Especial do Código Penal ou avaliar se o caminho mais adequado seria o de uma "sistematização" desse segmento normativo para, na sequência, buscar entender sua necessidade e sua funcionalidade.

Constatada sua possibilidade, necessidade e funcionalidade, quais seriam os elementos constitutivos dessa teoria ou dessa sistematização? Anima-se a reflexão posto que na literatura internacional há uma constante referência a

8 Entre outros, ver: Campos, 2014.

um trecho de Pisapia (1948, p. 18) a partir de sua afirmação de ser essa parte da legislação penal o "*l'unico vero e proprio diritto penale*".

Nada obstante essa anotada essência, conforme acurada observação doutrinária,

> É comum se dar menor atenção ao estudo da parte especial em relação à parte geral, considerando-a de certa forma **entediante**. Ao mesmo tempo em que se visualiza na parte geral o alto nível de abstração e a riqueza conceitual próprias de temas essencialmente filosóficos – conforme se vê especialmente na Alemanha –, o interesse pela parte especial fica restrito, em regra, a situações em que ele se faz estritamente necessário, ou seja, na prática forense ou se consistir em conteúdo exigido por concursos públicos. Soma-se a tudo isso a circunstância histórico-política de a origem da parte geral ser diretamente referenciada ao direito penal **moderno/iluminista**, despertando, portanto, maior interesse àqueles que saudavelmente lutam por um direito penal **mínimo**. (Giamberardino, 2019, p. 158, grifo do original)

Esse interesse meramente instrumental gera efeitos perniciosos, conforme destaca o mesmo trabalho citado, pontuando-se, com igual precisão, que

> No plano da produção doutrinária sobre a parte especial, a regra é a subordinação às condições de interesse **retro** citadas, quais sejam: produção teórica com olhar estreito sobre a prática forense ou voltada à síntese do conteúdo exigido em concursos públicos. É evidente que o tema trata de um estudo essencialmente voltado à prática, porém isto não implica uma abordagem acrítica ou monodisciplinar. Ocorre que saber **doutrinário** e **jurisprudencial** se relacionam como em um círculo vicioso, legitimando-se reciprocamente; sendo restrito o número de obras e reflexões que tratem de aspectos **gerais** da parte especial, dentre os quais sua intensa correlação com o respectivo nível de **constitucionalização** do direito penal em dado ordenamento. (Giamberardino, 2019, p. 158-159, grifo do original)

Nesse contexto, compreende-se que são escassos ao extremo trabalhos que visam explorar as bases de "teoria geral" para a parte especial do Código Penal. Caruso e Brener (2022, p. 2) apontam que, como resposta,

> O esquecimento da Parte Especial do Código Penal, então, incomodou os juristas que, para ela, reclamaram maior atenção. Como resultado, foram formuladas duas propostas: (i) a construção de uma Teoria Geral para a Parte Especial e (ii) o desenvolvimento de um estudo sistemático dos crimes em espécie.

Após 1988[9], inicialmente, a preocupação foi mais evidente em trabalhos acadêmicos, destacando-se duas teses na Universidade de São Paulo referentes ao tema. Toma-se, aqui, a primeira das ordens de ideias anteriormente mencionadas: se é possível a existência de uma "teoria geral" da Parte Especial.

1.2.1 Tentativas dogmáticas

Sem criar exatamente uma "teoria", mas objetivando expor seus elementos constitutivos, a primeira das tentativas de abordagem do tema foi desenhada por Médici (2003, p. 12), que se dedica ao trabalho da

> análise dos fundamentos da Parte Especial do Direito Penal e das relações desta com os principais temas doutrinários da ciência criminal, com o objetivo de enunciar os elementos necessários à formulação de uma teoria relativa aos crimes em espécie. A exegese dos tipos penais de forma isolada, com apoio na tipicidade, ilicitude e culpabilidade, bem como nas demais regras da Parte Geral, revela-se insuficiente à correta interpretação destas normas e propicia o surgimento de graves e indesejáveis equívocos nos textos legais.

Para o autor, é

> inaceitável, igualmente, o estudo das Partes Geral e Especial do Direito Penal como compartimentos autônomos e independentes de uma mesma estrutura jurídico-legal. Afinal, o Direito Penal deve ser um conjunto harmônico de regras, refletindo de forma plena a orientação indicada pela Política Criminal de um Estado. O estudo sistemático dos grandes problemas que apresenta a Parte Especial do Direito Penal é um imperativo do próprio método de construção jurídica que a Ciência Dogmática do Direito impõe a todos os seus ramos e setores normativos. Assim, todas as especulações doutrinárias da ciência jurídico-penal cairiam no vácuo, se não se referissem às figuras típicas de cada forma particular de delito. É, por isso, que a definição de tipo legal constitui um conceito básico que domina o Direito Penal em toda sua extensão e profundidade. A formulação de uma Teoria da Parte Especial do Direito Penal revela-se, também, como

9 Aqui, a referência é à produção na literatura brasileira. No direito alemão, como apontado por Caruso e Brener (2022, notas de rodapé 89 e 90), há as posições de Naucke, que "defendeu a insuficiência de uma sistematização da Parte Especial segundo os bens jurídicos protegidos, sugerindo o desenvolvimento de uma teoria geral da interpretação dos tipos penais a partir da perspectiva do autor e dos seus motivos para a prática do crime, o que, para ele, seria uma proposta mais robusta, sem lacunas ou omissões, que permitiria compreender o quadro geral da tutela penal abarcando, inclusive, a teoria da pena", e de Tiedmann, esta especialmente voltada para o direito penal econômico, que "defende uma Parte Geral da Parte Especial para os crimes econômicos, argumentando que tipos penais há cuja configuração é autônoma e, portanto, requerem interpretações próprias segundo os seus objetivos de tutela, como se houvesse um *prius logico* da Parte Especial sobre a Parte Geral".

> verdadeira ponte a ligar as duas Partes de um Código Penal e um importante elo entre estas e a legislação criminal extravagante. (Médici, 2003, p. 15)

De acordo com a tese proposta, "tal teoria, sem jamais propor renúncia à consagrada divisão do Código em duas Partes, busca estabelecer critérios fundamentais que devem nortear não só o intérprete e o aplicador das normas vigentes, mas, sobretudo o legislador, quando da elaboração de novas leis penais" (Médici, 2003, p. 15). Por fim, argumenta-se ser possível a elaboração de

> uma Teoria da Parte Especial, não obstante as dificuldades apontadas pelos autores que a contestam, especialmente para se evitar que os tipos penais sejam analisados um a um, como se fossem únicos, isolados, verdadeiras ilhas. Assim, uma Teoria da Parte Especial deve exprimir um mapa deste arquipélago. Ressalte-se que a instituição de regras genéricas que disciplinem a elaboração dos tipos e assegurem a proporcionalidade das penas, de forma clara e objetiva, não está contida na Parte Geral dos códigos penais. Muito menos se revela artificiosa e frágil a elaboração de tal teoria, ainda que intermediária, eliminando deficiências do atual sistema, que divide o Código em dois compartimentos pouco interligados entre si. Do contrário, persistirá a atual situação do Direito Penal brasileiro, com uma Parte Especial de mais de sessenta anos e uma Geral razoavelmente atualizada, com a criação de tipos de obscura redação e sem determinação da objetividade jurídica e com a cominação de penas em total descompasso com as regras genéricas. (Médici, 2003, p. 16)

As principais conclusões do trabalho são:

1] A Constituição, por situar-se no ápice da hierarquia das fontes do Direito, revelando os fundamentos político-sociais e institucionais que regem a legislação ordinária deve, obrigatoriamente, impor os preceitos jurídico-penais socialmente relevantes, criando as diretrizes básicas das leis criminais. Por isso, toda reforma constitucional requer uma adequação do Código Penal e da legislação penal extravagante.

2] No Brasil, a intervenção legislativa na Parte Especial do Código processa-se sem um mínimo de estrutura orgânica. Não se respeita qualquer sequência lógica e, o que é pior, não se atenta à proporcionalidade das penas na cominação em confronto com a relevância da objetividade jurídica.

3] A lei penal incriminadora, incluindo-se a de ordem internacional, não pode somente selecionar os fatos que considera merecedores de sanção penal. Deve, sobretudo, atentar para o desvalor da conduta em relação à pena apropriada. Trata-se, em suma, de estabelecer uma graduação que impeça uma arbitrariedade na punição, ainda que amparada por uma lei. Mesmo quando se altera a Parte Geral do Código sem a preocupação com a proporcionalidade das sanções cominadas e para o relevo do bem jurídico frente ao desvalor da conduta, o conjunto de leis incriminadoras é atingido.

4] As funções essenciais da Parte Especial são as seguintes: fixar quais os valores que em determinado momento da evolução da cultura são julgados merecedores da proteção penal; definir de maneira precisa, pelos seus elementos distintivos, os fatos que, por ofenderem ou ameaçarem qualquer daqueles valores, são passíveis de punição; estabelecer a qualidade e a quantidade da pena imposta em cada caso; e classificar os fatos puníveis, ordenando-os segundo o critério admitido. Contando apenas com os conceitos genéricos, não é possível dar aplicação prática ao direito penal, face à exigência de descrição das condutas incriminadas e de cominação de penas (princípio da legalidade). Por isso, hipoteticamente, a única parte que sobreviveria isolada seria a Especial.

5] As normas incriminadoras constituem a essência e o fundamento da existência da Parte Especial do Código. Mas além dos tipos e das respectivas sanções a eles cominadas, também compõem a Parte Especial dispositivos sem nenhum caráter incriminador.

6] A base para a estrutura dos tipos da Parte Especial é representada pelo bem jurídico protegido, que constitui a causa permanente de classificação dos distintos fatos puníveis.

7] Por meio da Política Criminal, o Estado deve determinar a orientação a ser seguida na prevenção e repressão à criminalidade, tanto na elaboração de leis quanto nas ações direta ou indiretamente adotadas no campo administrativo. Mas a incriminação formal, isto é, a definição dos delitos em lei, é tarefa do legislador. Entretanto, para cumprir adequadamente sua missão de garantia, antes da concepção legal, a criação dos tipos deve necessariamente passar por uma incriminação material, consistente na manifestação da sociedade a respeito dos bens merecedores de proteção jurídico-penal.

8] A Teoria da Parte Especial do Direito Penal revela-se, portanto, indispensável à plena sistematização do Código Penal, harmonizando as regras gerais com as normas da Parte Especial. Por meio de suas concepções, tornam-se mais claros os preceitos incriminadores e se garante a proporcionalidade das penas. (Médici, 2003, p. 20)

Essa relevante construção teórica não encontrou, contudo, alentada repercussão acadêmica, restando como permanente a indicação em segmentos doutrinários – muitas vezes mais frequentes em outros campos do conhecimento, como a sociologia[10] (jurídica) e as ciências sociais – da incontida irracionalidade na construção de tipos penais, o que faz com que o direito penal descumpra seu

10 Ver, por exemplo: Pinto, 2006.

papel subsidiário na contenção dos conflitos sociais[11], expandindo-se (em contraposição à sua atuação minimalista[12]). Nas palavras de Hassemer (2009, p. 196):

> O Direito Penal se solta de seu pensamento passado orientado pelo ilícito e pela retribuição da culpa e se posiciona na perseguição do objetivo e promete soluções para os problemas... Esses serão, então, solucionados com a ameaça de punição e, eventualmente, são resolvidos com a execução da pena. Mas isso é adequado? Quando se dedica um olhar mais atento, isso não se ajusta nem à nossa tradição nem às nossas experiências.

Quase uma década após a conclusão da tese de Médici (2003), Gomes (2014), em sua tese de livre-docência posteriormente publicada comercialmente, adensa as bases para a construção de uma teoria geral da Parte Especial, apontando suas características – e, também, de seus elementos constitutivos – e, em particular, a forma de construção dos tipos, sua sistematização e interpretação.

1.2.2 É possível construir uma "teoria" para a Parte Especial

As precursoras e indispensáveis construções doutrinárias surgidas já no contexto do país redemocratizado apresentam inúmeros laços comuns quanto aos elementos constitutivos para uma teoria geral, entre os quais se destaca a fundamentação constitucional – à qual acresceríamos a fundamentação convencional – como critério definidor, sistematizador e interpretativo prioritário da Parte Especial.

Esses elos comuns demonstram que, observados em conjunto com elementos conceituais típicos da Parte Geral (como, *v.g.*, o de *bem jurídico*), mais que uma "teoria", a sistematização de elementos próprios da criação dos "tipos incriminadores" é possível e, mais que isso, necessária.

Entretanto, para que se lhe deem as funcionalidades necessárias – a serem discutidas na sequência –, outros elementos constitutivos haveriam de ser incorporados.

1.2.3 A funcionalidade de uma sistematização para a Parte Especial

Nesta obra, cumpre pontuar os aspectos centrais da sistematização para a oxigenação dos estudos e da prática da Parte Especial, com o intuito de fugir do cenário desolador destacado anteriormente por Giamberdino (2009).

---

11 Para a crítica, ver, entre outros: Hassemer, 2009.
12 Ver: Roxin, 1997, p. 65.

Assim, a construção sistêmica - mais que uma "teoria" - poderia servir-se da explicitação da realidade social justificadora - ou, no mínimo, explicativa - da criação dos tipos penais - ou da inserção de formas de agravamento de pena - a fim de que deixassem de ser vistas como um fruto "natural" da atividade legislativa, enfatizando a existência dos conflitos sociais concretos que (des)orientam o legislador à criação dos tipos.

Ademais, essa sistematização haveria de criar parâmetros de racionalidade hermenêutica para o órgão julgador, bem como propiciar à doutrina um campo de observação mais coerente e que favoreça sua tarefa de fazer evoluir o sistema penal.

1.2.3.1 A inserção da realidade social na construção da sistematização da Parte Especial

Talvez esta seja uma das grandes capacidades doutrinárias para efetivamente contribuir para a quebra de um discurso "plastificado" da Parte Especial: inserir os conflitos sociais reais que a alimentam e, assim, fugir dos personagens de ficção já anedóticos "Tício, Mévio e Caio" e suas peripécias interpretadas pelo mercado do direito com categorias jurídicas artificiais, inconsistentes e que pouco ou nada impactam a realidade social.

Nessa visão, o direito se apresenta como uma concreta disputa social que tem nos intervenientes jurídicos agentes preponderantes na construção da política penal. Assim também o entende Enguéléguélé (2018, p. 962):

> longe da ficção de um sistema de normas fechado e "acabado", produto da vontade de um legislador abstrato, e aparece doravante como uma realidade cultural. Consequência direta da modernização da organização social e dos avanços da economia capitalista, ele também pode ser analisado em relação às atividades de um grupo social especializado na formalização e na aplicação das regras jurídicas. Esse deslocamento tem repercussões no campo criminal: em vários estudos do tipo sócio-histórico, a norma penal vai, gradualmente, ser vista como uma questão do poder em geral.

E acrescenta:

> Se a criação legislativa é um dos prismas pelo qual é analisada a produção normativa penal, a reconstituição dos atores e dos sistemas de interesse, das interações e da articulação dos processos legislativos aos contextos constituem, mais além dos esquemas interpretativos sugeridos, a verdadeira chave da pesquisa. (Enguéléguélé, 2018, p. 963)

E é a realidade social que importa, pois ali estão seus atores concretos que orientam a criação normativa de acordo com suas pautas. Abstrações conceituais sem vinculações reais apenas reforçam o *status quo*. Desse modo, uma Parte Especial irrefletida ou incontida apenas acentua a constatação de que, com efeito,

> não se vislumbra por parte do estado brasileiro preocupação significativa com a origem estrutural (desigualdade social e abandono do poder público) dos vários tipos de violência que atemorizam a sociedade atual. Ao contrário, os recentes governos têm optado em responder a tais conflitos sociais com justificativas meramente retóricas que, apoiadas por uma opinião pública viciada, apontam para a perversa demonização de um inimigo interno personificado na figura do criminoso, elemento este selecionado entre os membros mais miseráveis das classes populares. (Pastana, 2020, p. 29)

Exatamente pela dimensão da presente obra é que, antes de buscar a construção de uma "teoria", será feita, aqui, uma organização de elementos constitutivos da Parte Especial.

Primeiramente, destacam-se as tensões sociais contemporâneas (*v.g.*, a orientação sexual, a polarização política e a liberdade de pensamento e expressão, a violência de gênero) ou novos desafios de regulação social, como o impacto cada vez maior e inevitável da tecnologia. É necessário que, desde as bases da formação acadêmica, a pessoa que trabalhará com o direito penal entenda a importância desse fator na construção da Parte Especial.[13]

Concomitantemente a isso, uma vez tendo havido o reconhecimento legislativo dessas tensões no âmbito penal pelo legislador, com a criação de novos tipos penais (ou o realinhamento dos já existentes), é preciso entender como as categorias tradicionais da teoria do crime se refletem (ou não) nessas novas criminalizações. Trata-se, pois, de uma tentativa de tornar racional nem tanto a escolha legislativa da criminalização, mas o porquê de novos crimes serem "formais", "materiais" ou pertencentes a outras tantas classificações importantes na prática.

1.2.3.2 A expansão legislativa da Parte Especial

Já foi afirmado em tópico anterior[14] que o processo de criminalização não é, aparentemente, dotado de uma racionalidade intrínseca. Essa irracionalidade se projeta não apenas na proliferação de tipos penais como em sua deficiente

13 Note-se que a não abordagem se reflete como fator de desconstrução dessas realidades. Como exemplo desse viés de crítica, ver: Leite; Vassoler; Gitirana, 2021.

14 Acresça-se às menções bibliográficas já efetuadas a obra de: Silveira, 2008.

construção semântica, tema que, por si só, mesmo que concebido num ambiental controlado e racional, já seria de árdua execução (Sousa, 2014)[15].

Nada obstante, deve ser ponderado que a criação dos tipos se insere num processo social que foi acuradamente denominado de "comunidade epistêmica penal" (Enguéléguélé, 2018).

Esse conceito pode ser apresentado como

> uma rede de profissionais com reconhecida experiência em um campo particular e que reivindicam com autoridade o seu conhecimento político neste domínio. Mesmo se uma comunidade epistêmica reunir profissionais de disciplinas de origem diversa, eles compartilham 1) a mesma crença em um conjunto de normas e princípios que permitem definir uma base fundamental para a ação social dos membros da comunidade; 2) as mesmas crenças causais que decorrem da observação das práticas responsáveis dos principais problemas que surgem em seu domínio e que permitem esclarecer as múltiplas ligações entre as ações políticas e os resultados desejados; 3) as mesmas noções de validade, ou seja, de critérios intersubjetivos e definidos internamente para medir o peso e a validade de um conhecimento em sua área de competência; e 4) uma mesma iniciativa política, ou seja, um conjunto de práticas comuns associadas com um conjunto de problemas para os quais a sua competência profissional é dirigida, sem que provavelmente haja a convicção de que o bem-estar humano será melhorado. (Enguéléguélé, 2018, p. 965)

Aqui, pois, destaca-se a função de uma sistematização da Parte Especial para a orientação da criação do tipo em si, uma vez superada a batalha sociopolítica de sua criação.

Nesse ponto, as manifestações técnicas sobre o sistema penal haveriam de engajar suas análises com as bases da realidade social, como já destacado, sendo irrelevantes as criações conceituais com finalidades meramente estéticas. Merecem ser reproduzidas as precisas observações de Busato (2002, p. 108-109):

> O manejo cotidiano da dogmática jurídico penal vai gerando nos operadores do direito reações automáticas e raciocínios que tendem a ser tanto menos refletidos quanto mais aperfeiçoado é o sistema empregado.
>
> Acontece que, na medida em que nos especializamos em um determinado estudo específico, tendemos a esquecer-nos do contexto em que se produzem as teorias.
>
> Por isso, me parece oportuno lembrar que a discussão causalismo-finalismo, trabalhada no ensino acadêmico do Direito penal, vem sendo abordada, de modo geral, sem nenhuma consideração a respeito do contexto geográfico e

15 Ver também: Vianna, 2003; Japiassú, 2009.

histórico em que se produziu a mencionada discussão. E mais ainda, graças à intensa influência exercida até hoje por Nélson Hungria sobre boa parte da doutrina penal brasileira, permanecemos ancorados naquele ponto da evolução da ciência penal marcado pelo isolamento nefando do estudo dogmático das considerações criminológicas e principalmente de política criminal.

O discurso pesado e influente de Nélson Hungria no 1º Congresso Nacional do Ministério Público, no Teatro Municipal de São Paulo, Julho em 1942, cujos excertos são citados por Nilo Batista em mais de uma obra como "um texto brasileiro que não apenas propôs o divórcio irremediável entre os saberes criminológicos e os jurídico-penais, mas também influenciou - no foro e na academia - diversas gerações nesse sentido", verbis:

> "Referindo-se à criminologia como "hipótese de trabalho", Hungria frisava que sua conjugação à reflexão jurídica implicaria na criação de um "produto híbrido, infecundo, maninho, estéril". Uma filosofia do direito penal produziria tão somente "devaneios", e a própria história do direito penal - talvez o único lugar da verdade, em todas essas construções - estaria reduzida a mero "subsídio ao estudo das normas penais vigentes" ", complementando que "essa teia de Penélope que se intitula criminologia nenhuma afinidade ou relação necessária". Naturalmente, não podíamos "dispensar o auxílio de outras ciências", que seriam, claro, a medicina legal e a psiquiatria forense, desde que tratassem de "acomodar-se aos critérios jurídicos" - coisa que, diga-se de passagem, era tudo o que elas sempre pretenderam, desde sua invenção. No fecho da conferência, a "nossa doutrina de Monroe: o direito penal é para os juristas, exclusivamente para os juristas" e uma advertência severa quanto a "qualquer indébita intromissão em nosso Lebensraum, em nosso indeclinável espaço vital", advertência que, devidamente contextualizada - estávamos em 1942 - sugere mais acerca de las brumas ideológicas daquela conjuntura do que acerca de algum compromisso, que a obra fecunda do conferencista não permitiria reconhecer."

De fato, a compreensão do fenômeno jurídico, para que se possa entender que um sistema penal não pode - ou não poderia - ser um instrumento de repristinação mecânico dos profundos desequilíbrios sociais em sociedades de economias periféricas, exige que as manifestações teóricas espelhem as realidades sociais nas quais estão inseridas e para as quais elas serão destinadas.

1.2.3.3 O papel do direito vivo na Parte Especial

No campo específico deste tópico, que deve ser entendido como um aceno introdutório a um tema tão vasto, impõe destacar que a estrutura do Poder Judiciário brasileiro contém órgãos jurisdicionais superiores de controle de interpretação das normas infraconstitucionais – Superior Tribunal de Justiça (STJ) – e das normas constitucionais – Supremo Tribunal Federal (STF) – que impulsionam a dinâmica operativa do sistema penal.

Contudo, não são poucas as construções teóricas que apontam a difícil convivência do "direito vivo", aqui compreendido como a construção hermenêutica do sistema penal nos casos concretos[16], com os fundamentos de funcionamento do sistema penal nas bases que lhe são próprias no Estado de direito[17] – em particular apontando os desvirtuamentos causados pelo ativismo jurisprudencial penal[18] no campo nacional, mas também no internacional[19] –, bem como sua relação com a construção teórica genericamente denominada *doutrina*[20].

Salutar é que, cada vez mais, trabalhos de densidade acadêmica se ocupam de analisar as manifestações dos Tribunais, seja no âmbito nacional[21], seja no internacional[22]. E isso é bem mais significativo que "comentar a jurisprudência" ou mesmo sistematizá-la ou, quando menos, esquematizá-la num arcabouço *à la carte* de quem a consulta ou procura.

16 Ver, por exemplo: Marchi Júnior, 2012; Vigliar, 2002.
17 Entre outros, ver: Gouveia Filho, 2023, especialmente p. 115-ss.
18 Ver: Araújo, 2022.
19 Ver: Malarino; Arnaudo, 2009.
20 Ver: Gomes Filho, 2020.
21 Para, inclusive, cotejar o direito vivo com as estruturas teóricas, ver: Alcantara, 2017; Rocha Júnior, 2019.
22 Com igual viés de crítica ao papel da jurisprudência no direito interno, para o âmbito internacional, ver, por exemplo: Basch, 2007; Lemos, 2017; Pastor, 2013; Bedoya Sánchez, 2016.

Capítulo 2

A dimensão existencial e sua tutela penal

2.1 A vida como tutela principal na cronologia legislativa do Código Penal

Com a colonização portuguesa, as Ordenações Afonsinas, Manuelinas e Filipinas passaram a reger o território brasileiro. No entanto, as Ordenações Afonsinas tiveram pouca aplicação no Brasil, em virtude de sua curta duração.

As Ordenações Manoelinas, por sua vez, mantiveram as disposições sobre o homicídio, sem grandes alterações em relação às Afonsinas.

As Ordenações Filipinas, em vigor de 1603 a 1830, representaram um marco importante, **mas deixaram um legado de preceitos cruéis, refletindo a desvalorização do indivíduo e a dominação da Coroa e da Igreja**. Nelas, o homicídio era tratado de forma detalhada, estabelecendo penas severas, inclusive a de morte, para diversas circunstâncias, como venefício, homicídio mercenário e uso de armas de fogo.

Com a Independência do Brasil em 1822, a Constituição de 1824 demandou a elaboração de um novo diploma penal, resultando no Código Criminal do Império do Brazil de 1830.

O Código Criminal do Império de 1830, embora representasse um avanço em relação às Ordenações, foi alvo de críticas por suas lacunas e disposições controversas, como a ausência de previsão de figuras culposas e a manutenção da pena de morte em alguns casos.

Entre suas renovações, como a influência das ideias liberais do Iluminismo e do utilitarismo, o Código de 1830 introduziu o conceito de *culpabilidade*, centrando a punição no ato criminoso e não na pessoa do infrator.

Ao buscar a individualização das penas e considerar os motivos do crime, inovou em relação às legislações francesa e napolitana da época. Além disso, introduziu a circunstância atenuante da menoridade e concedeu arbítrio ao juiz no julgamento de réus com menos de 14 anos, disposições fundamentais para o desenvolvimento do sistema penal no país, demonstrando uma abordagem progressista em relação à punição de crimes. Contudo, o texto ainda revelava limitações, especialmente no que dizia respeito aos direitos dos escravos.

Em meio a debates intensos, o Código de 1830 manteve a pena de morte, particularmente para casos de homicídios e insurreições de escravos. Essa decisão foi justificada como uma necessidade diante do contexto social e educacional da época. Porém, a persistência dessas penalidades gerou questionamentos quanto à verdadeira natureza liberal do código.

Esse código inovou ao prever o princípio da legalidade e abordou o homicídio em três modalidades: qualificado, simples e culposo, com penas proporcionais à gravidade do delito (Fragoso, 1948, p. 5).

A República trouxe o Código Penal dos Estados Unidos do Brasil de 1890, marcado pela abolição da pena de morte e pela **introdução de sanções mais brandas, evidenciando um compromisso com a proteção dos direitos fundamentais e a promoção da dignidade humana. Ademais, criou-se o Sistema Penitenciário de Caráter Correcional, visando à ressocialização dos indivíduos infratores.**

Entretanto, sua redação era tênue e foi alvo de críticas, levando à posterior consolidação das leis penais por Vicente Piragibe em 1932, que organizou e atualizou a legislação vigente (Marciano, 2003, p. 12) .

A evolução legislativa continuou com o Código Penal de 1940, que substituiu o código anterior e trouxe avanços significativos em termos técnicos e de codificação. Consolidou-se a teoria geral do delito, destacando-se o homicídio como crime de maior relevância no capítulo "Dos Crimes Contra a Pessoa" (Luisi, 2003, p. 37-44).

2.2 Contextualização

Como decorrência do exposto no Capítulo 1 deste livro, a análise dos tipos da Parte Especial é precedida de uma contextualização para que se compreenda o movimento de expansão do sistema penal sobre o que se denomina normalmente de *bem jurídico penalmente tutelado.*

A compreensão do fenômeno social que envolve a criminalização primária é útil para entender os elementos dogmáticos envolvidos na análise típica em concreto, bem como a forma como os precedentes constroem o chamado *direito vivo* sobre o tema.

Base normativa no Código Penal

PARTE ESPECIAL
TÍTULO I
DOS CRIMES CONTRA A PESSOA
CAPÍTULO I
DOS CRIMES CONTRA A VIDA
Homicídio simples
Art. 121. Matar alguém:
Pena – reclusão, de seis a vinte anos.
Caso de diminuição de pena
§ 1º Se o agente comete o crime impelido por motivo de relevante valor social ou moral, ou sob o domínio de violenta emoção, logo em seguida a injusta provocação da vítima, o juiz pode reduzir a pena de um sexto a um terço.

Homicídio qualificado

§ 2° Se o homicídio é cometido:

I – mediante paga ou promessa de recompensa, ou por outro motivo torpe;

II – por motivo fútil;

III – com emprego de veneno, fogo, explosivo, asfixia, tortura ou outro meio insidioso ou cruel, ou de que possa resultar perigo comum;

IV – à traição, de emboscada, ou mediante dissimulação ou outro recurso que dificulte ou torne impossível a defesa do ofendido;

V – para assegurar a execução, a ocultação, a impunidade ou vantagem de outro crime:

Pena – reclusão, de doze a trinta anos.

Feminicídio (Incluído pela Lei nº 13.104, de 2015)

VI – contra a mulher por razões da condição de sexo feminino: (Incluído pela Lei nº 13.104, de 2015)

VII – contra autoridade ou agente descrito nos arts. 142 e 144 da Constituição Federal, integrantes do sistema prisional e da Força Nacional de Segurança Pública, no exercício da função ou em decorrência dela, ou contra seu cônjuge, companheiro ou parente consanguíneo até terceiro grau, em razão dessa condição: (Incluído pela Lei nº 13.142, de 2015)

VIII – com emprego de arma de fogo de uso restrito ou proibido: (Incluído pela Lei nº 13.964, de 2019)

Homicídio contra menor de 14 (quatorze) anos (Incluído pela Lei nº 14.344, de 2022)

IX – contra menor de 14 (quatorze) anos: (Incluído pela Lei nº 14.344, de 2022)

Pena – reclusão, de doze a trinta anos.

§ 2º-A Considera-se que há razões de condição de sexo feminino quando o crime envolve: (Incluído pela Lei nº 13.104, de 2015)

I – violência doméstica e familiar; (Incluído pela Lei nº 13.104, de 2015)

II – menosprezo ou discriminação à condição de mulher. (Incluído pela Lei nº 13.104, de 2015)

§ 2º-B. A pena do homicídio contra menor de 14 (quatorze) anos é aumentada de: (Incluído pela Lei nº 14.344, de 2022)

I – 1/3 (um terço) até a metade se a vítima é pessoa com deficiência ou com doença que implique o aumento de sua vulnerabilidade; (Incluído pela Lei nº 14.344, de 2022)

II – 2/3 (dois terços) se o autor é ascendente, padrasto ou madrasta, tio, irmão, cônjuge, companheiro, tutor, curador, preceptor ou empregador da vítima ou por qualquer outro título tiver autoridade sobre ela. (Incluído pela Lei nº 14.344, de 2022)

Homicídio culposo

§ 3º Se o homicídio é culposo: (Vide Lei nº 4.611, de 1965)

Pena – detenção, de um a três anos.

Aumento de pena

§ 4º No homicídio culposo, a pena é aumentada de 1/3 (um terço), se o crime resulta de inobservância de regra técnica de profissão, arte ou ofício, ou se o agente deixa de prestar imediato socorro à vítima, não procura diminuir as consequências do seu ato, ou foge para evitar prisão em flagrante. Sendo doloso o homicídio, a pena é aumentada de 1/3 (um terço) se o crime é praticado contra pessoa menor de 14 (quatorze) ou maior de 60 (sessenta) anos. (Redação dada pela Lei nº 10.741, de 2003)

§ 5º Na hipótese de homicídio culposo, o juiz poderá deixar de aplicar a pena, se as consequências da infração atingirem o próprio agente de forma tão grave que a sanção penal se torne desnecessária. (Incluído pela Lei nº 6.416, de 24.5.1977)

§ 6º A pena é aumentada de 1/3 (um terço) até a metade se o crime for praticado por milícia privada, sob o pretexto de prestação de serviço de segurança, ou por grupo de extermínio. (Incluído pela Lei nº 12.720, de 2012)

§ 7º A pena do feminicídio é aumentada de 1/3 (um terço) até a metade se o crime for praticado: (Incluído pela Lei nº 13.104, de 2015)

I – durante a gestação ou nos 3 (três) meses posteriores ao parto; (Incluído pela Lei nº 13.104, de 2015)

II – contra pessoa maior de 60 (sessenta) anos, com deficiência ou com doenças degenerativas que acarretem condição limitante ou de vulnerabilidade física ou mental; (Redação dada pela Lei nº 14.344, de 2022)

III – na presença física ou virtual de descendente ou de ascendente da vítima; (Redação dada pela Lei nº 13.771, de 2018)

IV – em descumprimento das medidas protetivas de urgência previstas nos incisos I, II e III do caput do art. 22 da Lei nº 11.340, de 7 de agosto de 2006. (Incluído pela Lei nº 13.771, de 2018)

Fonte: Brasil, 1940.

2.3 O crime contra a vida na sociedade brasileira contemporânea

A discussão sobre a violência e os homicídios no Brasil é complexa e multifacetada. A definição de violência em si varia cultural e historicamente, dependendo da percepção do limite e da perturbação que um ato violento pode causar.

Desde a década de 1970, o tema da criminalidade ganhou destaque, mas inicialmente não era tratado como um problema a ser enfrentado; foi apenas mais tarde que se tornou uma preocupação nacional e social[1].

A violência também foi observada em movimentos sociais urbanos e rurais, sendo muitas vezes vista como uma forma legítima de resistência contra um Estado considerado ilegítimo e opressor. No entanto, a violência popular começou a apresentar novos desafios, especialmente com o aumento dos linchamentos de suspeitos de crimes comuns, o que levou a uma reavaliação da relação entre violência legítima e ilegítima.

A violência associada ao poder ilegítimo do Estado também continuou a ser uma preocupação, com destaque para a violência policial, a tortura, e os esquadrões da morte. Os grupos de extermínio, compostos por policiais e moradores locais, também desempenharam um papel significativo na perpetuação da violência.

A partir da década de 1980, com o movimento de redemocratização, a criminalidade e a violência armada passaram a ganhar destaque na mídia e na agenda pública. A formação de uma comissão de estudiosos, incluindo cientistas sociais, evidenciou a crescente preocupação do governo federal com a questão da criminalidade. Nesse contexto, a criminalidade, que antes era predominantemente tratada pelo sistema jurídico e médico, tornou-se um problema nacional e social.

A violência policial e a atuação de grupos de extermínio também se tornaram tópicos de pesquisa. A brutalidade oficial, militar e estatal, juntamente com práticas clandestinas e paraestatais, continuou a exercer influência na sociedade, mesmo **após o fim do regime militar. A falta de reformas substanciais nas forças policiais e a continuidade das práticas extralegais foram alvo de críticas e estudos contínuos.**

Outra manifestação de violência que ganhou atenção foi o linchamento de suspeitos de crimes comuns, principalmente em bairros pobres e periferias. Isso levou a uma reavaliação da relação entre violência popular e cidadania, uma vez que os linchamentos desafiaram a ideia de que eram uma expressão legítima de reivindicação de direitos. A crescente criminalidade nas áreas urbanas também foi alvo de debate, com alguns questionando se a preocupação com a criminalidade estava inflacionada pela mídia sensacionalista.

Além disso, o custo para o Sistema Único de Saúde (SUS) de internações de vítimas de ferimentos por armas de fogo foi significativo, totalizando R$ 886 milhões nos últimos 15 anos. Esses gastos impactam o sistema de saúde, com cada internação por agressão com arma de fogo representando um custo muito mais alto do que o gasto *per capita* federal com saúde. Mesmo com a tendência de

---

1 Ver, entre outros: Misse, 1995; Adorno, 1993.

queda nos gastos desde 2018, os valores permanecem elevados, revelando a complexidade dos casos.

2.3.1 A violência contra a vida em números

Há décadas o Brasil vive uma realidade dramática referente à criminalidade contra a vida. Segundo o mais confiável e abrangente estudo sobre a matéria, no biênio 2021-2022, observa-se o cenário indicado na Tabela 2.1, a seguir.

Tabela 2.1 Mortes violentas intencionais - Brasil e Unidades da Federação - 2021-2022

Brasil e Unidades da Federação	Crimes Violentos Letais Intencionais - CVLI						Policiais Civis e Militares Vítimas de CVLI		Morte Decorrente de Intervenção Policial (em serviço e fora de serviço)	
	Homicídio Doloso		Latrocínio		Lesão Corporal Seguida de Morte					
	Número Absoluto		Número Absoluto		Número Absoluto		Número Absoluto		Número Absoluto	
	2021	2022	2021	2022	2021	2022	2021	2022	2021	2022
Brasil	**40.240**	**39.519**	**1.452**	**1.229**	**517**	**610**	**145**	**161**	**6.493**	**6.429**
Acre	174	207	8	6	1	5	-	-	11	19
Alagoas	1.045	1.107	24	25	4	4	3	1	65	50
Amapá	301	218	22	22	12	9	-	2	156	122
Amazonas	1.487	1.340	69	56	15	36	...	...	101	99
Bahia	5.541	5.044	137	87	56	64	13	11	1.335	1.464
Ceará	3.234	2.913	43	44	23	16	9	8	119	150
Distrito Federal	313	277	24	21	7	5	1	-	7	15
Espírito Santo	1.061	1.003	43	28	17	26	2	4	49	65
Goiás	1.242	1.183	34	32	23	27	4	6	564	538
Maranhão	1.833	1.701	94	95	9	9	5	3	88	92
Mato Grosso	749	923	30	29	8	11	1	1	102	109
Mato Grosso do Sul	486	496	14	13	11	6	-	-	53	45
Minas Gerais	2.395	2.484	93	74	35	30	-	1	116	147
Pará	2.278	2.266	110	83	28	27	12	17	548	621
Paraíba	1.079	999	22	34	7	3	4	6	51	51
Paraná	1.913	2.025	41	54	39	37	-	1.411	479	
Pernambuco	3.230	3.305	124	103	16	15	12	13	104	90
Piauí	736	785	39	25	5	8	7	5	34	38
Rio de Janeiro	3.253	3.059	110	64	43	32	28	28	1.356	1.330

(continua)

(Tabela 2.1 – continuação)

Brasil e Unidades da Federação	Crimes Violentos Letais Intencionais - CVLI						Policiais Civis e Militares Vítimas de CVLI		Morte Decorrente de Intervenção Policial (em serviço e fora de serviço)	
	Homicídio Doloso		Latrocínio		Lesão Corporal Seguida de Morte					
	Número Absoluto		Número Absoluto		Número Absoluto		Número Absoluto		Número Absoluto	
	2021	2022	2021	2022	2021	2022	2021	2022	2021	2022
Brasil	**40.240**	**39.519**	**1.452**	**1.229**	**517**	**610**	**145**	**161**	**6.493**	**6.429**
Rio Grande do Norte	1.083	996	54	32	19	77	7	6	152	107
Rio Grande do Sul	1.727	1.853	62	49	32	36	5	4	156	106
Rondônia	451	526	20	13	4	3	2	2	9	18
Roraima	204	173	13	7	6	4	-	1	9	10
Santa Catarina	638	597	23	25	15	23	3	3	70	44
São Paulo	2.847	3.044	173	178	76	94	25	33	570	419
Sergipe	562	579	17	11	6	3	2	1	210	175
Tocantins	378	416	9	19	-	-	-	4	47	26

Brasil e Unidades da Federação	Mortes Violentas Intencionais - MVI				
	Número Absoluto		Taxa		Variação (%)
	2021	2022	2021	2022	
Brasil	**48.288**	**47.452**	**23,9**	**23,4**	**-2,2**
Acre	194	237	23,6	28,6	21,0
Alagoas	1.138	1.186	36,4	37,9	4,2
Amapá	491	371	67,4	50,6	-25,0
Amazonas	1.672	1.531	42,8	38,8	-9,3
Bahia	7.069	6.659	50,0	47,1	-5,9
Ceará	3.419	3.123	39,0	35,5	-9,0
Distrito Federal	351	318	12,6	11,3	-10,1
Espírito Santo	1.170	1.122	30,7	29,3	-4,8
Goiás	1.863	1.780	26,7	25,2	-5,6
Maranhão	2.024	1.897	29,9	28,0	-6,5
Mato Grosso	889	1.072	24,6	29,3	18,9
Mato Grosso do Sul	511	515	18,7	18,7	-0,2
Minas Gerais	2.523	2.588	12,3	12,6	2,2
Pará	2.964	2.997	36,7	36,9	0,6
Paraíba	1.061	1.090	26,8	27,4	2,3
Paraná	2.404	2.595	21,2	22,7	7,2

(continua)

(Tabela 2.1 – conclusão)

Brasil e Unidades da Federação	Mortes Violentas Intencionais - MVI				
	Número Absoluto		Taxa		Variação (%)
	2021	2022	2021	2022	
Brasil	**48.288**	**47.452**	**23,9**	**23,4**	**-2,2**
Pernambuco	3.370	3.423	37,3	37,8	1,3
Piauí	780	818	24,0	25,0	4,5
Rio de Janeiro	4.762	4.485	29,7	27,9	-5,8
Rio Grande do Norte	1.308	1.212	39,7	36,7	-7,7
Rio Grande do Sul	1.977	2.044	18,2	18,8	3,2
Rondônia	475	542	30,1	34,3	14,0
Roraima	232	194	37,4	30,5	-18,4
Santa Catarina	746	689	10,0	9,1	-9,0
São Paulo	3.666	3.735	8,3	8,4	1,3
Sergipe	795	768	36,2	34,8	-3,9
Tocantins	434	461	28,9	30,5	5,5

Fonte: Fórum Brasileiro de Segurança Pública, 2023, p. 20-21.

O número de 40.240 pessoas mortas de forma violenta na modalidade legal "homicídio" corresponde apenas a uma parte da categoria criada pelo Fórum Nacional de Segurança Pública que é identificada como Mortes Violentas Intencionais (MVI), a qual, em seu conjunto, alcançou o número de 47.398.

A seguir, o Gráfico 2.1 indica a distribuição das MVI conforme o perfil étnico-racial das vítimas.

Gráfico 2.1 Distribuição das MVI por cor/raça e categoria de registro

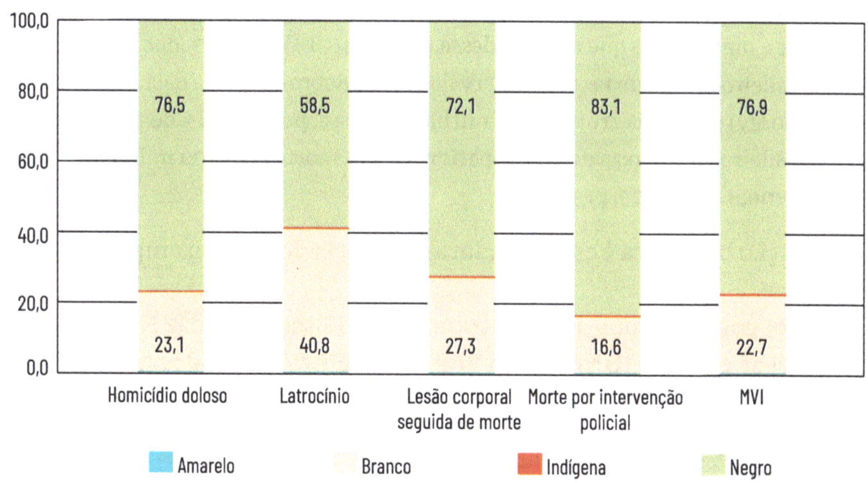

Fonte: Bueno; Lima, 2023, p. 31.

Já o Gráfico 2.2 aponta a distribuição das MVI por tipo de instrumento usado para a prática da violência.

Gráfico 2.2 Distribuição das MVI por tipo de instrumento utilizado e categoria de registro

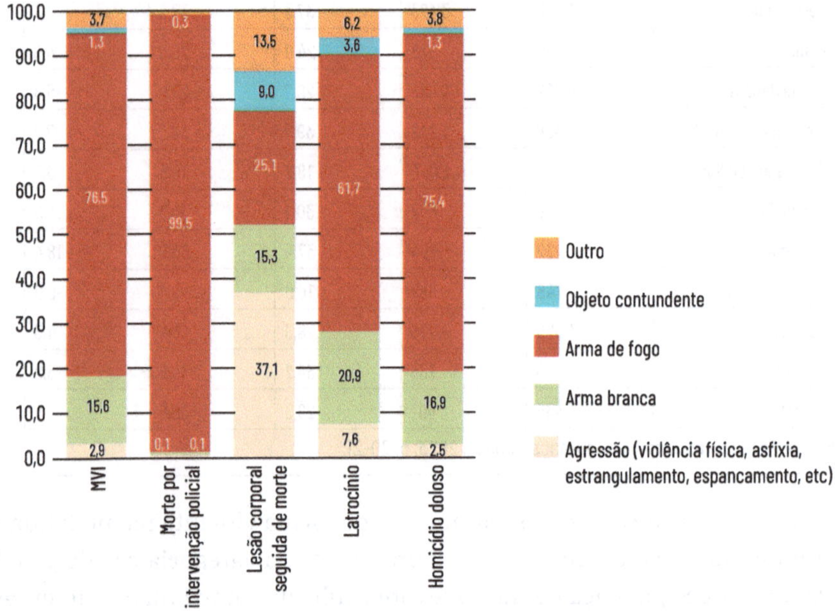

Fonte: Elaborado com base em Bueno; Lima, 2023, p. 33.

Considerando-se os números totais,

> em 35,8% dos municípios brasileiros as taxas de MVI são ao menos o dobro da média nacional, sendo 23,1% deles com taxas superiores à média nacional de 23,4 e menores do que o dobro dessa média (46,8%). Já 11,6% dos municípios brasileiros possuem taxas no intervalo entre o dobro da média nacional (46,8%) e 100 MVI para cada grupo de 100 mil habitantes; e, por fim, 1,1% dos municípios brasileiros têm taxas de MVI superiores a 100 mortes por 100 mil habitantes. (Bueno; Lima, 2023, p. 34)

A situação brasileira é estarrecedora se observados, por exemplo, apenas os homicídios.

De fato, com base nos dados disponíveis no Escritório das Nações Unidas sobre Drogas e Crime (UNODC), o Brasil concentra 20,4% dos homicídios no mundo (UNODC, 2022).

Tabela 2.2 *Ranking* mundial de homicídios

País	No. Abs.	Taxa por 100 mil habitantes	Proporção em relação ao total dos países com dados informados
Total 102 países com dados em 2020	**232.676**	...	...
Jamaica	1.331	44,95	0,6
Honduras	3.598	36,33	1,5
África do Sul	19.846	33,46	8,5
México	36.579	28,37	15,7
Santa Lucia	52	28,32	0,0
Belize	102	25,65	0,0
Colômbia	11.520	22,64	5,0
Brasil	47.503	22,3	20,4
Dominica	15	20,84	0,0
Guiana	157	19,86	0,1
Estados Unidos	21.570	6,52	9,3
Índia	40.651	2,95	17,5
Alemanha	782	0,93	0,3

Fonte: Ribeiro, 2022.

Nesse estrato de análise, o Brasil se encontra, em 2022, na 8ª posição mundial de violência, apesar do discreto viés de queda apontado pelo Anuário do Fórum Brasileiro de Segurança Pública e ratificado em dados publicados após sua divulgação (Lagreca; Nascimento, 2023).

Esse impactante cenário, de resto uma realidade consolidada há décadas na sociedade brasileira, reverbera na tipificação do homicídio e na forma de interpretação do evento morte mesmo em situações nas quais, tradicionalmente, se falava em ocorrência de culpa. Repercute, ainda que de maneira mais discreta, no emprego de modelos de atribuição.

Nada obstante essa realidade, a persecução penal dos crimes contra a vida é visivelmente descompassada dos fatos.

2.3.2 A persecução penal nos crimes contra a vida em sua dinâmica concreta

Com efeito, tamanho é o caos da situação nessa seara que, por esforço conjunto dos Poderes Executivo e Judiciário e com a intervenção do Ministério Público, decidiu-se diagnosticar e estabelecer metas para apuração, processo e julgamento desses casos.

O primeiro passo, o do diagnóstico, mostrou a avassaladora realidade da impunidade dos crimes dolosos contra a vida no Brasil. Os dados a seguir compõem o Relatório Nacional da Execução da Meta 2 (CNMP, 2012), cujo objetivo era concluir as investigações por homicídio doloso instauradas até 31 de dezembro de 2007. Os dados nos mostram que, no Brasil, até essa data, existiam quase 135.000 casos de homicídio – ou inicialmente tipificados como tal – sem qualquer solução, aqui entendida a formação do convencimento do Ministério Público para ajuizar a ação penal ou promover o arquivamento do inquérito (CNMP, 2012).

Tabela 2.3 Levantamento nacional do volume de inquéritos policiais instaurados antes de 31 de dezembro de 2007 e ainda em tramitação até 2012

REGIÃO	Estoque inicial	População	Estoque inicial por 100 mil hab
Centro-Oeste	8.620	14.058.094	61,32
Nordeste	31.297	53.081.950	58,96
Norte	5.400	15.864.454	34,04
Sudeste	76.780	80.364.410	95,54
Sul	12.847	27.386.891	46,91
TOTAL	134.944	190.755.799	70,74
Estados	**Estoque inicial**	**População**	**Estoque inicial por 100 mil hab**
RJ	47.177	15.989.929	295,04
ES	16.148	3.514.952	459,41
MG	12.032	19.597.330	61,40
BA	11.536	14.016.906	82,30
PE	11.462	8.796.448	130,30

Fonte: CNMP, 2012, p. 25.

Ao final, o resultado alcançado com essa mobilização foi, na larga maioria, a inconclusividade da investigação com a volta dos autos à unidade policial para diligências (CNMP, 2012).

Tabela 2.4 Diagnóstico da estrutura da investigação penal em 2012

Inquéritos na meta	134.944
Movimentados	151.665
Finalizados	43.123
Pendentes de finalização	91.821
Denunciados	8.287
Baixas em diligências	108.542
Arquivamentos	33.688
Desclassificações	1.148
Percentual de denúncias	19%
Percentual de arquivamentos	78%
Percentual de desclassificações	3%

Fonte: CNMP, 2012, p. 47.

Os dados, consolidados há mais de uma década, não foram revitalizados porquanto a iniciativa da Estratégia Nacional de Justiça e Segurança Pública (Enasp) especificamente para este fim não teve continuidade. O que eles nos mostram é o descompasso entre a dogmática tradicional do sistema penal e a realidade fática. A vida, como "valor maior", não é assim encarada no cotidiano de funcionamento da "justiça penal" em movimento.

E isso se comprova pelos dados atuais de cumprimento de pena, que, por certo, são menos completos que os anteriormente apresentados, mas que representam a consequência punitiva. No momento em que a edição desta obra é produzida, a população carcerária por homicídios qualificados corresponde a 15,48% e a por homicídios simples a 9,56% da população carcerária total por crimes violentos no Brasil (Senappen, 2023).

2.4 Realidades sociais que impõem particularidades na criminalização contra a vida

O macrocenário da violência contra a vida apresenta aspectos específicos que vêm sendo objeto da intervenção legislativa ao longo dos últimos vinte e cinco anos. O impacto dessas particularidades alcançará a Parte Especial de forma variada, mas sempre para expandi-la, além, por certo, de criar tipos na legislação extracodificada. Vamos iniciar pela violência de gênero.

2.4.1 A violência de gênero[2]

A compreensão da violência contra a mulher, quando se analisam as dicotomias e lógicas dominantes, requer uma abordagem crítica que transcenda os paradigmas tradicionais de gênero. Teóricos pós-estruturalistas como Butler (2006) desafiam a visão binária, destacando que masculinidades e feminilidades são *performances* socialmente construídas, circulando entre homens e mulheres. A lógica dicotômica, conforme apontado por Sinués e Jiménez (2010), exclui expressões diversas de gênero, perpetuando relações de poder que governam corpos e influenciam diretamente a dinâmica relacional de violência.

Nesse contexto, Cantera (2005) ressalta que a violência emerge em desequilíbrios de poder culturalmente definidos, tornando-se um instrumento para eliminar obstáculos que dificultam o exercício do poder. Essa perspectiva desafia a simplificação das causas e efeitos da violência de gênero, alertando para a necessidade de ir além do patriarcado como única explicação.

2.4.1.1 Aspectos quantitativos e fatores de agravamento da violência de gênero

A violência contra a mulher é uma realidade global que demanda atenção e ação tanto em níveis nacionais quanto internacionais. Segundo a Organização Mundial de Saúde (OMS), estudos revelam que em torno de 27% das mulheres entre 15 e 49 anos sofreram violência física ou sexual por parte de parceiros íntimos, com 13% delas sofrendo essa violência nos últimos 12 meses ((Fórum Brasileiro de Segurança Pública, 2023b).

No contexto brasileiro, a situação é ainda mais alarmante, com 33,4% das mulheres com 16 anos ou mais relatando terem sido vítimas de violência física ou sexual por parceiro íntimo ao longo da vida, de acordo com pesquisa conduzida pelo Fórum Brasileiro de Segurança Pública e pelo Datafolha (Fórum Brasileiro de Segurança Pública, 2023b).

A sobreposição entre sistemas de dominação baseados em gênero, etnia e classe social, como indicado por estudos recentes, amplifica as cargas e exposições à violência para mulheres pobres e negras. Mulheres negras apresentam uma prevalência superior (45%) em comparação com mulheres brancas (36,9%), sendo que as pretas (48%) são as mais vulneráveis, destacando-se a disparidade na violência física, em que a prevalência entre negras supera em 8 pontos

2 Ver: Beiras, 2012.

percentuais a observada entre mulheres brancas (Fórum Brasileiro de Segurança Pública, 2023b).

A análise por faixa etária revela que mulheres entre 25 e 34 anos apresentam a maior prevalência de violência, com quase metade delas (48,9%) reportando alguma forma de agressão por parte de parceiro íntimo ao longo da vida, incluindo violência sexual (24,8%). As faixas etárias de 35 a 44 anos e de 45 a 59 anos também registram índices elevados, com 43,6% e 44,2%, respectivamente, com relatos de experiências de violência por parceiro íntimo (Fórum Brasileiro de Segurança Pública, 2023b).

Inúmeros estudos indicam que a violência de gênero transcende as fronteiras da vida íntima, afetando a saúde mental das mulheres. A associação entre violência e distúrbios psiquiátricos, ideação suicida e efeitos permanentes na autoestima reforça a necessidade de uma abordagem holística para lidar com a problemática.

Ameaças com arma de fogo são identificadas como fatores de risco associados ao feminicídio. Há estimativas de 18,6 milhões de mulheres vítimas de violência nos últimos 12 meses, com ofensas verbais sendo as mais comuns, atingindo 14,9 milhões de mulheres.

A atenção integral à saúde do homem, criada no Brasil após a Lei Maria da Penha, evidencia a necessidade de incluir os homens nos esforços de prevenção e combate à violência. No entanto, a abordagem atual ainda carece de estratégias eficazes para lidar com a complexidade do problema, muitas vezes reduzindo os casos ao âmbito da saúde mental.

Resumidamente, observados os dados do Fórum Brasileiro de Segurança Pública, "No primeiro semestre de 2023, 722 mulheres foram vítimas de feminicídio no Brasil, o que representa em média quatro assassinatos por dia, um crescimento de 2,6% comparado ao mesmo período do ano anterior, quando 704 mulheres foram assassinadas por razões de gênero" (Andes, 2023).

A situação é ainda pior quando se considera o levantamento efetuado pelo Laboratório de Estudos de Feminicídios (Lesfem), que aponta, no mesmo período, um total de 1.153 feminicídios, posto que "Os critérios de classificação incluem feminicídios consumados e tentados, valendo-se da interpretação de diretrizes e protocolos nacionais e internacionais sobre investigação de mortes violentas de mulheres" (Lesfem, 2023), com "**805 consumados** e **348 tentados.** [...] **A média diária foi de 3,81 feminicídios consumados no Brasil**" (Lesfem, 2023, grifo do original).

A reflexão sobre a prevenção da violência de gênero também deve considerar a necessidade de trabalhar com os agressores, não de forma compulsória, mas por meio de intervenções psicoeducativas e terapêuticas. É essencial desafiar a lógica dicotômica de culpado e vítima, promovendo uma compreensão mais holística da problemática e incentivando mudanças de atitudes baseadas em questões sócio-históricas e culturais que perpetuam padrões de masculinidade associados à violência.

Levantamento do Conselho Nacional de Justiça (CNJ) aponta que "As informações retratam a realidade dos últimos dois anos – 2020 e 2021, quando tramitaram 1,1 milhão e 1,3 milhão de processos de violência doméstica na Justiça, respectivamente. O estoque de processos em feminicídio em 2020 estava em 5 mil processos e, em 2021, 6 mil" (CNJ, 2022).

2.4.1.2 Respostas normativas

Em 2006, a Lei Maria da Penha foi sancionada no Brasil para combater a violência doméstica. Essa legislação trouxe avanços, triplicando as penas para agressões domésticas e aumentando os mecanismos de proteção às vítimas.

Os estudos de gênero pós-estruturalistas alertam para a necessidade de visibilizar elementos e epistemologias que superem o normativo, desafiando práticas estabelecidas e lógicas dominantes. E este ainda é um dos maiores desafios nessa matéria, permeada por abordagens inéditas no mundo jurídico (transexualidade, por exemplo), além de exigir dos intervenientes nos casos concretos uma nova postura. Esses desafios e essas posturas ainda estão por ser consolidados.

Criou-se, então, um subsistema normativo de ampla abrangência, mas com significativas repercussões no campo penal. Para fins específicos do crime doloso contra a vida, contudo, a grande modificação deu-se quase dez anos depois, com a criação da figura do feminicídio por meio da Lei n. 13.104, de 9 de março de 2015.

> Em relação a casos novos, em 2020 foram registrados 558,9 mil casos de violência doméstica na Justiça; enquanto o número de casos novos de feminicídio foi de 1.596 registros. Em 2021, o número de casos que entrou na Justiça foi maior: 630 mil e 1,9 mil, respectivamente. O aumento no número de casos na Justiça reflete o recrudescimento da violência durante o primeiro ano do isolamento social.
>
> [...]
>
> O monitoramento de dados referentes ao andamento dos processos revela melhora em alguns índices. Em relação aos processos de violência doméstica em tramitação no Judiciário, os dados de 2021 são superiores no número de processos baixados (627 mil) e de sentenças deferidas (333 mil) em relação a 2020, quando foram encerradas 512 mil ações e deferidas 263 mil sentenças. (Souza; Japiassú, 2022)

Com efeito, aponta a doutrina que tal previsão foi incluída no Código em decorrência de compromissos internacionais que o Brasil assumiu na ratificação de tratados e convenções que buscam promover a igualdade de gênero e reprimir a violência à mulher, como por exemplo, a Convenção Interamericana para Prevenir, Punir e Erradicar a Violência Contra a Mulher ou Convenção de Belém, no âmbito latino americano e, na esfera universal, a Declaração sobre a Eliminação da Violência contra a Mulher de 1993 adotada pela Assembleia Geral das Nações Unidas. (Souza; Japiassú, 2022)

Ademais, segundo a mesma fonte,

Cumpre agregar que femicídio ou feminicídio é utilizado indistintamente nos países latino-americanos para designar a morte de mulheres em razão de gênero. No entanto, cuidar-se-iam de expressões distintas. O femicídio teria sido a designação dada por Diane Russel (femicide, em inglês), em 1970, para destacar a morte violenta de mulheres, com o fito de dar visibilidade à opressão, discriminação e morte de mulheres em razão da condição de gênero. Dessa forma, o femicídio é toda morte de mulher por motivo sexista. (Souza; Japiassú, 2022)

No que toca ao processo legislativo, a referida norma nasce no Senado Federal, como fruto da Comissão Parlamentar Mista de Inquérito (CPMI) "Violência contra a mulher no Brasil", por iniciativa do Senador Renan Calheiros (Brasil, 2014):

Art. 1º O art. 121 do Decreto-Lei nº 2.848, de 7 de dezembro de 1940, passa a vigorar com a seguinte redação:

"**Homicídio simples**

Art. 121 ....

Homicídio qualificado

§2º ....

Feminicídio

VI – contra a mulher por razões de gênero:

§ 2º-A. Considera-se que há razões de gênero quando o crime envolve:

I – violência doméstica e familiar;

II – menosprezo ou discriminação à condição de mulher.

Aumento de pena

§ 7º A pena do feminicídio é aumentada de 1/3 (um terço) até a metade se o crime for praticado:

I – durante a gestação ou nos 3 (três) meses posteriores ao parto;

II – contra pessoa menor de 14 (quatorze) anos, maior de 60 (sessenta) anos ou com deficiência;

III – na presença de descendente ou de ascendente da vítima."

(NR)

Na Câmara dos Deputados, o projeto em questão foi apensado ao Projeto de Lei (PL) n. 6.622, de 2013, a pedido do Deputado Carlos Sampaio, por se tratar de matérias idênticas.

Esse PL, nascido na Câmara dos Deputados e de autoria do deputado mencionado, tratava a matéria de forma diversa, considerando o feminicídio como uma nova figura do *caput* e não uma qualificadora. Sua redação era:

> Art. 2º O Decreto-Lei nº 2.848, de 7 de dezembro de 1940 (Código Penal) passa a vigorar acrescido do seguinte art. 121-A:
>
> **Feminicídio**
>
> "Art. 121-A. Matar alguém pela condição de ser mulher, com mutilação, desfiguração ou violência sexual, antes ou depois da morte, tendo ou não o agente relação de afeto ou parentesco com a vítima:
>
> Pena – reclusão de doze a trinta anos." (Brasil, 2013)

Diferentemente do PL do Senado, cujo propositor não apresentava qualquer justificativa para inserir o feminicídio como uma figura qualificada, o autor da proposta na Câmara dos Deputados assim justificou sua iniciativa:

> Muito embora esteja a tramitar no Senado Federal Projeto de Lei que propõe a inserção do "feminicídio" como circunstância qualificadora do crime de homicídio, considero que mencionada tipificação não atinge satisfatoriamente o seu desiderato. No presente projeto de lei, propõe-se, de maneira diversa, a inclusão de dispositivo específico no Código Penal brasileiro para tornar típica a conduta de "matar alguém pela condição de ser mulher com mutilação, desfiguração ou violência sexual, antes ou depois da morte, tendo ou não o agente relação de afeto ou parentesco com a vítima", o que caracteriza o delito de "feminicídio", crime de ódio praticado contra as mulheres, que avilta a dignidade da mulher e torna vã toda a luta historicamente travada pela igualdade de gênero. (Brasil, 2013, p. 4-5)

Não há registros de um debate consistente, no Parlamento, das razões pelas quais se aprovou o feminicídio como figura qualificada e não como crime autônomo.

Na página da Câmara dos Deputados em que consta a tramitação dos debates não há qualquer referência a essa discussão, nem a disponibilização de onde esse debate possa ser consultado caso tenha havido. Consta apenas que discutiram a matéria a Deputada Maria do Rosário (PT-RS), o Deputado Evandro Gussi (PV-SP) e o Deputado Edmilson Rodrigues (PSOL-PA). A discussão deu-se em turno único, com votação na sequência.

Se o Parlamento não expôs de modo assertivo os fundamentos de sua escolha política, a doutrina passou a se debruçar de forma abstrata sobre as orientações técnicas que justificariam não exatamente a opção pelo feminicídio como qualificadora mas, sobretudo, por seus aspectos tradicionais, embora revisitados, ao menos em parte, quando se discute a qualificação em si da conduta.

Entretanto, uma vez definido o feminicídio como qualificadora, impõe-se a delimitação de sua natureza, se objetiva ou subjetiva. Aqui, cabe a distinção entre os incisos I (por envolver violência doméstica e familiar) e II (menosprezo à condição de mulher) no art. 121, parágrafo 2°-A.

Busato (2022), de forma assertivamente crítica à redação legal, aduz que

> a infeliz expressão contra a mulher por razões da condição de sexo feminino, induz entender que há uma razão, um raciocínio, um móvel, por trás da conduta do sujeito que atenta contra mulher. Ou seja, há um dado objetivo: mulher, mas há um móvel subjetivo: razões da condição de sexo feminino. É bem verdade que a expressão razões da condição é de uma infelicidade linguística incomum, mas não sem brutal esforço hermenêutico, seria possível compreender que as condições próprias do sexo feminino seriam as razões ou motivações por trás da conduta do agente.
>
> Perceba-se que não se procurou simplesmente definir o que seria a condição de sexo feminino, deixando a expressão razões, traduzir motivos e tornar mais claro que se tratava de uma qualificadora subjetiva. O legislador não fez isso. Ele não procurou definir nada, antes pelo contrário. Não se trata de uma norma que explique um conceito, mas sim de uma norma que regula uma presunção. Tanto que começa com a expressão considera-se. Ora, se é considerado assim, é porque é presumido como tal e não propriamente definido.

E conclui:

> Portanto, o legislador afirma que, a efeitos da qualificadora em questão, esta se considerará presente violência doméstica e familiar e (aponta-se aqui à adição dos requisitos em função das opções interpretativas adredemente aduzidas) por menosprezo ou discriminação à condição de mulher. (Busato, 2022)

Um largo enfileiramento de posições pode ser verificado na literatura. Assim, Barros (2015) afirma que "A violência doméstica, familiar e, também, o menosprezo ou discriminação à condição de mulher, não são formas de execução do crime, e sim, a motivação delitiva; portanto, o feminicídio é uma qualificadora subjetiva".

Da mesma maneira, Cunha e Pinto (2015, p. 84) argumentam:

> Mesmo no caso do inc. I do § 2º-A, o fato de a conceituação de violência doméstica e familiar ter um dato objetivo, extraído da lei, não afasta a subjetividade. Isso porque o § 2º-A é apenas explicativo; a qualificadora está verdadeiramente no inc. VI do § 2º, que, ao estabelecer que o homicídio se qualifica quando cometido por razões da condição do sexo feminino, deixa evidente que isso ocorre pela motivação, não pelos meios de execução.

Em idêntico sentido, Masson (2016, p. 44) observa: "O homicídio é cometido por razões de condição de sexo feminino. Não há nenhuma ligação com os meios ou modos de execução do delito. Consequentemente, essa qualificadora é incompatível com o privilégio, que o exclui, afastando o homicídio híbrido (privilegiado-qualificado)".

Igualmente, afirma Bianchini (2016, p. 214):

> Efetivamente, o contexto objetivo de violência de gênero é aquele reportado pelo art. 5º da Lei Maria da Penha e que caracteriza o feminicídio executado nas condições do § 2º-A, inciso I. Em qualquer outro contexto, haverá feminicídio se o móvel do delito foi simplesmente o menosprezo ou a discriminação a que se refere o inciso II. Adotada essa premissa, infere-se que a qualificadora atinente ao feminicídio, identificada a hipótese do § 2º-A, inciso II, tem natureza subjetiva e, portanto, nesse caso, incompatível com o privilégio.

Nesse ponto, Montenegro (2017) fundamenta uma qualificadora de ordem subjetiva por um determinado dever liberal de reconhecimento, mediante o qual todos devem ser vistos como sujeitos de direitos, sem negar-lhes, em suma, a própria qualidade de pessoa. Assim,

> Diferentemente dos homicídios por motivo torpe ou fútil, em que se trata de situações em que apenas não há justificação do ato, na medida em que o homicídio doloso já abrange o maior conteúdo de ilícito possível, a qualificadora derivada do dever liberal de reconhecimento visa a conter a discriminação, que possui um conteúdo autônomo de ilícito, tratando-se de uma violação de segundo nível. Um exemplo é o caso do feminicídio, no próprio entendimento de Lucas Montenegro, pois, nesse caso, nega-se à mulher, por razões

> da condição de sexo feminino, sua qualidade de pessoa, de sujeito de direitos. (Montenegro, 2017, p. 126)

Sumariando a discussão, Souza e Japiassú (2022) esclarecem:

> Conforme adiantado (item 1.8, supra), entende-se que se trata de qualificadora objetiva ou externa, pois se liga ao gênero ("contra a mulher"), cabendo, inclusive, a possibilidade de homicídio qualificado-privilegiado (item 1.7.3). Todavia, há quem entenda se tratar de qualificadora subjetiva em razão das elementares "por razões da condição de sexo feminino", indicativa, nesse sentido, de modalidade específica de motivação torpe ou fútil.

De toda a discussão, pontuamos que a legislação se refere à qualificadora "contra a mulher" por "razões de condição de sexo feminino":

a] O termo *mulher* deve ser entendido em seu contexto não binário, privilegiando a percepção existencial da vítima, e não biológica.
b] A constituição, portanto, não é determinante para essa caracterização. A pluralidade normativa deve prevalecer para atingir a realidade social.
c] Nesse ponto, a qualificadora traduz um ataque existencial a uma condição objetiva.
d] Há, pois, compatibilidade entre essa qualificadora e o privilégio.
e] Para além das corretas críticas à péssima redação do art. 121, parágrafo 2º-A, incisos I e II, considera-se a inexistência do advérbio *exclusivamente*, a dizer que as hipóteses dos incisos não excluem outras situações de condição do sexo feminino.
f] A "tradição legislativa" de, em situações de redação ampliativa, prever-se a expressão "entre outras" não pode ser um mecanismo de entrave à adequação da norma perante a realidade social.

Precedente destacado no tema analisado

EMENTA

Referendo de medida cautelar. Arguição de descumprimento de preceito fundamental. Interpretação conforme à Constituição. Artigo 23, inciso II, e art. 25, *caput* e parágrafo único, do Código Penal e art. 65 do Código de Processo Penal. "Legítima defesa da honra". Não incidência de causa excludente de ilicitude. Recurso argumentativo dissonante da dignidade da pessoa humana (art. 1º, inciso III, da CF), da proteção à vida e da igualdade de gênero (art. 5º, *caput*, da CF). Procedência parcial da arguição.

1. A "legítima defesa da honra" é recurso argumentativo/retórico odioso, desumano e cruel utilizado pelas defesas de acusados de feminicídio ou agressões

contra a mulher para imputar às vítimas a causa de suas próprias mortes ou lesões. Constitui-se em ranço, na retórica de alguns operadores do direito, de institucionalização da desigualdade entre homens e mulheres e de tolerância e naturalização da violência doméstica, as quais não têm guarida na Constituição de 1988.

2. Referido recurso viola a dignidade da pessoa humana e os direitos à vida e à igualdade entre homens e mulheres (art. 1º, inciso III , e art. 5º, caput e inciso I, da CF/88), pilares da ordem constitucional brasileira. A ofensa a esses direitos concretiza-se, sobretudo, no estímulo à perpetuação do feminicídio e da violência contra a mulher. O acolhimento da tese teria o potencial de estimular práticas violentas contra as mulheres ao exonerar seus perpetradores da devida sanção.

3. A "legítima defesa da honra" não pode ser invocada como argumento inerente à plenitude de defesa própria do tribunal do júri, a qual não pode constituir instrumento de salvaguarda de práticas ilícitas. Devem prevalecer a dignidade da pessoa humana, a vedação de todas as formas de discriminação, o direito à igualdade e o direito à vida, tendo em vista os riscos elevados e sistêmicos decorrentes da naturalização, da tolerância e do incentivo à cultura da violência doméstica e do feminicídio.

4. Na hipótese de a defesa lançar mão, direta ou indiretamente, da tese da "legítima defesa da honra" (ou de qualquer argumento que a ela induza), seja na fase pré-processual, na fase processual ou no julgamento perante o tribunal do júri, caracterizada estará a nulidade da prova, do ato processual ou, caso não obstada pelo presidente do júri, dos debates por ocasião da sessão do júri, facultando-se ao titular da acusação apelar na forma do art. 593, inciso III, alínea a, do Código de Processo Penal.

5. É inaceitável, diante do sublime direito à vida e à dignidade da pessoa humana, que o acusado de feminicídio seja absolvido, na forma do art. 483, inciso III, § 2º, do Código de Processo Penal, com base na esdrúxula tese da "legítima defesa da honra". Há de se exigir um controle mínimo do pronunciamento do tribunal do júri quando a decisão de absolvição se der por quesito genérico, de forma a avaliar, à luz dos atos processuais praticados em juízo, se a conclusão dos jurados se deu a partir de argumentação discriminatória, indigna, esdrúxula e inconstitucional referente ao uso da tese da legítima defesa da honra.

6. Arguição de descumprimento de preceito fundamental julgada parcialmente procedente para (i) firmar o entendimento de que a tese da legítima defesa da honra é inconstitucional, por contrariar os princípios constitucionais da dignidade da pessoa humana (art. 1º, inciso III, da CF), da proteção da vida e da igualdade de gênero (art. 5º, caput, da CF); (ii) conferir interpretação

conforme à Constituição ao art. 23, inciso II, ao art. 25, caput e parágrafo único, do Código Penal e ao art. 65 do Código de Processo Penal, de modo a excluir a legítima defesa da honra do âmbito do instituto da legítima defesa; (iii) obstar à defesa, à acusação, à autoridade policial e ao juízo que utilizem, direta ou indiretamente, a tese de legítima defesa da honra (ou qualquer argumento que induza à tese) nas fases pré-processual ou processual penais, bem como durante o julgamento perante o tribunal do júri, sob pena de nulidade do ato e do julgamento; e (iv) diante da impossibilidade de o acusado beneficiar-se da própria torpeza, fica vedado o reconhecimento da nulidade referida no item anterior na hipótese de a defesa ter-se utilizado da tese da legítima defesa da honra com essa finalidade.
7. Procedência do pedido sucessivo apresentado pelo requerente, conferindo-se interpretação conforme à Constituição ao art. 483, inciso III, § 2°, do Código de Processo Penal, para entender que não fere a soberania dos vereditos do tribunal do júri o provimento de apelação que anule a absolvição fundada em quesito genérico, quando, de algum modo, possa implicar a repristinação da odiosa tese da legítima defesa da honra.

ACÓRDÃO

Vistos, relatados e discutidos estes autos, acordam os Ministros do Supremo Tribunal Federal, sob a Presidência da Ministra Rosa Weber, na conformidade da ata do julgamento e nos termos do voto reajustado do Relator, Ministro Dias Toffoli, por unanimidade de votos, em julgar integralmente procedente o pedido formulado na presente arguição de descumprimento de preceito fundamental para: (i) firmar o entendimento de que a tese da legítima defesa da honra é inconstitucional, por contrariar os princípios constitucionais da dignidade da pessoa humana (art. 1°, inciso III, da CF), da proteção à vida e da igualdade de gênero (art. 5°, caput, da CF); (ii) conferir interpretação conforme à Constituição ao art. 23, inciso II; ao art. 25, caput e parágrafo único, do Código Penal e ao art. 65 do Código de Processo Penal, de modo a excluir a legítima defesa da honra do âmbito do instituto da legítima defesa e, por consequência, (iii) obstar à defesa, à acusação, à autoridade policial e ao juízo que utilizem, direta ou indiretamente, a tese de legítima defesa da honra (ou qualquer argumento que induza à tese) nas fases pré- processual ou processual penais, bem como durante o julgamento perante o tribunal do júri, sob pena de nulidade do ato e do julgamento; (iv) diante da impossibilidade de o acusado beneficiar-se da própria torpeza, fica vedado o reconhecimento da nulidade na hipótese de a defesa ter-se utilizado da tese com essa finalidade. Por fim, acordam os Ministros em julgar procedente o pedido sucessivo apresentado pelo requerente, de forma a conferir interpretação conforme à Constituição ao art. 483, inciso III, § 2°, do Código de Processo Penal, para entender que não fere a soberania dos veredictos do tribunal do júri o provimento de apelação que anule a absolvição fundada em quesito genérico quando, de algum modo, ela possa implicar a repristinação da odiosa tese da legítima defesa da honra.

VOTO

O SENHOR MINISTRO DIAS TOFFOLI (RELATOR):

1. PRELIMINARES

De início, verifico que a presente arguição foi ajuizada por partido político com representação no Congresso Nacional, nos termos do art. 103, inciso VIII, da Constituição Federal e do art. 2°, inciso I, da Lei n° 9.882, de 3 de dezembro do 1999, estando o autor devidamente representado mediante instrumento de mandato específico para a presente impugnação.

Quanto ao cabimento do feito, verifica-se que o art. 1°, parágrafo único, inciso I, da Lei n° 9.882/99 autoriza o conhecimento da ADPF "quando for relevante o fundamento da controvérsia constitucional sobre lei ou ato normativo federal, estadual ou municipal, **incluídos os anteriores à Constituição**", o que contempla o caso presente, em que se requer seja concedida interpretação conforme à Constituição a dispositivos do Código Penal e do Código de Processo Penal, ambos anteriores a 1988, em razão de controvérsia constitucional acerca da tese da legítima defesa da honra no âmbito do tribunal do júri.

Destaque-se que a jurisprudência deste Supremo Tribunal Federal assentou ser a ADPF o meio cabível para se conferir interpretação conforme à Constituição a diplomas legais editados anteriormente ao texto constitucional vigente. **Vide:**

> "DIREITO CONSTITUCIONAL E PROCESSO CONSTITUCIONAL. ARGUIÇÃO DE DESCUMPRIMENTO DE PRECEITO FUNDAMENTAL. AGRAVO REGIMENTAL. **INTERPRETAÇÃO CONFORME A CONSTITUIÇÃO DE DISPOSITIVOS ANTERIORES À CONSTITUIÇÃO DE 1988.CABIMENTO.** (...) 2. ADPF cujo objeto são atos normativos anteriores à entrada em vigor da Constituição de 1988. Atendimento do princípio da subsidiariedade (art. 4°, § 1°, da Lei n° 9.882/1999). Cabimento. (...) 4. Agravo regimental a que se dá provimento, para reconhecer o cabimento da arguição de descumprimento de preceito fundamental e permitir-lhe o seguimento" (ADPF n° 322/DF-AgR, Rel. Min. **Marco Aurélio**, red. do ac. Min. **Roberto Barroso**, julgado em 13/10/20, DJe de 10/11/20).

Por fim, entendo preenchido o **requisito da subsidiariedade**, visto que, diante da controvérsia judicial posta em torno da legitimidade constitucional da utilização em benefício do acusado da tese da "**legítima defesa da honra**", a arguição de descumprimento de preceito fundamental revela-se como único meio apto a sanar a lesividade alegada pelo autor de forma **ampla, geral e imediata** (ADPF nº 388, Rel. Min. **Gilmar Mendes**, Tribunal Pleno, DJe de 1º/8/16). Constatada a ausência de óbice ao conhecimento da arguição de descumprimento de preceito fundamental, **passo à análise do mérito.**

2. MÉRITO

Verifico que **a controvérsia desta arguição diz respeito à aferição da legitimidade constitucional da tese da "legítima defesa da honra"**, a qual, conforme demonstrou o requerente, tem sido utilizada para suscitar a excludente de ilicitude da legítima defesa nas hipóteses de feminicídio ou violência contra a mulher, ensejando a absolvição por esse fundamento.

De início, registro que o pedido formulado pelo autor versa, em grande medida, sobre a hipótese em que o feminicida é absolvido com base em suposta "legítima defesa da honra", nos termos do art. 483, inciso III, § 2º, do CPP (absolvição genérica ou por clemência), com incursões no princípio da soberania dos veredictos.

O autor pleiteia que seja dada interpretação conforme à Constituição ao **instituto da legítima defesa**, previsto no art. 23, inciso II; no art. 25, **caput** e parágrafo único, do Código Penal (Decreto-lei nº 2.848, de 7 de dezembro de 1940) e no art. 65 do Código de Processo Penal (Decreto-lei nº 3.689, de 3 de outubro de 1941), para que fique claro que não comporta a tese atacada.

É límpido que a chamada "legítima defesa da honra" não encontra qualquer amparo ou ressonância no ordenamento jurídico pátrio, pelas razões expostas a seguir.

2.1. Da atecnia da tese da "legítima defesa da honra"

"Legítima defesa da honra" não é, tecnicamente, legítima defesa. Tanto é assim que tem sido mais frequentemente utilizada no contexto do tribunal do júri, no qual, em virtude da plenitude da defesa (art. 5º, inciso XXXVIII, da Constituição de 1988), admite-se a utilização de argumentos jurídicos e extrajurídicos.

A legítima defesa é uma das causas excludentes da ilicitude previstas no Código Penal, as quais, consoante o teor do art. 23, excluem a configuração de um crime, e, consequentemente, afastam a aplicação da lei penal, tendo em vista a condição específica em que foi praticado determinado fato típico. **Vide:**

> "Art. 23–Não há crime quando o agente pratica o fato:
> I–em estado de necessidade;
> **II–em legítima defesa;**
> III–em estrito cumprimento de dever legal ou no exercício regular de direito."

No art. 25 daquele **Codex**, especifica-se em que situação ficaria caracterizada a legítima defesa:

> "Art. 25–Entende-se em legítima defesa quem, usando moderadamente dos meios necessários, repele injusta agressão, atual ou iminente, a direito seu ou de outrem.
> Parágrafo único. Observados os requisitos previstos no caput deste artigo, considera-se também em legítima defesa o agente de segurança pública que repele agressão ou risco de agressão a vítima mantida refém durante a prática de crimes."

Como se vê, o instituto caracteriza-se pela conjunção dos seguintes elementos: a agressão é injusta e atual ou iminente; envolve direito próprio ou de terceiro; o uso moderado dos meios necessários e a presença de um ânimo de defesa (**animus defendendi**). Trata-se, portanto, de hipótese excepcional de afastamento da aplicação da lei penal, a qual somente se justifica pela confluência dos referidos fatores.

Em casos tais, o direito não atribui desvalor à conduta, eis que praticada no exercício da proteção de um bem jurídico contra uma ofensa perpetrada por outrem.

Por agressão injusta, entende-se aquela que ameaça ou lesa um bem jurídico. A atualidade ou a iminência da agressão são requisitos essenciais para a caracterização da excludente de ilicitude, pois ela deve ser aferível no momento da autodefesa, não podendo ser uma situação passada ou futura.

Por sua vez, ao dispor sobre o uso moderado dos meios necessários, o Código Penal estabelece a proibição do excesso, segundo o qual a defesa deve consistir no uso de meios proporcionais à agressão, ou seja, suficientes para repeli-la.

Enfim, a legítima defesa demanda um elemento de natureza subjetiva, pois, além da presença dos requisitos objetivos previstos na lei, é preciso que

> "saiba o agente que atua nessa condição, ou, pelo menos, acredita agir assim, pois, caso contrário, não se poderá cogitar de exclusão da ilicitude de sua conduta, permanecendo esta, ainda, contrária ao ordenamento jurídico" (GRECO, Rogério. **Curso de direito penal. Parte geral.** 19. ed. Niterói: Impetus, 2017. p. 487).

Diante dessa breve exposição do instituto, **salta aos olhos que a "legítima defesa da honra", na realidade, não configura legítima defesa.** Aliás, foi **para evitar que a autoridade judiciária absolvesse o agente que agiu movido por ciúme ou outras paixões e emoções que o legislador ordinário inseriu no atual Código Penal a regra do art. 28**, segundo a qual:

> "Art. 28. Não excluem a imputabilidade penal:
> **I–a emoção ou a paixão.**"

Para **Fernando Capez,**

> "todos os direitos são suscetíveis de legítima defesa, tais como a vida, a liberdade, a integridade física, o patrimônio, a honra etc., bastando que esteja tutelado pela ordem jurídica. Dessa forma, **o que se discute não é a possibilidade da legítima defesa da honra e sim a proporcionalidade entre a ofensa e a intensidade da repulsa**. Nessa medida, não poderá, por exemplo, o ofendido, em defesa da honra, matar o agressor, ante a manifesta ausência de moderação. No caso de adultério, nada justifica a supressão da vida do cônjuge adúltero, não apenas pela falta de moderação, mas também devido ao fato de que **a honra é um atributo de ordem personalíssima, não podendo ser considerada ultrajada por um ato imputável a terceiro, mesmo que este seja a esposa ou o marido do adúltero**" (**Execução penal.** 15. ed. São Paulo, Saraiva, 2013. p. 309-310 (Coleção direito simplificado).

Nessa mesma linha, rememoro o saudoso professor **Magalhães Noronha,** o qual afirma que a honra é atributo pessoal, individual e próprio (**Direito Penal.** 1985, v. I, p. 192). Nesse contexto, a honra refere- se a um atributo pessoal, íntimo e subjetivo, cuja tutela se encontra delineada na Constituição, por exemplo, na previsão do direito de resposta e no Código Penal em seu Capítulo V, que prevê os tipos penais da calúnia, da difamação e da injúria. Portanto, aquele que se vê lesado em sua honra tem meios jurídicos para buscar sua compensação.

Assim, aquele que pratica feminicídio ou usa de violência em razão de ofensa a sua honra não está a se defender, mas a atacar uma mulher de forma desproporcional, covarde e criminosa.

2.2. Da ofensa constitucional à **dignidade da pessoa humana,** à vedação de discriminação e ao direito à vida e à igualdade.

Apesar da alcunha de "legítima defesa", instituto técnico-jurídico amplamente amparado no direito brasileiro, a chamada "legítima defesa da honra" corresponde, na realidade, a **recurso argumentativo/retórico odioso, desumano e cruel utilizado pelas defesas de acusados de feminicídio ou agressões contra mulheres para imputar às vítimas a causa de suas próprias mortes ou lesões, contribuindo imensamente para a naturalização e a perpetuação da cultura da violência contra as mulheres no Brasil.**

A ideia que subjaz à "legítima defesa da honra" – perdão do autor de feminicídio ou agressão praticado contra a esposa ou companheira adúltera – tem raízes arcaicas no direito brasileiro, constituindo um **ranço, na retórica de alguns operadores do direito, de institucionalização da desigualdade entre homens e mulheres e de tolerância e naturalização da violência doméstica, as quais não têm guarida na Constituição de 1988.**

Com efeito, a "honra masculina" já foi um bem jurídico protegido pelo ordenamento jurídico brasileiro, como se verificava, à época da colônia, no Livro V, Título XXXVIII, das Ordenações Filipinas, no qual se concedia ao homem o direito de matar sua esposa quando flagrada em adultério.

No Código Criminal do Império do Brasil, de 1830, e no Código Penal da República de 1890, conquanto não houvesse previsão acerca do direito do homem de matar a mulher por uma traição, nesses diplomas, o adultério era considerado um crime contra a segurança do estado civil e doméstico quando cometido por ambos os sexos. Todavia, **enquanto a configuração do instituto demandava, para os homens, a comprovação de uma relação extraconjugal estável e duradoura, para as mulheres, bastava a mera presunção de sua ocorrência**1 (RAMOS, Margarita Danielle. Reflexões sobre o processo histórico-discursivo do uso da legítima defesa da honra no Brasil e a construção das mulheres. **Revista Estudos Feministas**, v. 20, n. 1, p. 53-73, 2012).

A partir de então, foi no discurso jurídico acerca da legítima defesa que se abriu espaço para a tolerância em relação aos homicídios cometidos por homens contra esposas consideradas adúlteras, visando à tutela da honra masculina, a qual era reforçada pela lei civil, que, trazendo conceitos como "mulher honesta" e "mulher já deflorada", conferia tratamento extremamente desigual entre os gêneros.

Margarita Ramos destaca que, desse modo, "se estruturará, de forma equivocada na Jurisprudência brasileira, a tese de legítima defesa da honra pelo discurso jurídico". Destarte,

> "para que fosse possível a descriminalização do assassinato da mulher eliminando, assim, o caráter criminoso da ação, 'operou-se uma 'adaptação' ou uma justa posição entre a legítima defesa e a defesa do bem jurídico 'honra' para a construção da tese da 'legítima defesa da honra'" (Reflexões sobre o processo histórico-discursivo do uso da legítima defesa da honra no Brasil e a construção das mulheres. **Revista Estudos Feministas**, v. 20, n. 1, p. 66, 2012).

Percebe-se, portanto, o anacronismo da ideia de legítima defesa da honra, a qual remonta a uma concepção rigidamente hierarquizada de família, na qual a mulher ocupa posição subalterna e tem restringida sua dignidade e sua autodeterminação. Segundo essa percepção, o comportamento da mulher, especialmente no que se refere a sua conduta sexual, **seria uma extensão da**

reputação do "chefe de família", que, sentindo-se desonrado, agiria para corrigir ou cessar o motivo da desonra.

Trata-se, assim, de uma percepção instrumental e desumanizadora do indivíduo, que subverte o conceito kantiano – que é base da ideia seminal de dignidade da pessoa humana – de que **o ser humano é um fim em si mesmo, não podendo jamais ter seu valor individual restringido por outro ser humano ou atrelado a uma coisa.** Essa dimensão da dignidade da pessoa humana foi delineada por Othon de Azevedo Lopes:

> "O homem como ser racional, que age segundo sua autonomia, não tem um preço, nem muito menos um equivalente. A condição humana é assim revestida de dignidade por ser um fim em si mesmo e jamais um meio.
>
> A dignidade humana está ligada à ideia de tratar todos como um fim em si mesmo. Nas palavras de Kant, o imperativo prático seria o seguinte: 'haja de forma a tratar a humanidade, seja na sua pessoa ou na de outro, sempre como um fim em si mesmo e jamais com um meio'. De tal ideia, Kant tira várias conclusões.
>
> A primeira é a de que o homem não pode ser coisificado, transformado em objeto já que é necessariamente um fim em si mesmo. A pessoa humana é, por isso, indisponível, até por ato próprio.
>
> A segunda é a circunstância de que a violação dos direitos humanos reduz o homem a um meio, na medida em que o violador estará utilizando o ofendido como um meio para os seus objetivos.
>
> A terceira consequência é a de que não basta não atentar contra a pessoa humana, sendo indispensável transformá-la nos fins de todas as ações. A humanidade, como um fim em si mesma, deve ser promovida.
>
> A quarta está no fato de que o fim natural de todos os homens é a felicidade. Daí que, por reconhecer o outro como um fim em si mesmo, cada homem deve tomar os fins e a felicidade do outro, na medida do possível, como os seus fins.
>
> Uma última consequência, não menos importante, é a de considerar que a dignidade a pessoa humana é um princípio supremo limitador de todos os demais, já que para Kant adviria da razão pura e não da experiência" (LOPES, Othon de Azevedo. A dignidade da pessoa humana como princípio jurídico fundamental. In: **Estudos de direito público**: direitos fundamentais e estado democrático de direito. Porto Alegre: Síntese, 2003. p. 193-211).

Ingo Sarlet nos fornece uma definição contemporânea do princípio da dignidade da pessoa humana:

"Temos por dignidade da pessoa humana a **qualidade intrínseca e distintiva reconhecida em cada ser humano que o faz merecedor do mesmo respeito e consideração por parte do Estado e da comunidade**, implicando, neste sentido, um complexo de direitos e deveres fundamentais que assegurem a pessoa tanto contra todo e qualquer ato de cunho degradante e desumano, como venham a lhe garantir as condições existenciais mínimas para uma vida saudável, além de propiciar e promover sua participação ativa e corresponsável nos destinos da própria existência e da vida em comunhão com os demais seres humanos" (SARLET, Ingo Wolfgang. **Dignidade da pessoa humana e direito fundamentais na Constituição Federal de 1988.** 5. ed. Porto Alegre: Livraria do Advogado, 2007).

Reconheço que a dignidade da pessoa humana é norma constitucional de difícil densificação. No entanto, **entendo ser o caso em análise um daqueles em que a subversão a esse paradigma constitucional** – que é fundamento da República Federativa do Brasil (art. 1º, inciso III, da Constituição de 1988) – é dotado de **singular clareza**, visto que o argumento da "legítima defesa da honra" **normaliza e reforça uma compreensão de desvalor da vida da mulher, tomando-a como ser secundário cuja vida pode ser suprimida em prol da afirmação de uma suposta honra masculina.** Isso também está em descompasso com os **objetivos fundamentais** contidos no art. 3º da Carta Magna, especialmente os seguintes: "I – construir uma sociedade livre, justa e solidária"; e "IV – promover o bem de todos, sem preconceitos de origem, raça, sexo, cor, idade e quaisquer outras formas de discriminação".

Trata-se, além do mais, de tese violadora dos direitos à vida e à igualdade entre homens e mulheres (art. 5º, **caput** e inciso I, da CF), também pilares de nossa ordem constitucional. A ofensa a esses direitos concretiza-se, sobretudo, no **estímulo à perpetuação do feminicídio e da violência contra a mulher**. Com efeito, o acolhimento da tese da legítima defesa da honra tem a **potencialidade de estimular práticas violentas contra as mulheres ao exonerar seus perpetradores da devida sanção.**

Silvia Pimentel et al apontam que

"**é nos chamados 'crimes de honra' e, em geral, em casos de agressões e homicídios contra mulheres, praticados por seus maridos, companheiros, namorados ou respectivos ex – sob a alegação da prática de adultério e/ou do desejo de separação por parte da mulher – que a discriminação e violência contra as mulheres ganha máxima expressão**. A título de 'defender a honra conjugal e/ou do acusado', buscando justificar o crime, garantir a impunidade ou a diminuição da pena, operadores(as) do Direito lançam mão da tese da legítima defesa da honra ou da violenta emoção, e de todo e

> qualquer recurso para desqualificar e culpabilizar a vítima pelo crime, **em um verdadeiro julgamento não do crime em si, mas do comportamento da mulher, com base em uma dupla moral sexual**" (PIMENTEL, Silvia; PANDJIARJIAN, Valéria; BELLOQUE, Juliana. "Legitima defesa de honra". Ilegítima impunidade de assassinos: um estudo crítico da legislação e jurisprudência da América Latina. In: **Vida em família: uma perspectiva comparativa sobre crimes de honra.** 2006. p. 65- 208, grifo nosso).

De outra banda, ressalto que é dever do Estado criar mecanismos para coibir o feminicídio e a violência doméstica, nos termos do art. 226, § 8º, da CF, segundo o qual o "Estado assegurará a assistência à família na pessoa de cada um dos que a integram, **criando mecanismos para coibir a violência no âmbito de suas relações**" (grifo nosso). Decorre da norma constitucional em tela não somente a obrigação do Estado de adotar condutas positivas, mas também **o dever de não ser conivente e de não estimular a violência doméstica e o feminicídio.**

A propósito do feminicídio, a Comissão Interamericana de Direitos Humanos (CIDH), por meio de nota divulgada em 4/2/19, expressou "sua preocupação pela prevalência alarmante de assassinatos de mulheres por motivo de estereótipo de gênero no Brasil, uma vez que pelo menos 126 mulheres foram mortas no país desde o início do ano".

No ensejo, a Comissão exortou o Brasil "a implementar estratégias abrangentes para prevenir tais eventos e cumprir sua **obrigação de investigar, julgar e punir os responsáveis**; bem como oferecer proteção e reparação integral a todas as vítimas".

Salientou, ainda, a Comissão Interamericana de Direitos Humanos que, "segundo dados da Comissão Econômica para a América Latina e o Caribe (CEPAL), da Organização das Nações Unidas, **40% de todos os assassinatos de mulheres registrados no Caribe e na América Latina ocorrem no Brasil**" (Disponível em: <http://www.oas.org/pt/cidh/prensa/notas/2019/024.asp?-fbclid=IwAR29DPySrtbfqc9X_xpF4K%20piKJUQJ13o83pr5lGxMQUCPJ9X-QhajE-L9svQ>. Acesso em: 24/2/21).

De acordo com o Atlas da Violência, do Instituto de Pesquisa Econômica Aplicada (IPEA), o Brasil registrou **50.056 assassinatos de mulheres entre 2009 e 2019**. (Disponível em: https://www.ipea.gov.br/atlasviolencia/arquivos/artigos/9144-dashboardviolenciamulherfinal-1.pdf. Acesso em: 27/6/23). Apenas em 2018, 4.519 mulheres foram assassinadas, o que significa que uma mulher foi morta a cada 2 horas no Brasil. Entre 2008 e 2018, a taxa de homicídio de mulheres **em suas residências** subiu 8,3%. Apenas em 2019, registrou-se um aumento dessa taxa em 6,1%. Ainda segundo o IPEA, **os feminicídios**

representam 1/3 das mortes violentas de mulheres no país (Disponível em: https://www.ipea.gov.br/atlasviolencia/arquivos/artigos/4942- emquestaon8atlas.pdf. Acesso em: 27/6/23).

Por sua vez, o Mapa da violência de 2015: Homicídio de mulheres no Brasil, lançado por instituições parceiras de direito humanos (ONU Mulheres, Organização Pan-Americana da Saúde, Secretaria Especial de Políticas para as Mulheres, ligada ao antigo Ministério das Mulheres, da Igualdade Racial e dos Direitos Humanos, e Faculdade Latino-Americana de Ciências Sociais), já registrava que **o Brasil detinha a 5ª maior taxa de feminicídios do mundo**:

> "Com sua taxa de 4,8 homicídios por 100 mil mulheres, o Brasil, num grupo de 83 países com dados homogêneos, fornecidos pela Organização Mundial da Saúde, ocupa uma pouco recomendável 5ª posição, evidenciando que os índices locais excedem, em muito, os encontrados na maior parte dos países do mundo. Efetivamente, só El Salvador, Colômbia, Guatemala (três países latino-americanos) e a Federação Russa evidenciam taxas superiores às do Brasil. Mas as taxas do Brasil são muito superiores às de vários países tidos como civilizados:
>
> - 48 vezes mais homicídios femininos que o Reino Unido;
> - 24 vezes mais homicídios femininos que Irlanda ou Dinamarca;
> - 16 vezes mais homicídios femininos que Japão ou Escócia" (Disponível em: https://flacso.org.br/files/2015/11/MapaViolencia_2015_mulheres.pdf. Acesso em: 27/6/23).

Outrossim, segundo o levantamento feito pelo *Estadão Dados*, núcleo do jornal *O Estado de São Paulo* especializado em reportagens baseadas em estatísticas, **no Estado de São Paulo, a cada 60 (sessenta) horas uma mulher é vítima de feminicídio, conforme boletins de ocorrência da Secretaria de Segurança Pública.** (Disponível em: <https://www.estadao.com.br/sao-paulo/uma-mulher-e-vitima-de- feminicidio-a-cada-60-horas-no-estado-de-sao-paulo/>. Acesso em: 4/12/22).

O Ministério da Saúde, com base no cruzamento dos registros de óbitos com os atendimentos na rede pública de saúde entre 2011 e 2016, verificou que **três em cada dez mulheres que morreram no Brasil por causas ligadas à violência haviam sido frequentemente agredidas** (Disponível em: <https://www.estadao.com.br/brasil/3-em-cada-10- mulheres-que-morrem-por-violencia-tem-historico-de-agressao/>. Acesso em: 4/12/22).

Por sua vez, o Anuário Brasileiro de Segurança Pública de 2020 indicou

> "uma escalada nos feminicídios no Brasil em nível nacional e subnacional. No país, os casos registrados passaram de 929 em 2016, primeiro ano

completo de vigência da lei, para 1.326 em 2019 – um aumento de 43% no período. Mesmo com a redução nos homicídios em 2018 e 2019, o número de casos de feminicídio registrados continuou a subir, assim como sua proporção em relação ao total de casos de homicídios com vítimas mulheres" (Disponível em: <https://forumseguranca.org.br/wp- content/uploads/2020/10/anuario-14-2020-v1-interativo.pdf>. Acesso em: 24/2/21).

Na publicação de 2022, o Anuário Brasileiro de Segurança Pública **confirma a tendência de crescimento do número de feminicídios no Brasil**, "passando de 929 casos, em 2016, para 1.341, em 2021 conforme dados do Fórum Brasileiro de Segurança Pública", registrando um aumento de cerca de 44,3% no período (Disponível em: https://forumseguranca.org.br/wp-content/uploads/2022/06/anuario- 2022.pdf?v=5 . Acesso em: 2/12/22, p. 156). O documento consigna que

> "a violência doméstica é progressiva, ou seja, tende a começar com agressões verbais, humilhações e constrangimentos, podendo evoluir para agressões físicas e até para o seu ápice, que é o feminicídio. Portanto, até chegar ao extremo de ser assassinada, a vítima muito provavelmente já passou por outros tipos de agressão e, em muitos casos, já buscou ajuda do Estado – o qual, por sua vez, mostrou-se incapaz de assegurar-lhe a devida proteção" (Disponível em: https://forumseguranca.org.br/wp- content/uploads/2022/06/anuario-2022.pdf?v=5. Acesso em: 2/12/22, p. 157).

De acordo com o **Monitor da Violência**, uma parceria do G1 com o Núcleo de Estudos da violência da USP e do Fórum Brasileiro de Segurança Pública, houve **um aumento de 5% nos casos de feminicídios em 2022 em comparação a 2021.** Mil e quatrocentas mulheres foram mortas em 2022 pelo simples fato de serem mulheres, o que equivale a **uma mulher assassinada a cada 6 horas, em média. Esse é o maior número registrado pelo Monitor da Violência desde que entrou em vigor a Lei nº 13.104/15**, a qual tornou o feminicídio uma circunstância qualificadora do crime de homicídio. Esses dados vão na contramão da redução do número de assassinatos sem o recorte de gênero observada no mesmo período (Disponível em: https://g1.globo.com/monitor-da-violencia/noticia/2023/03/08/brasil-bate-recorde-de-feminicidios-em-2022-com-uma-mulher-morta-a-cada-6-horas.ghtml. Acesso em: 28/6/23). Por todo o exposto, **concluo que o recurso à tese da "legítima defesa da honra" é prática que não se sustenta à luz da Constituição de 1988, por ofensiva à dignidade da pessoa humana, à vedação da discriminação e aos direitos à igualdade e à vida, não devendo ser veiculada pela defesa, pela acusação, pela autoridade policial ou pelo juízo, direta ou indiretamente, no curso do**

processo penal nas fases pré-processual e processual, sob pena de nulidade do respectivo ato postulatório e do julgamento, inclusive quando praticado no tribunal do júri.

2.3. Tribunal do júri e plenitude de defesa.

É certo que a plenitude de defesa é princípio constitucional essencial à instituição do tribunal do júri e está inscrita no rol de direitos e garantias fundamentais da Carta Magna, nos termos do art. 5°, inciso XXXVIII, alínea **a**, do texto constitucional.

Assim sendo, entendo que a Constituição garante aos réus submetidos ao tribunal do júri plenitude de defesa, de modo que são cabíveis argumentos jurídicos e não jurídicos – sociológicos, políticos e morais, por exemplo – para a formação do convencimento dos jurados.

Não obstante, para além de um argumento atécnico e extrajurídico, a **"legítima defesa da honra" é estratagema cruel, subversivo da dignidade da pessoa humana e dos direitos à igualdade e à vida e totalmente discriminatória contra a mulher, por contribuir com a perpetuação da violência doméstica e do feminicídio no país.**

Com efeito, como bem colocou o Ministro **Rogério Schietti**, no julgamento do AREsp n° 1.553.933/SC,

> "[s]urpreende ver ainda essa tese sustentada por profissional do Direito (...) como se a decisão judicial que afastou tão esdrúxula tese fosse contrária à lei penal. Como pretender lícito, ou conforme ao Direito (...), o comportamento de ceifar, covardemente (...) a vida de uma mulher companheira[?]" (AREsp n. 1.553.933, Rel. Min. **Rogerio Schietti Cruz**, DJe de 6/11/19).

Logo, a legítima defesa da honra, dessa perspectiva, não cabe ser invocada como argumento jurídico ou não jurídico inerente à plenitude de defesa própria do tribunal do júri. Isso porque, nas palavras de **Fernando Capez**, já citado, "a honra é um atributo de ordem personalíssima, não podendo ser considerada ultrajada por um ato imputável a terceiro, mesmo que este seja a esposa ou o marido do adúltero" (**op. cit.** p. 309).

Mas, ainda que assim não fosse, não se pode ignorar que **a cláusula tutelar da plenitude de defesa não pode constituir instrumento de salvaguarda de práticas ilícitas.**

Como já tive a oportunidade de consignar, citando o Ministro **Celso de Mello**, não há garantias individuais de ordem absoluta, mormente com o escopo de salvaguardar práticas ilícitas (**v.g.** RHC n° 132.115, Segunda Turma, de **minha relatoria**, DJe de 9/3/17).

As franquias constitucionais individuais, nas palavras de Sua Excelência, constituem

> "um dos núcleos básicos em que se desenvolve, em nosso País, o regime das liberdades públicas. Porém essas franquias ostentam caráter meramente relativo. Não assumem nem se revestem de natureza absoluta. Cede, por isso mesmo, às exigências impostas pela preponderância axiológica e jurídico- social do interesse público" (Pet nº 577/DF-QO, Tribunal Pleno, DJ de 23/4/93).

Dessa perspectiva, a **cláusula tutelar da plenitude de defesa**, invocada para sustentar a tese de legítima defesa da honra, **teria a função ultrajante de salvaguardar a prática ilícita do feminicídio ou de qualquer outra forma de violência contra a mulher**, o que é inaceitável em um país em que a vida é considerada o bem jurídico mais valioso, por opção inequívoca da Constituição de 1988.

Cuida-se de abuso argumentativo similar àqueles que se busca evitar mediante as chamadas **rape shield law**, conforme oportunamente mencionado pelo eminente Ministro **Gilmar Mendes** em voto-vogal apresentado no referendo da medida cautelar concedida nestes autos.

Sua Excelência fez referência à proibição imposta às partes de processos em que se discute a ocorrência de crimes sexuais de que façam uso de provas ou recursos argumentativos que digam respeito ao comportamento sexual ou à reputação da vítima, a exemplo das **Federal Rules of Evidence**, dos Estados Unidos da América:

> **"Rule 412. Sex-Offense Cases: The Victim Prohibited Uses. The following evidence is not admissible in a civil or criminal proceeding involving alleged sexual misconduct:**
>
> **(1) evidence offered to prove that a victim engaged in other sexual behavior; or**
>
> **(2) evidence offered to prove a victim's sexual predisposition.**
>
> **(a) Exceptions.**
>
> **(1) Criminal Cases. The court may admit the following evidence in a criminal case:**
>
> **(A) evidence of specific instances of a victim's sexual behavior, if offered to prove that someone other than the defendant was the source of semen, injury, or other physical evidence;**
>
> **(B) evidence of specific instances of a victim's sexual behavior with respect to the person accused of the sexual misconduct, if offered by the defendant to prove consent or if offered by the prosecutor; and**

(C) evidence whose exclusion would violate the defendant's constitutional rights.

(2) Civil Cases. In a civil case, the court may admit evidence offered to prove a victim's sexual behavior or sexual predisposition if its probative value substantially outweighs the danger of harm to any victim and of unfair prejudice to any party. The court may admit evidence of a victim's reputation only if the victim has placed it in controversy" (Disponível em: <https://www.uscourts.gov/sites/default/files/federal_rules_of_e vidence_-_dec_1_2019_0.pdf>. Acesso em: 4/10/22).

Vislumbra-se, naqueles casos, uma limitação da matéria de defesa disponível ao acusado, visando evitar que se promova, por meio do processo judicial que busca atribuir responsabilidade pela ocorrência de um crime sexual, uma devassa na vida e na reputação da vítima, como se seu comportamento, de alguma forma, pudesse justificar a terrível e odiosa agressão contra si perpetrada.

Também no ordenamento jurídico brasileiro, à luz dos princípios constitucionais que ora suscito, não é dado à defesa do acusado de feminicídio – ou a qualquer ator do processo do tribunal do júri – lançar mão de recurso argumentativo que vise reduzir a vítima em dignidade e valor, sob o pretexto ilícito de lhe atribuir a causa da própria morte.

Há, portanto, a prevalência da dignidade da pessoa humana, da vedação a todas as formas de discriminação, do direito à igualdade e do direito à vida sobre a plenitude da defesa, tendo em vista os riscos elevados e sistêmicos decorrentes da naturalização, da tolerância e do incentivo à cultura da violência doméstica e do feminicídio.

2.4. Da ressalva quanto ao art. 483, § 2°, do Código de Processo Penal: a soberania dos veredictos.

O autor questiona especificamente as situações em que o feminicida é absolvido com base em "legítima defesa da honra" na hipótese processual do art. 483, inciso III, § 2°, do CPP (absolvição genérica ou por clemência). Defende que, nesses casos, o princípio da soberania dos veredictos seja interpretado com temperamentos, para que não coloque à salvo do controle judicial a absolvição com base na aludida tese.

O autor menciona o que foi decidido pela Primeira Turma desta Corte no julgamento do HC nº 178.777/MG, Rel. Min. **Marco Aurélio**. Pleiteava-se, naquela ação, o restabelecimento de decisão absolutória proferida com base no 483, § 2°, do Código de Processo Penal, a qual **havia sido anulada por contrariedade à prova do processo**, com determinação de novo júri.

A Turma deferiu a ordem e restabeleceu a decisão absolutória, com fundamento na impossibilidade de o Ministério Público recorrer de decisão absolutória do tribunal do júri baseada em quesito absolutório genérico (CPP, art. 483, c/c o § 2º) – tendo em vista a soberania dos veredictos, assegurada na Constituição Federal no art. 5º, inciso XXXVIII, alínea **c**. Os Ministros **Roberto Barroso** e **Alexandre de Moraes** divergiram, enfatizando o fato de que, naquele caso, o acusado havia confessado o feminicídio.

Acompanhando as premissas trazidas pelo eminente Relator e seguindo a maioria, votei pelo acolhimento do HC, forte no argumento de que a absolvição ocorrida na forma do art. 483, inciso III, § 2º, do Código de Processo Penal

> "**tem natureza genérica, não estando vinculado à prova. Decorre da essência do Júri, segundo a qual o jurado pode absolver o réu com base na livre convicção e independentemente das teses veiculadas, considerados elementos não jurídicos e extraprocessuais**. A pergunta, conforme se depreende do preceito legal, há de ser formulada obrigatoriamente, no que a resposta afirmativa não implica nulidade da decisão, independentemente dos argumentos suscitados, em Plenário, pela defesa" (grifos nossos).

Defendi, na ocasião, que, não havendo vinculação a teses ou a prova na absolvição do acusado pelos jurados na forma do art. 483, inciso III, § 2º, do Código de Processo Penal, não haveria margem legal para o órgão de acusação recorrer dessa decisão sustentando a nulidade do veredicto por contrariedade à prova dos autos.

Isso porque o quesito versado no art. 483, inciso III, § 2º, do Código de Processo Penal tem natureza genérica, não estando vinculado a nenhum tipo de prova que tenha sido produzida. Decorre, pois, da essência do júri que os jurados possam absolver o réu com base na **livre convicção e independentemente das teses que foram veiculadas**, considerando elementos não jurídicos e extraprocessuais, pois **não há como avaliar, nessa etapa, o íntimo dos jurados para concluir pelas razões que os levaram ao veredicto absolutório.**

Souza Nucci, ao tratar do tema, destaca que a reforma processual de 2008 veio justamente para "**eliminar as diversas questões vinculadas a teses defensivas de absolvição, tais como legítima defesa, estado de necessidade, erro de tipo etc**" (**Código de Processo Penal comentado.** 16. ed. Rio de Janeiro: Forense, 2017. p. 1134).

Ainda segundo esse renomado autor, "[o] quesito genérico permite a abrangência de toda e qualquer razão para considerar o réu inocente" (**op. cit.** p. 1134).

Nesse sentido, votei, no julgamento do HC nº 178.777/MG pela Primeira Turma, pela impossibilidade de o Ministério Público recorrer de decisão absolutória do tribunal do júri baseada em quesito absolutório genérico (CPP, art. 483, inciso III, c/c o § 2º), tendo em vista a soberania dos veredictos, assegurada na Constituição Federal no art. 5º, inciso XXXVIII, alínea **c**. Mais recentemente, no julgamento pela Primeira Turma do RHC nº 218.697-AgR (de **minha relatoria**, red. do ac. Min. **Alexandre de Moraes**, DJe de 5/10/22), defendi a mesma tese, com esteio na jurisprudência formada até aquele momento, tendo, no entanto, prevalecido o voto do Ministro **Alexandre de Moraes** pela possibilidade de apelação contra sentença absolutória fundada em quesito genérico contrária à prova dos autos. Entendeu Sua Excelência que essa possibilidade não conflita com a soberania dos veredictos, uma vez que necessariamente haverá novo julgamento pelo tribunal do júri. Esse conjunto de argumentos, favoráveis e contrários à tese em comento, percolarão a inexorável discussão da Corte sobre os limites da liberdade conferida aos jurados pelo art. 483, § 2º, do Código de Processo Penal para absolver o acusado, a qual será travada no julgamento do ARE nº 1.225.185-RG/MG, Rel. Min. **Gilmar Mendes**, cuja repercussão geral foi reconhecida nos seguintes termos:

> "RECURSO EXTRAORDINÁRIO COM AGRAVO. PENAL E PROCESSUAL PENAL. TRIBUNAL DO JÚRI E SOBERANIA DOS VEREDICTOS (ART. 5º, XXXVIII, C, CF). **IMPUGNABILIDADE DE ABSOLVIÇÃO A PARTIR DE QUESITO GENÉRICO (ART. 483, III, C/C §2º, CPP) POR HIPÓTESE DE DECISÃO MANIFESTAMENTE CONTRÁRIA À PROVA DOS AUTOS (ART. 593, III, D, CPP).** ABSOLVIÇÃO POR CLEMÊNCIA E SOBERANIA DOS VEREDICTOS. MANIFESTAÇÃO PELA EXISTÊNCIA DE REPERCUSSÃO GERAL" (DJe de 22/6/20).

Como pontuou o Ministro **Gilmar Mendes** no voto vogal apresentado no julgamento do referendo à medida cautelar da presente da ADPF, **a tese do não cabimento de apelação com fundamento em decisão manifestamente contrária à prova dos autos na hipótese de absolvição baseada em quesito genérico, objeto do ARE nº 1.225.185/MG-RG, não se confunde com a discussão posta neste processo acerca da odiosa tese da "legítima defesa da honra"**, a qual mais se relaciona com os limites argumentativos impostos pelos princípios constitucionais da igualdade, da vida e da dignidade da pessoa humana **a todos os envolvidos na persecução penal, em todas as suas fases.** Todavia, após frutífero debate em Plenário, notadamente pela manifestação do Ministro **Edson Fachin**, é de se pontuar que o pedido sucessivo aduzido na inicial tangencia o tema que será tratado em repercussão geral, embora de maneira específica em relação à suscitação da tese da legítima defesa da honra seguida de uma absolvição baseada em quesito genérico.

Eximir tal veredicto do controle jurisdicional poderia importar em uma subversão de tudo o que fora explanado no presente voto, deixando brecha para que a tese da legítima defesa da honra continuasse sendo perpetuada em nossa prática judicial.

Por todas as razões já levantadas ao longo de minha exposição, **penso ser inaceitável, diante do sublime direito à vida e à dignidade da pessoa humana, que o acusado de feminicídio seja absolvido, na forma do art. 483, inciso III, § 2º, do Código de Processo Penal, com base na esdrúxula tese da "legítima defesa da honra" e que a acusação seja impossibilitada de recorrer de tal veredicto.**

De fato, há de se exigir um controle mínimo do pronunciamento do tribunal do júri quando a decisão de absolvição se der por quesito genérico, de forma a avaliar, à luz dos atos processuais praticados em juízo, se a conclusão dos jurados se deu a partir de argumentação discriminatória, indigna, esdrúxula e inconstitucional referente ao uso da tese da legítima defesa da honra.

É, portanto, na linha defendida pelo Ministro Edson Fachin, o caso de se conferir interpretação conforme à Constituição ao art. 483, inciso III, § 2º, do Código de Processo Penal, de forma a reconhecer a recorribilidade da decisão do tribunal do júri caso a absolvição por quesito genérico ocorra em decorrência do uso da tese da legítima defesa da honra, uma vez que ela é ilegítima, ilícita e incompatível com a tábua axiológica da Constituição Federal, sem prejuízo de uma análise mais ampla do dispositivo por ocasião do julgamento do ARE nº 1.225.185/MG-RG.

Nessa esteira, e tendo em vista a pertinente observação do Ministro **Gilmar Mendes** no voto vogal apresentado no referendo à medida cautelar, cumpre reforçar a importância da ata da sessão de julgamento do tribunal do júri e da gravação audiovisual da sessão, mecanismos que devem ser aptos a registrar adequadamente os debates, alegações e fundamentos das partes.

Por essas razões, reconhecendo novamente a notória epidemia de crimes violentos contra mulheres no Brasil e a evidente necessidade de que as situações de discriminação de gênero sejam devidamente endereçadas pelo Poder Judiciário, de forma a reforçar o poder normativo da Constituição, reitero o entendimento que defendi no julgamento do referendo à medida cautelar, acolhido pelo Plenário naquela oportunidade.

3. CONCLUSÃO

Ante o exposto, voto pela **procedência integral** do pedido formulado na presente arguição de descumprimento de preceito fundamental para:

(i) firmar o entendimento de que a tese da legítima defesa da honra é inconstitucional, por contrariar os princípios constitucionais da dignidade da pessoa

humana (art. 1º, inciso III, da CF), da proteção à vida e da igualdade de gênero (art. 5º, **caput**, da CF);
(ii) conferir interpretação conforme à Constituição ao art. 23, inciso II; ao art. 25, **caput** e parágrafo único, do Código Penal e ao art. 65 do 22 Código de Processo Penal, de modo a excluir a legítima defesa da honra do âmbito do instituto da legítima defesa e, por consequência;
(iii) **obstar à defesa, à acusação, à autoridade policial e ao juízo que utilizem, direta ou indiretamente, a tese de legítima defesa da honra** (ou qualquer argumento que induza à tese) nas fases pré-processual ou processual penais, bem como durante o julgamento perante o tribunal do júri, **sob pena de nulidade do ato e do julgamento;**
(iv) diante da impossibilidade de o acusado beneficiar-se da própria torpeza, fica vedado o reconhecimento da nulidade referida no item anterior na hipótese de a defesa ter-se utilizado da tese da legítima defesa da honra com essa finalidade.
Por fim, julgo procedente também o pedido sucessivo apresentado pelo requerente, de forma a **conferir interpretação conforme à Constituição ao art. 483, inciso III, § 2º, do Código de Processo Penal, para entender que não fere a soberania dos veredictos do tribunal do júri o provimento de apelação que anule a absolvição fundada em quesito genérico que implique, de algum modo, a repristinação da odiosa tese da legítima defesa da honra.**
É como voto.

Fonte: STF, Arguição de Descumprimento de Preceito Fundamental n. 779/DF; Rel. Min. Dias Toffoli, j. em: 1/8/2023, grifo do original.

Por fim, vale consignar:

> Também deve ser lembrado que a celeuma é grande em torno dessa questão, pois o STJ, (5ª. Turma – Agravo Regimental em Recurso Especial 174141 – 8/SP, rel. Reynaldo Soares da Fonseca, j. 07.06.2018, public. 15.06.2018), já decidiu também que o Feminicídio, tanto na figura da discriminação, quanto na da violência doméstica, seria qualificadora de ordem "objetiva", o que valeria para a qualificadora das lesões corporais com as devidas adaptações. O citado "decisum", chega ao ponto de admitir a coexistência da qualificadora do Feminicídio (que seria então objetiva) com a qualificadora do "motivo torpe" (que é reconhecidamente subjetiva), o que a nosso ver é um disparate e configura claro e evidente "bis in idem" entre qualificadoras que são, ambas, na verdade, subjetivas. No caso das lesões a questão seria a de admitir a concomitância da qualificadora em estudo com a agravante genérica do motivo torpe, já que na lesão não existe a mesma qualificadora (motivo torpe). Certamente, para a 5ª.

Turma do STJ seriam compatíveis a qualificadora em destaque e a agravante genérica do motivo torpe (artigo 61, II, "a", CP), o que para nós é inviável e claramente um "bis in idem". É óbvio que nada disso, para nosso entendimento, tem sustentação, conforme acima consignado, mas é posição que vai se consolidando na doutrina e na jurisprudência brasileiras, de modo que certamente influenciará diretamente a interpretação dessa nova qualificadora das lesões corporais. (Cabette, 2022)

2.4.2 O uso de armas de fogo

A relação entre acesso e emprego de armas de fogo e crimes violentos, particularmente o homicídio (para fins do presente capítulo), tem ocupado estudos das mais variadas origens (ciências sociais, área da saúde) nas últimas três décadas.

Em um deles, dos mais significativos pela referência que se tornou, foi analisado

> o impacto histórico das armas na mortalidade do País, de 1980 até 20031, ano da promulgação do Estatuto do Desarmamento (Lei 10.826, de 22 de dezembro de 2003). Nesse estudo, concluíamos que: nos últimos anos, muito se tem discutido e argumentado, a favor ou contra, do desarmamento da população. Mas em toda essa discussão, o que é incontestável é a nua e crua frialdade dos números. Entre 1979, ano em que se inicia a divulgação dos dados do Subsistema de Informações de Mortalidade, até 2003, último ano disponível, morreram no Brasil acima de 550 mil pessoas vítimas de armas de fogo. Se essa cifra já representa uma quantidade assustadora, é ainda mais apavorante saber que 206 mil deles eram jovens [...]. Ficou evidente, nesse estudo, o progressivo, sistemático e ininterrupto incremento das taxas de homicídio por arma de fogo. (Waiselfisz, 2015)

Apontou-se, então, a título conclusivo, que "a estratégia do desarmamento, em seu primeiro ano de vigência, não só anulou a tendência de crescimento anual de 7,2% preexistente, mas também originou uma forte queda de 8,2% no número de óbitos registrados em 2003, e devido a isso, é possível sustentar que o impacto do desarmamento foi uma queda de 15,4% no número de mortes por armas de fogo no País" (Waiselfisz, 2015).

Essa afirmação foi posteriormente corroborada por inúmeros outros trabalhos:

> Resultados qualitativamente idênticos foram encontrados em três teses de doutorado em economia na EPGE-FGV, PUC-Rio e ESALQ-USPT, que utilizaram metodologias diferentes. Enquanto Hartung (2009) e Justus (2012) encontraram

que o crescimento no estoque de armas em circulação tem um efeito para aumentar a taxa de homicídio, Cerqueira (2014) concluiu que a cada 1% no aumento da difusão de armas, há impacto de 2% na taxa de homicídio. O mesmo autor não encontrou nenhuma evidência do uso defensivo das armas de fogo para a diminuição de crimes contra o patrimônio. (Waiselfisz, 2015)

A relação apontada foi comprovada por

> três trabalhos chegaram a estimativas pontuais virtualmente idênticas acerca do efeito do Estatuto do Desarmamento sobre a taxa de homicídios. Hartung (2009) estimou que tal legislação "deve ter causado uma queda de 9% a 12%, neste mesmo período". Cerqueira e De Mello (2013) encontraram um efeito de 12%. Já Schneider (2019), que utilizou o método de desenho de regressão com descontinuidade, estimou que os homicídios perpetrados com armas de fogo diminuíram 12,2%, devido ao Estatuto do Desarmamento, com a redução especialmente pronunciada em áreas de alta criminalidade e entre homens negros. (Cerqueira et al., 2022, p. 8)

Pode-se acrescer que, mesmo com a aplicação de uma metodologia distinta da usada nos trabalhos anteriormente mencionados, com o emprego da denominada *análise de regressão*, no caso específico da região metropolitana de São Paulo, é possível constatar que foram

> as armas apreendidas a variável preditora da quantidade de ocorrências de homicídios dolosos (consumados e tentados), no período analisado, de 1º de janeiro de 2009 a 31 de agosto de 2012. Os dados assim levantados, se refletidos no contexto da realidade que aponta para a diminuição de armas e de homicídios, permitem inferências sobre a importância do desarmamento por meio da apreensão da polícia. (Felix, 2013, p. 45)

Ademais, deve ser destacado o impacto da utilização de armas de fogo nos serviços de saúde. Com efeito,

> Chama a atenção o elevado percentual de lesões por arma de fogo no subgrupo das intervenções legais, que são provocadas pela ação belicosa e de confronto da polícia junto à população. Essa questão também se expressa nos dados de mortalidade e tem sido alvo de críticas e debates de estudiosos que consideram a polícia brasileira como uma das mais letais [...]. A esse respeito, Lotin [...] contabilizou 17.663 mortes decorrentes essas intervenções no país, no período de 2009 a 2015. A maioria delas incidindo sobre jovens com as mesmas características que as observadas no presente estudo. (Ribeiro; Souza; Sousa, 2017, p. 2857)

O emprego de armas de fogo é, portanto, uma variável social inequivocamente incidente na potencial ampliação normativa dos crimes contra a vida, ao mesmo tempo que serve, teoricamente, de elemento para a construção do "direito vivo".

2.4.2.1 O conceito de arma de fogo de uso restrito ou proibido

A redação atual do art. 121, parágrafo 2°, inciso VIII, é fruto da discussão parlamentar iniciada com o PL n. 6.354, de 2019, que tinha o seguinte fundamento:

> Sabe-se que a maneira mais eficaz de se combater a criminalidade é por meio de uma equilibrada atuação dos controles informais e formais. Quando as políticas sociais são aplicadas de forma ineficaz, falhando, portanto, as instâncias informais no objetivo de prevenir o cometimento de delito pelo cidadão, o controle social formal realizado por instituições estatais é acionado, utilizando suas ferramentas dotadas de coercibilidade, objetivando o reestabelecimento da ordem e da paz social. Ou seja, da mesma forma que o Estado atua para a flexibilização os requisitos de acesso a arma de fogo, deve, também, adotar uma política de responsabilização do mal exercício dessa liberalidade estatal. (Brasil, 2019a)

E a ela se acresce a definição de *arma de fogo de uso restrito*, com base no Decreto n. 11.615, de 21 de julho de 2023:

> Art. 12. São de uso restrito as armas de fogo e munições especificadas em ato conjunto do Comando do Exército e da Polícia Federal, incluídas:
>
> I – armas de fogo automáticas, independentemente do tipo ou calibre;
>
> II – armas de pressão por gás comprimido ou por ação de mola, com calibre superior a seis milímetros, que disparem projéteis de qualquer natureza, exceto as que lancem esferas de plástico com tinta, como os lançadores de *paintball*;
>
> III – armas de fogo de porte, cuja munição comum tenha, na saída do cano de prova, energia superior a trezentas libras-pé ou quatrocentos e sete joules, e suas munições;
>
> IV – armas de fogo portáteis, longas, de alma raiada, cuja munição comum tenha, na saída do cano de prova, energia superior a mil e duzentas libras-pé ou mil seiscentos e vinte joules, e suas munições;
>
> V – armas de fogo portáteis, longas, de alma lisa:
>
> a) de calibre superior a doze; e
>
> b) semiautomáticas de qualquer calibre; e
>
> VI – armas de fogo não portáteis. (Brasil, 2023a)

A mesma legislação define *armas de uso proibido*:

> Art. 14. São de uso proibido:
>
> I – as armas de fogo classificadas como de uso proibido em acordos ou tratados internacionais dos quais a República Federativa do Brasil seja signatária;
>
> II – os brinquedos, as réplicas e os simulacros de armas de fogo que com estas possam se confundir, exceto as classificadas como armas de pressão e as réplicas e os simulacros destinados à instrução, ao adestramento ou à coleção de usuário autorizado, nas condições estabelecidas pela Polícia Federal;
>
> III – as armas de fogo dissimuladas, com aparência de objetos inofensivos; [...] (Brasil, 2023a)

2.4.3 A ação de grupos de extermínio e milícias privadas

Inicialmente, cabe destacar que

> As práticas de extermínio realizadas por grupos privados consorciados com agentes públicos têm raízes profundas na história social brasileira e possuem grande significado na formação nacional. A ação de agentes econômicos no mundo rural e urbano, articulando-se com pistoleiros, justiceiros e matadores para fazer valer seus interesses políticos e econômicos, é bastante característica do exercício do poder local no Brasil, de modo que é muito importante considerar o papel cumprido por atores que, ao longo da história brasileira, agiram como grupos de matadores dedicados à práticas organizadas de violência letal sistemática para manutenção de poderes e privilégios. (Freitas, 2022, p. 99)

Ademais, "marca a história social brasileira e preocupa pessoas integrantes de grupos sociais historicamente excluídos, moradores das periferias urbanas e agentes públicos preocupados com a pauta da cidadania, dos direitos humanos e do Estado de Direito" (Freitas, 2022, p. 98).

Merece destaque o quanto considerado no Relatório Final da Comissão Parlamentar de Inquérito (CPI) sobre Grupos de Extermínio no Nordeste, apresentado em 2005:

> As razões da impunidade, que acaba dando margem a ocorrência de novos crimes, são muitas. As Corregedorias de Polícia, compostas por policiais, são responsáveis pela investigação de casos envolvendo a própria Polícia. Quando há homicídios, as instâncias competentes são a Polícia Civil e o Ministério Público. Mas não muda muita coisa. As polícias são corporativas umas com

as outras. Nunca um policial estará, perante outros policiais, em condição de inferioridade a quem foi agredido. Outro fator relevante é que cerca de 90% dos casos de homicídio são relatados pelos policiais como de resistência seguida de morte e, em 80% dos casos, não há testemunhas civis.

Muitos policiais são integrantes dos grupos de extermínio, que são imbuídos da suposta boa intenção de "limpeza social". Ou seja, se comerciantes, empresários e outros segmentos da sociedade vêem em determinado político ou grupo social uma ameaça, recorrem ao grupo de extermínio para a resolução do que julgam um problema. São justiceiros que não concedem direito de defesa. Uma explicação para a existência desses grupos é a descrença nas instituições estatais de combate ao crime. (Brasil, 2005, p. 37)

Precedente destacado no tema analisado

EMENTA

INCIDENTE DE DESLOCAMENTO DE COMPETÊNCIA. JUSTIÇAS ESTADUAIS DOS ESTADOS DA PARAÍBA E DE PERNAMBUCO. HOMICÍDIO DE VEREADOR, NOTÓRIO DEFENSOR DOS DIREITOS HUMANOS, AUTOR DE DIVERSAS DENÚNCIAS CONTRA A ATUAÇÃO DE GRUPOS DE EXTERMÍNIO NA FRONTEIRA DOS DOIS ESTADOS. AMEAÇAS, ATENTADOS E ASSASSINATOS CONTRA TESTEMUNHAS E DENUNCIANTES. ATENDIDOS OS PRESSUPOSTOS CONSTITUCIONAIS PARA A EXCEPCIONAL MEDIDA.

1. A teor do § 5.° do art. 109 da Constituição Federal, introduzido pela Emenda Constitucional n.° 45/2004, o incidente de deslocamento de competência para a Justiça Federal fundamenta-se, essencialmente, em três pressupostos: a existência de grave violação a direitos humanos; o risco de responsabilização internacional decorrente do descumprimento de obrigações jurídicas assumidas em tratados internacionais; e a incapacidade das instâncias e autoridades locais em oferecer respostas efetivas.

2. Fatos que motivaram o pedido de deslocamento deduzido pelo Procurador-Geral da República: o advogado e vereador pernambucano MANOEL BEZERRA DE MATTOS NETO foi assassinado em 24/01/2009, no Município de Pitimbu/PB, depois de sofrer diversas ameaças e vários atentados, em decorrência, ao que tudo leva a crer, de sua persistente e conhecida atuação contra grupos de extermínio que agem impunes há mais de uma década na divisa dos Estados da Paraíba e de Pernambuco, entre os Municípios de Pedras de Fogo e Itambé.

3. A existência de grave violação a direitos humanos, primeiro pressuposto, está sobejamente demonstrado: esse tipo de assassinato, pelas circunstâncias

e motivação até aqui reveladas, sem dúvida, expõe uma lesão que extrapola os limites de um crime de homicídio ordinário, na medida em que fere, além do precioso bem da vida, a própria base do Estado, que é desafiado por grupos de criminosos que chamam para si as prerrogativas exclusivas dos órgãos e entes públicos, abalando sobremaneira a ordem social.

4. O risco de responsabilização internacional pelo descumprimento de obrigações derivadas de tratados internacionais aos quais o Brasil anuiu (dentre eles, vale destacar, a Convenção Americana de Direitos Humanos, mais conhecido como "Pacto de San Jose da Costa Rica") é bastante considerável, mormente pelo fato de já ter havido pronunciamentos da Comissão Interamericana de Direitos Humanos, com expressa recomendação ao Brasil para adoção de medidas cautelares de proteção a pessoas ameaçadas pelo tão propalado grupo de extermínio atuante na divisa dos Estados da Paraíba e Pernambuco, as quais, no entanto, ou deixaram de ser cumpridas ou não foram efetivas. Além do homicídio de MANOEL MATTOS, outras três testemunhas da CPI da Câmara dos Deputados foram mortos, dentre eles LUIZ TOMÉ DA SILVA FILHO, ex-pistoleiro, que decidiu denunciar e testemunhar contra os outros delinquentes. Também FLÁVIO MANOEL DA SILVA, testemunha da CPI da Pistolagem e do Narcotráfico da Assembleia Legislativa do Estado da Paraíba, foi assassinado a tiros em Pedra de Fogo, Paraíba, quatro dias após ter prestado depoimento à Relatora Especial da ONU sobre Execuções Sumárias, Arbitrárias ou Extrajudiciais. E, mais recentemente, uma das testemunhas do caso Manoel Mattos, o Maximiano Rodrigues Alves, sofreu um atentado a bala no município de Itambé, Pernambuco, e escapou por pouco. Há conhecidas ameaças de morte contra Promotores e Juízes do Estado da Paraíba, que exercem suas funções no local do crime, bem assim contra a família da vítima Manoel Mattos e contra dois Deputados Federais.

5. É notória a incapacidade das instâncias e autoridades locais em oferecer respostas efetivas, reconhecida a limitação e precariedade dos meios por elas próprias. Há quase um pronunciamento uníssono em favor do deslocamento da competência para a Justiça Federal, dentre eles, com especial relevo: o Ministro da Justiça; o Governador do Estado da Paraíba; o Governador de Pernambuco; a Secretaria Executiva de Justiça de Direitos Humanos; a Ordem dos Advogados do Brasil; a Procuradoria-Geral de Justiça do Ministério Público do Estado da Paraíba.

6. As circunstâncias apontam para a necessidade de ações estatais firmes e eficientes, as quais, por muito tempo, as autoridades locais não foram capazes de adotar, até porque a zona limítrofe potencializa as dificuldades de coordenação entre os órgãos dos dois Estados. Mostra-se, portanto, oportuno

e conveniente a imediata entrega das investigações e do processamento da ação penal em tela aos órgãos federais.

7. Pedido ministerial parcialmente acolhido para deferir o deslocamento de competência para a Justiça Federal no Estado da Paraíba da ação penal n.º 022.2009.000.127-8, a ser distribuída para o Juízo Federal Criminal com jurisdição no local do fato principal; bem como da investigação de fatos diretamente relacionados ao crime em tela. Outras medidas determinadas, nos termos do voto da Relatora.

Fonte: STJ, Incidente de Deslocamento de Competência n. 2/DF, 2009/0121262-6, Rel. Min. Laurita Vaz, j. em 27/10/2010, DJe 22/11/2010.

A ação policial, quanto à sua letalidade, esteve presente nas discussões sociais após 1988 e a ela se somou, progressivamente, a discussão sobre a vitimização policial[3], com impactos diretos na atividade parlamentar que introduziu, na forma de qualificadora, o homicídio contra autoridades ou agentes estatais, passando a tratar essa hipótese como crime hediondo (Lei n. 13.142 de 6 de julho de 2015), abrangendo, inclusive, a vitimização de pessoas a eles ligadas pelo parentesco até o terceiro grau, cônjuge e união estável (inciso VII do Código Penal e parágrafo 1º, incisos I e I-A, da Lei de Crimes Hediondos, de 1990).

Importante destacar, como uma reflexão colateral, o intenso desgaste do trabalho policial:

> A desconfiança, a insegurança e a incerteza provocam instabilidade emocional, ansiedade e medo, que minam as resistências do policial e o levam a não ter a mesma disposição para enfrentar os percalços do trabalho. Muitos se tornam desajustados, omissos ou violentos, passando a dispensar tratamento inadequado aos cidadãos a quem devem proteger; tendem à introspecção, ficando mais preocupados e sisudos, afastando-se dos contatos interpessoais e, em consequência, adoecem psiquicamente, podendo até cometer atos hetero e/ou autodestrutivos. (Resente, 2007, p. 32)

No que toca à vitimização policial, na evolução histórica,

> Verifica-se que, embora em um patamar geral mais baixo, as mortes mantiveram tendência observada em anos anteriores: a vitimização é maior na Polícia Militar do que na Polícia Civil, e policiais continuam a morrer mais na folga do que em serviço. Para além das especificidades funcionais que expõem o policial militar a um grau mais elevado de risco do que o policial civil, e ajudam a explicar as diferenças entre as corporações quando o assunto é vitimização,

3 Ver, entre outros: Muniz; Soares, 2011.

percebe-se que o policial militar é especialmente afetado pela violência quando não está em serviço. Estudos associam essa tendência ao fato de que o PM, pela natureza de seu trabalho, está alerta e vulnerável à violência praticamente durante todo o tempo. Não se deixa de ser policial na folga. (Martins, 2020, p. 78)

Ademais, a situação socioeconômica dos policiais impõe que o tempo fora das atividades típicas seja usado para desenvolver outras atividades laborais com vistas ao sustento:

> E é justamente nesses momentos em que muitos profissionais de segurança pública, sobretudo PMs, se valem dos "bicos", trabalhos em que atuam armados, geralmente para empresas da segurança privada. Ocasiões em que o policial não raro atua sozinho ou em equipes reduzidas, sem apoio de recursos operacionais e de comunicação da instituição policial, o que pode deixá-lo mais vulnerável. A própria missão constitucional e formação militar dos PMs contribuem para uma maior exposição a situações de risco, visto que são profissionais muitas vezes submetidos a treinamentos focados no enfrentamento ao inimigo, e que incorporam em suas rotinas estados de alerta permanentes, em que o "inimigo" pode ser qualquer um. (Martins, 2020, p. 78)

Nesse contexto, a Lei n. 13.142 de 6 de julho de 2015, optou por **qualificar** as situações envolvendo "autoridades" e integrantes das forças de segurança (em sentido amplo), bem como seus familiares.

Quanto à abrangência, análise doutrinária acurada do texto esclarece:

> Cumpre mencionar que o § 8º , do art. 144, da Constituição, faz referência à guarda municipal, e o § 10 refere-se à segurança viária. Considerando que a qualificadora não faz menção somente ao caput do 144 da Constituição Federal, deve-se entender que ela abarcaria, igualmente, as autoridades e agentes da guarda municipal e da segurança viária, e pessoas a eles relacionados, o que ampliaria sobremodo o raio de incidência dessa qualificadora. Por outro lado, como visto, os integrantes do sistema prisional também são mencionados pela qualificadora em questão. Como tais entende-se "não apenas os agentes presentes no dia a dia da execução penal (diretor da penitenciária, agentes, guardas etc.), mas também aqueles que atuam em certas etapas da execução penal (integrantes da comissão técnica de classificação, comissão de exame criminológico, conselho penitenciário etc.). (Souza; Japiassú, 2022)

Com relação aos intervenientes na execução penal, cabe mencionar, além dos já citados, a denominada *Polícia Penal*[4], criada pela Emenda Constitucional n. 104, de 4 de dezembro de 2019[5].

Entretanto, a mesma fonte de análise da norma aponta aquilo que entende como impróprio para a renovação legislativa:

> A crítica a ser dirigida a essa qualificadora assemelha-se à anterior. Cuida-se de uma tendência securitária do Direito Penal, em detrimento de uma concepção sistêmica da disciplina. Nesse passo, duas observações podem ser feitas. A primeira é a de que, de fato, a morte de uma autoridade ou agente das Forças Armadas, segurança pública etc., ou de pessoas a elas relacionadas, em razão dessa condição, é altamente reprovável. Há, indubitavelmente, torpeza nesse tipo de homicídio. Contudo, não se deve olvidar de uma perspectiva mais ampla e, consequentemente, mais grave, qual seja, a de que o Brasil é um país extremamente violento, ou seja, que nós temos uma das maiores taxas de policiais que morrem em serviço, mas, também, uma das polícias que mais matam no mundo. Diante dessa lamentável constatação, parece pouco crível que a mera introdução dessa hipótese qualificadora possa servir a fins preventivos ou, de todo modo, deter a espiral da violência no cotidiano brasileiro. Demais disso, critica-se a previsão da qualificadora operar quando o homicídio é praticado contra autoridade ou agente das Forças Armadas, da segurança pública, integrantes do sistema prisional ou da Força Nacional de Segurança Pública, no exercício da função ou em decorrência dela, ou contra seu cônjuge, companheiro ou parente consanguíneo até terceiro grau, em razão dessa condição, olvidando-se de igual proteção para outras autoridades e agentes que exerçam

---

4 Para uma ampla análise do discurso parlamentar de sua criação, ver: Dias; Silva, 2022.

5 Emenda Constitucional n. 104/2019: "Altera o inciso XIV do caput do art. 21, o § 4º do art. 32 e o art. 144 da Constituição Federal, para criar as polícias penais federal, estaduais e distrital. [...] Art. 1º O inciso XIV do caput do art. 21 da Constituição Federal passa a vigorar com a seguinte redação: 'Art. 21. ... XIV – organizar e manter a polícia civil, a polícia penal, a polícia militar e o corpo de bombeiros militar do Distrito Federal, bem como prestar assistência financeira ao Distrito Federal para a execução de serviços públicos, por meio de fundo próprio; [...] Art. 2º O § 4º do art. 32 da Constituição Federal passa a vigorar com a seguinte redação: 'Art. 32. ... § 4º Lei federal disporá sobre a utilização, pelo Governo do Distrito Federal, da polícia civil, da polícia penal, da polícia militar e do corpo de bombeiros militar.' (NR) Art. 3º O art. 144 da Constituição Federal passa a vigorar com as seguintes alterações: 'Art. 144. ... VI – polícias penais federal, estaduais e distrital.... § 5º-A. Às polícias penais, vinculadas ao órgão administrador do sistema penal da unidade federativa a que pertencem, cabe a segurança dos estabelecimentos penais. § 6º As polícias militares e os corpos de bombeiros militares, forças auxiliares e reserva do Exército subordinam-se, juntamente com as polícias civis e as polícias penais estaduais e distrital, aos Governadores dos Estados, do Distrito Federal e dos Territórios. [...] Art. 4º O preenchimento do quadro de servidores das polícias penais será feito, exclusivamente, por meio de concurso público e por meio da transformação dos cargos isolados, dos cargos de carreira dos atuais agentes penitenciários e dos cargos públicos equivalentes. Art. 5º Esta Emenda Constitucional entra em vigor na data de sua publicação." (Brasil, 2019b)

funções públicas na órbita penal e processual penal. Dito por outras palavras, não se compreende o porquê do legislador penal não estender a hipótese para magistrados, membros do Ministério Público, Defensores Públicos, advogados criminalistas, respectivos servidores que auxiliam em tais misteres, bem assim pessoas a eles relacionados, quando a morte é dada em razão de tais funções. (Souza; Japiassú, 2022)

Em sentido oposto, Busato (2022), depois de analisar a condição dos agentes de segurança, aduz que

> Ao lado destes agentes, perfeitamente definidos, inclui-se as autoridades. Não se define, porém, com precisão, o que possam ser autoridades para fins da qualificadora. A doutrina vem entendendo tratar-se de "Ministros do STF, membros dos Tribunais Superiores, Desembargadores dos Tribunais de Justiça, Juízes. Federais e Estaduais, membros do Ministério Público da União e dos Estados". A lei, na verdade, não restringe a estas autoridades o rol de vítimas, o que, a rigor, permitiria a inclusão de outras autoridades públicas indiscutíveis, como membros do Poder Legislativo ou do Poder Executivo. Contudo, a interpretação restritiva emprestada não apenas favorece o réu, como também dota de sentido o texto, porque não basta que o homicídio tenha sido realizado contra alguma destas pessoas para que reste configurada a qualificadora.

O referido autor prefere centrar suas críticas em outro aspecto, ao afirmar que

> Não andou bem o legislador neste particular, pois discriminou entre o parentesco civil e o natural, deixando fora da qualificadora o filho adotivo, por exemplo. Se o maior desvalor eventualmente existente na pretensão de afetar o equilíbrio emocional do agente público através da morte de um seu parente implica maior reprovação, não se entende porque haveria de existir um sofrimento diante da perda de um filho natural e não de um adotivo. (Busato, 2022)

Aspecto importante é a natureza dessa qualificadora. Conforme aponta Busato (2022),

> diante do uso da conjunção alternativa ou no texto, ainda existe quem sustente tratar-se o inciso VII de uma qualificadora sempre subjetiva. Não parece correta a interpretação. Isto porque, no que tange a estar a vítima no exercício da função, não diz respeito a uma motivação especial do agente que realiza o homicídio, mas sim uma circunstância objetiva do fato. Assim, o ato de matar dolosamente um magistrado em uma audiência ou um policial durante uma ronda bastaria para configurar a qualificadora, ainda que o motivo deste homicídio fosse, por exemplo, a cobrança de uma dívida.

No campo da discussão sobre a qualificadora, cabe destacar:

> diferentemente das outras qualificadoras que possuem incidência correspondente ao agravante descrito no artigo 61 do código penal, o homicídio funcional será utilizado, quando em união á outra qualificadora, como fundamente para primeira fase para fins de dosimetria da pena O inciso VII do § 2º do art. 121 é a única dentre as qualificadoras do homicídio que não tem correspondente agravante no art. 61 do Código Penal. Normalmente, quando alguém comete um homicídio com a incidência de mais de uma qualificadora, sustenta-se que uma delas sirva para qualificar o delito e as demais sejam consideradas na segunda fase de aplicação da pena. Se, no entanto, em conjunto com a qualificadora do inciso VII incidir outra, utilizada pelo juiz para qualificar o delito, o fato de o sujeito ativo ter matado agente de segurança pública deverá ser considerado na aplicação da pena base (circunstâncias do crime). (Cunha, 2017b, p. 355)

2.4.4 A vitimização da infância e da adolescência

A violência contra a infância e a juventude assume contornos dramáticos na sociedade brasileira. Com efeito,

> Dificilmente teríamos como apresentar um cenário pior em relação à violência contra crianças e adolescentes do que o que se desenhou para o ano de 2022. Diferentes formas de violência contra quem possui entre 0 e 17 anos cresceram no último ano. Os números são impressionantemente altos e, como previsto nos últimos Anuários, já extrapolam as estatísticas anteriores à pandemia de COVID-19. Vale lembrar que acidentes e violências, segundo a OMS, representam o maior problema de saúde pública entre crianças e adolescentes em países em desenvolvimento e podem atingir, segundo estimativas, até 1 bilhão de vítimas anualmente em todo o mundo, considerando casos de violência física, sexual, emocional e negligência contra quem tem entre 2 e 17 anos. (Reinach; Barros, 2023)

Especificamente sobre o homicídio, é preciso considerar que

> o número de assassinatos de crianças e adolescentes segue sendo um problema grave, somando quase 2.489 mortes no ano, mantendo um patamar de quase sete casos por dia.
>
> A maior parte dos crimes letais contra crianças e adolescentes foi de homicídio doloso. No entanto, chama a atenção a proporção de feminicídios entre as vítimas de 0 a 11 anos. Enquanto a fração de feminicídios com vítimas de 12 a 17 anos significa 2,2% do total de mortes violentas, na faixa de 0 a 11 anos esse

> percentual é de 11,4% (totalizando 24 casos). Dentre as vítimas de 12 a 17, por outro lado, destaca-se a quantidade de mortes decorrentes de intervenção policial: foram 358 vítimas em 2022, enquanto em 2021 haviam sido registrados 306 casos. Ou seja, houve um aumento de 17% de um ano para o outro, razão pela qual, em 2022, as mortes por policiais foram responsáveis por 15,7% do total de crimes letais entre adolescentes. (Reinach; Barros, 2023)

A Lei n. 14.344, de 24 de maio de 2022, popularmente conhecida como Lei Henry Borel, representa uma tentativa no marco na proteção de crianças e adolescentes, estendendo o arcabouço legal estabelecido pela Lei Maria da Penha.

Publicada em 25 de maio de 2022, essa legislação institui um sistema protetivo específico para menores de 14 anos diante de atos de violência no âmbito doméstico ou familiar. Em consonância com o princípio da igualdade, a lei busca preencher uma lacuna protetiva, conferindo tratamento especial a esse grupo vulnerável.

O homicídio etário emerge como uma preocupação central nesse contexto. A qualificação do homicídio quando perpetrado contra pessoa menor de 14 anos reflete a vulnerabilidade intensificada da vítima, tornando-a menos apta a se defender eficazmente. Diferentemente do que se observa no caso do feminicídio, a lei não exige que o homicídio etário ocorra em situação de violência doméstica.

A Lei Henry Borel introduziu modificações na Parte Especial do Código Penal, notadamente no que concerne ao homicídio etário. O parágrafo 4° do art. 121 do Código Penal, que aumenta a pena em um terço para o homicídio doloso praticado contra menores de 14 anos, permaneceu intacto, coexistindo com outras qualificadoras. Ainda que haja aparente descuido legislativo ao se manter o parágrafo 4°, sua aplicação é nítida quando o homicídio é qualificado unicamente pela idade da vítima, prevalecendo sobre outras majorantes.

Além da qualificadora, a lei prevê a majoração da pena em casos específicos. O parágrafo 2°-B do art. 121 do Código Penal, com três incisos, destaca-se ao aumentar a pena em um terço até a metade quando a vítima menor de 14 anos tem deficiência ou doença que aumente sua vulnerabilidade.

A definição de *pessoa com deficiência* encontra respaldo no Estatuto da Pessoa com Deficiência, enquanto a necessidade de a deficiência implicar redução da capacidade defensiva assegura a eficácia da norma.

Outra majorante estabelece aumento em dois terços da pena quando o autor é ascendente, padrasto, tio, irmão, cônjuge, companheiro, tutor, curador, preceptor ou empregador da vítima. A enumeração de situações casuísticas evidencia a intenção do legislador, apesar de alguns pontos gerarem perplexidade, como a referência ao empregador e a idade mínima para o casamento.

2.4.5 A criminalidade de trânsito e o homicídio culposo

Diante das considerações presentes nos textos fornecidos, é possível elaborar um novo texto que aborde a distinção entre dolo eventual e culpa consciente, com ênfase no crime de homicídio culposo em acidentes de trânsito.

No contexto do direito penal, a distinção entre dolo eventual e culpa consciente é essencial. Segundo a doutrina, o dolo eventual ocorre quando o agente não deseja diretamente o resultado, mas assume o risco de produzi-lo. No exemplo citado, uma pessoa que, ciente de que sua ação pode resultar em morte, dispara uma arma em local movimentado ilustra claramente o dolo eventual. Nessa modalidade delituosa, o agente aceita a possibilidade de causar o resultado desvalioso.

Por outro lado, a culpa consciente caracteriza-se pela previsão do resultado, mas com a sincera crença de que ele não ocorrerá. O agente, confiando sinceramente em poder evitar o resultado, acaba violando um dever de cuidado, configurando-se situações como homicídios e lesões culposas no trânsito.

A política criminal, em resposta a esses eventos, tem se tornado mais rigorosa, o que resultou em dispositivos legais, como os arts. 302 e 303 do Código de Trânsito Brasileiro.

No contexto dos crimes de trânsito, a jurisprudência tem desempenhado um papel crucial na análise dessas modalidades, especialmente no que diz respeito ao homicídio culposo. Relembre-se que o Código de Trânsito Brasileiro estabelece penas mais severas para esse delito, acarretando debates sobre a proporcionalidade das punições em comparação com crimes análogos previstos no Código Penal.

A discussão sobre a aplicação do dolo eventual nos crimes de trânsito também se estende às qualificadoras objetivas. Recentemente, o Superior Tribunal de Justiça (STJ) firmou posição favorável à compatibilidade do dolo eventual com as qualificadoras objetivas, como o emprego de veneno, fogo, explosivo, asfixia, tortura ou meio cruel. Essa jurisprudência foi aplicada em casos como o de uma policial civil acusada de disparar contra uma multidão para dispersá-la, resultando na morte de uma pessoa.

Além disso, a discussão sobre a embriaguez como elemento configurador do dolo eventual em acidentes de trânsito tem sido recorrente. A Lei n. 13.546, de 19 de dezembro de 2017, trouxe alterações ao Código de Trânsito Brasileiro, aumentando a pena para casos de homicídio culposo na direção de veículo automotor sob a influência de álcool ou substância psicoativa. Contudo, o debate persiste quanto à possibilidade de reconhecimento do dolo eventual nesses casos.

A jurisprudência do STJ tem se posicionado no sentido de que a simples ingestão de álcool pelo motorista não é suficiente para determinar o dolo eventual em acidentes de trânsito. Em um caso específico, a Sexta Turma considerou que a embriaguez, por si só, não configura o dolo eventual, sendo necessário analisar outros elementos que demonstrem a assunção consciente do risco pelo condutor.

2.4.6 Homicídio e sua forma privilegiada

O homicídio privilegiado qualificado é um tema que suscita debates jurídicos complexos, envolvendo a análise de diversos elementos, tanto objetivos quanto subjetivos. Segundo Cezar Roberto Bitencourt (2011), o homicídio pode ser classificado de diversas formas, sendo o simples, o privilegiado e o qualificado as três principais modalidades dolosas. O homicídio simples é caracterizado pela ausência de elementos que o enquadrem nas categorias de homicídio privilegiado ou qualificado. Já o homicídio privilegiado ocorre quando a execução do crime é motivada por relevante valor social ou moral, ou ainda sob o domínio de violenta emoção após injusta provocação da vítima, conforme o parágrafo 1° do art. 121 do Código Penal.

A análise das motivações que levam à configuração do homicídio privilegiado é crucial, pois, como destacado por Bitencourt (2011), o motivo deve ser relevante e, no caso do valor social, deve atender aos interesses da coletividade. Por outro lado, a segunda parte do parágrafo 1° do art. 121 trata da violenta emoção, indicando que, nesse caso, não é necessário que o agente tenha sido injustamente provocado pela vítima.

No entanto, o homicídio qualificado é definido como crime hediondo, e suas circunstâncias são mais complexas, envolvendo motivos, meios, modo e fins, conforme o parágrafo 2° do art. 121 do Código Penal. Essas circunstâncias objetivas e subjetivas afetam a gravidade do crime e podem resultar em aumento da pena.

Um ponto de controvérsia surge quando se discute a possibilidade de reconhecimento do privilégio na presença de qualificadoras subjetivas. Um julgamento do 7° Grupo de Direito Criminal do Tribunal de Justiça de São Paulo destaca que tal reconhecimento não é possível quando existe qualificadora de ordem subjetiva. Nesse contexto, discute-se a compatibilidade de uma conduta considerada fútil, por exemplo, com a relevância social.

A doutrina apresenta divergências sobre a coexistência de homicídio qualificado e privilegiado. De um lado, aponta-se para a dificuldade de conciliação entre uma qualificadora e o parágrafo 1°; de outro, destaca-se a preponderância do motivo determinante do crime sobre a qualificação objetiva.

No tocante aos crimes hediondos, há severa crítica à legislação, argumentando-se que não houve correlação efetiva entre a gravidade da pena e a redução da criminalidade. A jurisprudência e a doutrina, porém, tendem a considerar o homicídio qualificado privilegiado como não hediondo, enfatizando a predominância do elemento subjetivo do privilégio sobre a qualificadora objetiva.

Assim, conclui-se que a prática do homicídio qualificado privilegiado é possível nos casos em que a circunstância qualificadora for de caráter objetivo e o privilégio for composto por elementos puramente subjetivos. A análise dessas situações exige cuidado e consideração das diversas nuances presentes no ordenamento jurídico brasileiro.

2.4.7 Auxílio, induzimento ou instigação ao suicídio

Base normativa no Código Penal

Art. 122. Induzir ou instigar alguém a suicidar-se ou a praticar automutilação ou prestar-lhe auxílio material para que o faça: (Redação dada pela Lei n. 13.968, de 2019)

Pena – reclusão, de 6 (seis) meses a 2 (dois) anos. (Redação dada pela Lei n. 13.968, de 2019)

§ 1º Se da automutilação ou da tentativa de suicídio resulta lesão corporal de natureza grave ou gravíssima, nos termos dos §§ 1º e 2º do art. 129 deste Código: (Incluído pela Lei n. 13.968, de 2019)

Pena – reclusão, de 1 (um) a 3 (três) anos. (Incluído pela Lei n. 13.968, de 2019)

§ 2º Se o suicídio se consuma ou se da automutilação resulta morte: (Incluído pela Lei n. 13.968, de 2019)

Pena – reclusão, de 2 (dois) a 6 (seis) anos. (Incluído pela Lei n. 13.968, de 2019)

§ 3º A pena é duplicada: (Incluído pela Lei n. 13.968, de 2019)

I – se o crime é praticado por motivo egoístico, torpe ou fútil; (Incluído pela Lei n. 13.968, de 2019)

II – se a vítima é menor ou tem diminuída, por qualquer causa, a capacidade de resistência. (Incluído pela Lei n. 13.968, de 2019)

§ 4º A pena é aumentada até o dobro se a conduta é realizada por meio da rede de computadores, de rede social ou transmitida em tempo real. (Incluído pela Lei n. 13.968, de 2019)

§ 5º Aumenta-se a pena em metade se o agente é líder ou coordenador de grupo ou de rede virtual. (Incluído pela Lei n. 13.968, de 2019)

§ 6º Se o crime de que trata o § 1º deste artigo resulta em lesão corporal de natureza gravíssima e é cometido contra menor de 14 (quatorze) anos ou contra quem, por enfermidade ou deficiência mental, não tem o necessário discernimento para a prática do ato, ou que, por qualquer outra causa, não pode oferecer resistência, responde o agente pelo crime descrito no § 2º do art. 129 deste Código. (Incluído pela Lei n. 13.968, de 2019)

§ 7º Se o crime de que trata o § 2º deste artigo é cometido contra menor de 14 (quatorze) anos ou contra quem não tem o necessário discernimento para a prática do ato, ou que, por qualquer outra causa, não pode oferecer resistência, responde o agente pelo crime de homicídio, nos termos do art. 121 deste Código. (Incluído pela Lei n. 13.968, de 2019)

Fonte: Brasil, 1940.

2.4.8 Infanticídio

Base normativa no Código Penal

Art. 123. Matar, sob a influência do estado puerperal, o próprio filho, durante o parto ou logo após:

Pena – detenção, de dois a seis anos.

Fonte: Brasil, 1940.

O infanticídio é um crime específico e complexo que ocorre sob a influência do estado puerperal. Esse estado é caracterizado por alterações físicas e mentais decorrentes do parto, levando a mulher a agir instintiva e violentamente contra o próprio filho, tanto durante o nascimento quanto logo após. O sujeito ativo principal é a mãe durante o estado puerperal, configurando um crime próprio, mas é possível o concurso de pessoas, envolvendo terceiros.

O estado puerperal, embora seja uma condição complexa e não totalmente compreendida pela medicina, é reconhecido legalmente como fator determinante para o infanticídio. O Código Penal adota o critério fisiopsicológico, considerando as alterações psíquicas decorrentes do parto como fundamento para a prática do delito. O momento consumativo do infanticídio ocorre com a morte do neonato ou nascente, durante ou logo após o parto, tornando possível a tentativa caso a mãe seja impedida por terceiros.

No âmbito do concurso de pessoas, surgem complexidades. O infanticídio é composto pelos elementos de ser mãe e matar o próprio filho durante ou logo após o parto, sob a influência do estado puerperal. Excluindo-se alguns desses elementos, o fato típico deixa de existir como infanticídio, tornando-se outro tipo de crime, *v.g.*, homicídio doloso ou culposo.

Quanto à comunicabilidade do estado puerperal, a doutrina apresenta duas posições. Uma corrente não admite o concurso de pessoas no infanticídio, considerando o estado puerperal como elementar personalíssima e, portanto, incomunicável.

A controvérsia quanto à comunicabilidade do estado puerperal persistiu ao longo do tempo, com doutrinadores inicialmente divergentes, como Nélson Hungria. No entanto, Hungria alterou seu entendimento, reconhecendo a possibilidade de circunstâncias pessoais comunicáveis quando elementares do crime. Atualmente, a corrente majoritária, seguindo Damásio de Jesus, defende a possibilidade de terceiros atuarem como coautores ou partícipes no crime de infanticídio, desde que ajam de acordo com a vontade da mãe em estado puerperal.

A interpretação mais benéfica ao réu é a favor da comunicabilidade do estado puerperal, pois, mesmo sendo uma condição personalíssima, sua transmissão ao terceiro é vista como mais justa (Pelizzon; Vieira, 2016).

Quanto à classificação das circunstâncias, das condições e das elementares do crime, a doutrina destaca que as elementares sempre se comunicam, pois dizem respeito à figura típica, enquanto as circunstâncias e as condições só se comunicam quando de caráter objetivo. O estado puerperal é uma circunstância elementar que deve ser comprovada por perícia médica, sendo indispensável para a configuração do infanticídio.

PRECEDENTE DESTACADO NO TEMA ANALISADO

EMENTA

HABEAS CORPUS IMPETRADO EM SUBSTITUIÇÃO AO RECURSO PREVISTO NO ORDENAMENTO JURÍDICO. 1. NÃO CABIMENTO. MODIFICAÇÃO DE ENTENDIMENTO JURISPRUDENCIAL. RESTRIÇÃO DO REMÉDIO CONSTITUCIONAL. MEDIDA IMPRESCINDÍVEL À SUA OTIMIZAÇÃO. EFETIVA PROTEÇÃO AO DIREITO DE IR, VIR E FICAR. 2. ALTERAÇÃO JURISPRUDENCIAL POSTERIOR À IMPETRAÇÃO DO PRESENTE WRIT. EXAME QUE VISA PRIVILEGIAR A AMPLA DEFESA E O DEVIDO PROCESSO LEGAL. 3. HOMICÍDIO CULPOSO POR INOBSERVÂNCIA DE REGRA TÉCNICA. 4. INICIADO O TRABALHO DE PARTO NÃO HÁ FALAR MAIS EM ABORTO. 5. TRANCAMENTO DA AÇÃO PENAL. MEDIDA EXCECIONAL. 6. ORDEM NÃO CONHECIDA.

Fonte: STJ, Habeas Corpus n. 228.998/MG (2011/0307548-5), Rel. Min. Marco Aurélio Bellizze, j. em 23/10/2012, DJe 30/10/2012.

Dessa forma, iniciado o trabalho de parto, não há que se falar mais em aborto, mas em homicídio ou infanticídio, conforme o caso em análise, razão pela qual não se vislumbra a existência do alegado constrangimento ilegal que justifique o encerramento prematuro da persecução penal.

Nesse ponto, cabe destacar a oportuna lição de Cezar Roberto Bitencourt (2011, p. 48) sobre o tema:

> A velha concepção segundo a qual "não ter respirado é não ter vivido" está completamente superada. Inegavelmente, a respiração é a prova por excelência da existência de vida, mas não é a única prova de sua existência, nem é imprescindível que tenha havido respiração para que haja existido vida. Na verdade, mesmo que não tenha havido respiração, a vida pode ter-se manifestado por meio de outros sentidos, tais como movimentos circulatórios, pulsações de coração etc.
>
> A vida começa com o início do parto, com o rompimento do saco amniótico; é suficiente a vida, sendo indiferente a capacidade de viver. Antes do início do parto, o crime será de aborto. Assim, a simples destruição de vida biológica de feto, no início do parto, já constitui o crime de homicídio.

Ao discorrer sobre bem juridicamente protegido (art. 121 do Código Penal), Rogério Greco (2011, p. 134-135) leciona:

> Bem juridicamente protegido é a vida e, num sentido mais amplo, a pessoa, haja vista que o delito de homicídio encontra-se inserido no capítulo correspondente aos crimes contra a vida, no Título I do Código Penal, que prevê os crimes contra a pessoa.
>
> [...]
>
> Independentemente das exceções que têm por finalidade justificar a regra, a proteção da vida, por intermédio do art. 121 do Código Penal, começa a partir do início do parto, encerrando-se com a morte da vítima. Isso quer dizer que, uma vez iniciado o trabalho de parto, com a dilatação do colo do útero ou com o rompimento da membrana amniótica, sendo o parto normal, ou a partir das incisões das camadas abdominais, no parto cesariana, até a morte do ser humano que ocorre com a morte encefálica, nos termos art. 3º da Lei n. 9.434/97, mesmo que haja vida intrauterina, poderá ocorrer o delito em estudo.
>
> A prova da vida, portanto, é indispensável à caracterização do homicídio. Hungria afirma:
>
> [...]
>
> Como se pode perceber pelas lições de Hungria, iniciado o parto (normal ou cesárea), comprovada a vitaliciedade do nascente, ou seja, aquele que está

nascendo, ou do neonato, isto é, o que acabou de nascer, já podemos pensar, em termos de crimes contra a vida, no delito de homicídio, ou, caso tenha sido praticado pela gestante, sob influência do estado puerperal, no crime de infanticídio.

No mesmo sentido é o pensamento de Guilherme de Souza Nucci (2007, p. 540-541):

> Vida extrauterina: como mencionamos, a vida é igualmente protegida pelo ordenamento jurídico desde o instante da concepção. Enquanto está em fase intrauterina, trata-se de aborto matar o ser humano em gestação. Quando a vida fora do útero materno principia, é natural tratar-se de homicídio ou infanticídio, conforme a situação. Entretanto, há polêmica acerca do início da vida extrauterina para efeito de diferenciar o homicídio (ou infanticídio) do aborto. [...] Portanto, o sujeito passivo do homicídio seria o ser humano que já respira por conta própria como regra geral. Mas, não nos parece ser esta a melhor solução, pois é muito tarde para considerar o ser em fase de expulsão do útero materno um simples feto, protegido pelas penas bem menores do aborto (arts. 124 a 126, CP), além do que o tipo penal do infanticídio está a demonstrar que já não se fala de aborto quando o filho é morto pela mãe durante o parto (art. 123, CP). Por isso, unindo o conceito dado pelo art. 123 às lições de medicina legal, vislumbramos que o início da vida extrauterina, para o fim de aplicação dos arts. 121 e 123 do Código Penal, é o início do parto, que, segundo Almeida Júnior e Costa Júnior, começa com a ruptura da bolsa (parte das membranas do ovo em correspondência com o orifício uterino, pois desde então o feto se torna acessível as ações violentas, quer praticadas com a mão, quer com instrumentos. [...] No mesmo prisma, encontra-se o o ensinamento de Odon Ramos Maranhão, mencionando que a morte do feto nascente, isto é, durante o processo de parturição, já é possível de ser considerado um infanticídio (Curso básico de medicina legal, p. 174).

Assim, constando dos autos que já havia se iniciado o trabalho de parto, não se mostra necessário que o nascituro tenha respirado para configurar o crime de homicídio, conforme demonstrado pela doutrina acima mencionada, notadamente quando existem nos autos outros elementos para demonstrar a vida do ser nascente, pois seus batimentos cardíacos foram acompanhados pelas enfermeiras por mais de oito horas, razão pela qual não vislumbro a existência do alegado constrangimento ilegal, devendo ser mantido o curso da ação penal, onde as teses defensivas, após detalhado exame das provas carreadas aos autos, sob o crivo do contraditório e observada a ampla defesa, serão examinadas pelo magistrado de primeiro grau.

2.4.9 Aborto

BASE NORMATIVA NO CÓDIGO PENAL

Aborto provocado pela gestante ou com seu consentimento

Art. 124. Provocar aborto em si mesma ou consentir que outrem lho provoque: (Vide ADPF 54)

Pena – detenção, de um a três anos.

Aborto provocado por terceiro

Art. 125. Provocar aborto, sem o consentimento da gestante:

Pena – reclusão, de três a dez anos.

Art. 126. Provocar aborto com o consentimento da gestante: (Vide ADPF 54)

Pena – reclusão, de um a quatro anos.

Parágrafo único. Aplica-se a pena do artigo anterior, se a gestante não é maior de quatorze anos, ou é alienada ou debil mental, ou se o consentimento é obtido mediante fraude, grave ameaça ou violência

Forma qualificada

Art. 127. As penas cominadas nos dois artigos anteriores são aumentadas de um terço, se, em consequência do aborto ou dos meios empregados para provocá-lo, a gestante sofre lesão corporal de natureza grave; e são duplicadas, se, por qualquer dessas causas, lhe sobrevém a morte.

Art. 128. Não se pune o aborto praticado por médico: (Vide ADPF 54)

Aborto necessário

I – se não há outro meio de salvar a vida da gestante;

Aborto no caso de gravidez resultante de estupro

II – se a gravidez resulta de estupro e o aborto é precedido de consentimento da gestante ou, quando incapaz, de seu representante legal.

Fonte: Brasil, 1940.

O debate sobre o aborto é complexo e abrange diversas nuances jurídicas e éticas. No ordenamento jurídico brasileiro, o aborto comporta diferentes classificações, a saber: (1) **natural**, vinculado a problemas de saúde; (2) **acidental**, relacionado a eventos inesperados durante a gravidez; e (3) **provocado**, resultante de conduta intencional ou quando se assume o risco de sua ocorrência.

O aborto provocado, por sua vez, subdivide-se em **aborto criminoso** e **aborto legal**, este último regulamentado pelo art. 128 do Código Penal e pela Arguição de Descumprimento de Preceito Fundamental (ADPF) n. 54 do Supremo Tribunal Federal (STF).

O Brasil enfrenta controvérsias acaloradas acerca da liberação do aborto, sendo esse um tema que se conecta a raízes e tradições religiosas. A rede de assistência pública deficitária contribui para agravar a situação, transformando o aborto em uma questão crítica de saúde pública. A criminalização não impede a prática clandestina, resultando em graves sequelas para as mulheres.

O Código Penal, considerado avançado à sua época, contempla hipóteses de aborto legal, como a interrupção da gravidez de feto anencefálico, estabelecida pela ADPF n. 54 do STF. O bem jurídico protegido é a vida do fruto da concepção, reconhecendo-se o feto como pessoa humana para fins de proteção jurídico-penal.

A fundamentação para a criminalização do aborto está centrada na proteção da vida do feto, considerando-o como uma pessoa humana para fins de proteção jurídico-penal, apesar de não ter uma vida independente da gestante. Essa perspectiva levanta debates sobre a definição de *crime contra a pessoa* e questiona se o Estado pode ser considerado o verdadeiro sujeito passivo dos crimes de aborto.

O debate estende-se às diferentes modalidades de aborto, incluindo o autoaborto, o aborto praticado por terceiro sem consentimento da gestante e o aborto com consentimento da gestante. No primeiro caso, a gestante é a autora, caracterizando-se como crime próprio. Nos demais, qualquer pessoa pode ser o sujeito ativo, e a vítima primária é o produto da concepção, seja o óvulo fecundado, seja o embrião, seja o feto.

O aborto, segundo o art. 124 do Código Penal, é uma ação livre que pode ocorrer por diferentes meios, inclusive por omissão em casos de gravidez de alto risco. O elemento subjetivo é o dolo, tanto direto quanto eventual, excluindo a possibilidade de aborto culposo. No entanto, é possível responsabilizar profissionais de saúde por omissão dolosa no socorro devido para evitar o aborto espontâneo.

A legislação também trata das situações de consentimento no aborto. Se a gestante consente e outra pessoa realiza o procedimento, configura-se o crime previsto no art. 126 do Código Penal. Há, contudo, uma exceção ao princípio da unidade do delito, permitindo a responsabilização tanto da gestante quanto do executor nos casos em que ela consente e participa decisivamente das ações abortivas.

Quanto aos meios de execução, o aborto é um crime de ação livre, aceitando-se qualquer meio capaz de causar a interrupção da gravidez. Isso inclui ações diretas da gestante, ingestão de substâncias ou intervenções mecânicas. Além disso, a legislação considera a possibilidade de responsabilização por omissão, como no caso em que profissionais de saúde deixam de prestar a assistência devida para evitar o aborto espontâneo.

O aborto, seja por ação própria, seja por consentimento, seja por prática de terceiro, pode caracterizar tentativa ou consumação, dependendo do resultado efetivo. Em casos de gravidez decorrente de estupro, a doutrina diverge quanto à manutenção do crime de autoaborto, mas a norma do art. 128, inciso II, do Código Penal exige que a intervenção seja feita por médico.

Precedentes destacados no tema analisado

Ementa: DIREITO PROCESSUAL PENAL. HABEAS CORPUS. PRISÃO PREVENTIVA. AUSÊNCIA DOS REQUISITOS PARA SUA DECRETAÇÃO. INCONSTITUCIONALIDADE DA INCIDÊNCIA DO TIPO PENAL DO ABORTO NO CASO DE INTERRUPÇÃO VOLUNTÁRIA DA GESTAÇÃO NO PRIMEIRO TRIMESTRE. ORDEM CONCEDIDA DE OFÍCIO.

1. O habeas corpus não é cabível na hipótese. Todavia, é o caso de concessão da ordem de ofício, para o fim de desconstituir a prisão preventiva, com base em duas ordens de fundamentos.

2. Em primeiro lugar, não estão presentes os requisitos que legitimam a prisão cautelar, a saber: risco para a ordem pública, a ordem econômica, a instrução criminal ou a aplicação da lei penal (CPP, art. 312). Os acusados são primários e com bons antecedentes, têm trabalho e residência fixa, têm comparecido aos atos de instrução e cumprirão pena em regime aberto, na hipótese de condenação.

3. Em segundo lugar, é preciso conferir interpretação conforme a Constituição aos próprios arts. 124 a 126 do Código Penal – que tipificam o crime de aborto – para excluir do seu âmbito de incidência a interrupção voluntária da gestação efetivada no primeiro trimestre. A criminalização, nessa hipótese, viola diversos direitos fundamentais da mulher, bem como o princípio da proporcionalidade.

4. A criminalização é incompatível com os seguintes direitos fundamentais: os direitos sexuais e reprodutivos da mulher, que não pode ser obrigada pelo Estado a manter uma gestação indesejada; a autonomia da mulher, que deve conservar o direito de fazer suas escolhas existenciais; a integridade física e psíquica da gestante, que é quem sofre, no seu corpo e no seu psiquismo, os efeitos da gravidez; e a igualdade da mulher, já que homens não engravidam e, portanto, a equiparação plena de gênero depende de se respeitar a vontade da mulher nessa matéria.

5. A tudo isto se acrescenta o impacto da criminalização sobre as mulheres pobres. É que o tratamento como crime, dado pela lei penal brasileira, impede que estas mulheres, que não têm acesso a médicos e clínicas privadas, recorram ao sistema público de saúde para se submeterem aos procedimentos cabíveis. Como consequência, multiplicam-se os casos de automutilação, lesões graves e óbitos.

6. A tipificação penal viola, também, o princípio da proporcionalidade por motivos que se cumulam: (i) ela constitui medida de duvidosa adequação para proteger o bem jurídico que pretende tutelar (vida do nascituro), por não produzir impacto relevante sobre o número de abortos praticados no país, apenas impedindo que sejam feitos de modo seguro; (ii) é possível que o Estado evite a ocorrência de abortos por meios mais eficazes e menos lesivos do que a criminalização, tais como educação sexual, distribuição de contraceptivos e amparo à mulher que deseja ter o filho, mas se encontra em condições adversas; (iii) a medida é desproporcional em sentido estrito, por gerar custos sociais (problemas de saúde pública e mortes) superiores aos seus benefícios.
7. Anote-se, por derradeiro, que praticamente nenhum país democrático e desenvolvido do mundo trata a interrupção da gestação durante o primeiro trimestre como crime, aí incluídos Estados Unidos, Alemanha, Reino Unido, Canadá, França, Itália, Espanha, Portugal, Holanda e Austrália.
8. Deferimento da ordem de ofício, para afastar a prisão preventiva dos pacientes, estendendo-se a decisão aos corréus.
[...]
Trata-se de habeas corpus, com pedido de concessão de medida cautelar, impetrado em face de acórdão da Sexta Turma do Superior Tribunal de Justiça, que não conheceu do HC 290.341/RJ, de relatoria da Ministra Maria Thereza de Assis Moura. Extrai-se dos autos que os pacientes (que mantinham clínica de aborto) foram presos em flagrante, em 14.03.2013, devido à suposta prática dos crimes descritos nos arts. 126[1] (aborto) e 288[2] (formação de quadrilha) do Código Penal, em concurso material por quatro vezes, por terem provocado "aborto na gestante/denunciada [...] com o consentimento desta".
[...]
11. Em segundo lugar, é preciso examinar a própria constitucionalidade do tipo penal imputado aos pacientes e corréus, já que a existência do crime é pressuposto para a decretação da prisão preventiva, nos termos da parte final do art. 312 do CPP. Para ser compatível com a Constituição, a criminalização de determinada conduta exige que esteja em jogo a proteção de um bem jurídico relevante, que o comportamento incriminado não constitua exercício legítimo de um direito fundamental e que haja proporcionalidade entre a ação praticada e a reação estatal.
12. No caso aqui analisado, está em discussão a tipificação penal do crime de aborto voluntário nos arts. 124 a 126 do Código Penal[6], que punem tanto o aborto provocado pela gestante quanto por terceiros com o consentimento da gestante. O bem jurídico protegido – vida potencial do feto – é evidentemente relevante. Porém, a criminalização do aborto antes de concluído o primeiro trimestre de gestação viola diversos direitos fundamentais da mulher, além

de não observar suficientemente o princípio da proporcionalidade. É o que se demonstrará a seguir.

13. Antes de avançar, porém, cumpre estabelecer uma premissa importante para o raciocínio a ser desenvolvido: o aborto é uma prática que se deve procurar evitar, pelas complexidades físicas, psíquicas e morais que envolve. Por isso mesmo, é papel do Estado e da sociedade atuar nesse sentido, mediante oferta de educação sexual, distribuição de meios contraceptivos e amparo à mulher que deseje ter o filho e se encontre em circunstâncias adversas. Portanto, ao se afirmar aqui a incompatibilidade da criminalização com a Constituição, não se está a fazer a defesa da disseminação do procedimento. Pelo contrário, o que ser pretende é que ele seja raro e seguro.

[...]

21. Torna-se importante aqui uma breve anotação sobre o status jurídico do embrião durante fase inicial da gestação. Há duas posições antagônicas em relação ao ponto. De um lado, os que sustentam que existe vida desde a concepção, desde que o espermatozoide fecundou o óvulo, dando origem à multiplicação das células. De outro lado, estão os que sustentam que antes da formação do sistema nervoso central e da presença de rudimentos de consciência – o que geralmente se dá após o terceiro mês da gestação – não é possível ainda falar-se em vida em sentido pleno.

22. Não há solução jurídica para esta controvérsia. Ela dependerá sempre de uma escolha religiosa ou filosófica de cada um a respeito da vida. Porém, exista ou não vida a ser protegida, o que é fora de dúvida é que não há qualquer possibilidade de o embrião subsistir fora do útero materno nesta fase de sua formação. Ou seja: ele dependerá integralmente do corpo da mulher. Esta premissa, factualmente incontestável, está subjacente às ideias que se seguem.

[...]

37. Na prática, portanto, a criminalização do aborto é ineficaz para proteger o direito à vida do feto. Do ponto de vista penal, ela constitui apenas uma reprovação "simbólica" da conduta[23]. Mas, do ponto de vista médico, como assinalado, há um efeito perverso sobre as mulheres pobres, privadas de assistência. Deixe-se bem claro: a reprovação moral do aborto por grupos religiosos ou por quem quer que seja é perfeitamente legítima. Todos têm o direito de se expressar e de defender dogmas, valores e convicções. O que refoge à razão pública é a possibilidade de um dos lados, em um tema eticamente controvertido, criminalizar a posição do outro.

[...]

39. Portanto, a criminalização do aborto não é capaz de evitar a interrupção da gestação e, logo, é medida de duvidosa adequação para a tutela da vida do feto. É preciso reconhecer, como fez o Tribunal Federal Alemão, que,

considerando "o sigilo relativo ao nascituro, sua impotência e sua dependência e ligação única com a mãe, as chances do Estado de protegê-lo serão maiores se trabalhar em conjunto com a mãe "[24], e não tratando a mulher que deseja abortar como uma criminosa.

[...]

42. Além disso, o Estado deve atuar sobre os fatores econômicos e sociais que dão causa à gravidez indesejada ou que pressionam as mulheres a abortar[29]. As duas razões mais comumente invocadas para o aborto são a impossibilidade de custear a criação dos filhos e a drástica mudança na vida da mãe (que a faria, e.g., perder oportunidades de carreira)[30]. Nessas situações, é importante a existência de uma rede de apoio à grávida e à sua família, como o acesso à creche e o direito à assistência social. Ademais, parcela das gestações não programadas está relacionada à falta de informação e de acesso a métodos contraceptivos. Isso pode ser revertido, por exemplo, com programas de planejamento familiar, com a distribuição gratuita de anticoncepcionais e assistência especializada à gestante e educação sexual. Logo, a tutela penal também dificilmente seria aprovada no teste da necessidade.

[...]

48. No caso em exame, como o Código Penal é de 1940 – data bem anterior à Constituição, que é de 1988 – e a jurisprudência do STF não admite a declaração de inconstitucionalidade de lei anterior à Constituição, a hipótese é de não recepção (i.e., de revogação parcial ou, mais tecnicamente, de derrogação) dos dispositivos apontados do Código Penal. Como consequência, em razão da não incidência do tipo penal imputado aos pacientes e corréus à interrupção voluntária da gestação realizada nos três primeiros meses, há dúvida fundada sobre a própria existência do crime, o que afasta a presença de pressuposto indispensável à decretação da prisão preventiva, nos termos da parte final do caput do art. 312 do CPP.

Fonte: STF, Habeas Corpus n. 124.306/RJ, Rel. Min. Marco Aurélio, Redator do acórdão Min. Roberto Barroso, j. em 9/8/2016.

EMENTA

AGRAVO REGIMENTAL NO HABEAS CORPUS. OFENSA AO PRINCÍPIO DA COLEGIALIDADE. NÃO OCORRÊNCIA. ILICITUDE DAS PROVAS. QUEBRA DO SIGILO PROFISSIONAL. SUPRESSÃO DE INSTÂNCIA. JUSTA CAUSA PARA A AÇÃO PENAL. CONJUNTURA FÁTICA DEVIDAMENTE DESCRITA NA DENÚNCIA. INDÍCIOS DE AUTORIA E MATERIALIDADE. NASCITURO. PESSOA TITULAR DE DIREITOS.

1. Não viola o princípio da colegialidade a decisão monocrática do relator, arrimada em jurisprudência dominante do Superior Tribunal de Justiça, tendo em vista, por outro lado, a possibilidade de submissão do julgado ao exame do órgão colegiado, mediante a interposição de agravo regimental. Precedentes.
2. No tocante à ilicitude das provas em razão da quebra do sigilo profissional, tem-se que a matéria não foi analisada pelo Tribunal de origem, conforme se verifica do voto vencedor do acórdão, razão pela qual não se pode conhecer do writ, nesse ponto, sob pena de indevida supressão de instância.
3. No atual momento informativo, há justa causa para a ação penal no ponto, pois está devidamente descrita na denúncia a conjuntura fática, com indícios de autoria e materialidade dos delitos, configurando a justa causa para a persecução penal persecução penal.
4. Registre-se que "o direito brasileiro confere ao nascituro a condição de pessoa, titular de direitos: exegese sistemática dos arts. 1º, 2º, 6º e 45, caput, do Código Civil; direito do nascituro de receber doação, herança e de ser curatelado (arts. 542, 1.779 e 1.798 do Código Civil); a especial proteção conferida à gestante, assegurando-se-lhe atendimento pré-natal (art. 8º do ECA, o qual, ao fim e ao cabo, visa a garantir o direito à vida e à saúde do nascituro); alimentos gravídicos, cuja titularidade é, na verdade, do nascituro e não da mãe (Lei n. 11.804/2008); no direito penal a condição de pessoa viva do nascituro – embora não nascida – é afirmada sem a menor cerimônia, pois o crime de aborto (arts. 124 a 127 do CP) sempre esteve alocado no título referente a "crimes contra a pessoa" e especificamente no capítulo "dos crimes contra a vida" – tutela da vida humana em formação, a chamada vida intrauterina (MIRABETE, Julio Fabbrini. Manual de direito penal, volume II. 25 ed. São Paulo: Atlas, 2007, p. 62-63; NUCCI, Guilherme de Souza. Manual de direito penal. 8 ed. São Paulo: Revista dos Tribunais, 2012, p. 658)". (REsp n. 1.415.727/SC, relator Ministro Luis Felipe Salomão, Quarta Turma, julgado em 4/9/2014, DJe de 29/9/2014.)

Fonte: STJ, AgRg no Habeas Corpus n. 817.277/PR (2023/0128996-8), Rel. Min. Jesuíno Rissato (desembargador convocado do TJDFT).

Capítulo 3

A dignidade sexual

Base normativa no Código Penal

TÍTULO VI

DOS CRIMES CONTRA A DIGNIDADE SEXUAL (Redação dada pela Lei n. 12.015, de 2009)

CAPÍTULO I

DOS CRIMES CONTRA A LIBERDADE SEXUAL (Redação dada pela Lei n. 12.015, de 2009)

Estupro

Art. 213. Constranger alguém, mediante violência ou grave ameaça, a ter conjunção carnal ou a praticar ou permitir que com ele se pratique outro ato libidinoso: (Redação dada pela Lei n. 12.015, de 2009)

Pena – reclusão, de 6 (seis) a 10 (dez) anos. (Redação dada pela Lei n. 12.015, de 2009)

§ 1º Se da conduta resulta lesão corporal de natureza grave ou se a vítima é menor de 18 (dezoito) ou maior de 14 (catorze) anos: (Incluído pela Lei n. 12.015, de 2009)

Pena – reclusão, de 8 (oito) a 12 (doze) anos (Incluído pela Lei n. 12.015, de 2009)

§ 2º Se da conduta resulta morte: (Incluído pela Lei n. 12.015, de 2009)

Pena – reclusão, de 12 (doze) a 30 (trinta) anos (Incluído pela Lei n. 12.015, de 2009)

Art. 214. (Revogado pela Lei n. 12.015, de 2009)

Violação sexual mediante fraude (Redação dada pela Lei n. 12.015, de 2009)

Art. 215. Ter conjunção carnal ou praticar outro ato libidinoso com alguém, mediante fraude ou outro meio que impeça ou dificulte a livre manifestação de vontade da vítima: (Redação dada pela Lei n. 12.015, de 2009)

Pena – reclusão, de 2 (dois) a 6 (seis) anos. (Redação dada pela Lei n. 12.015, de 2009)

Parágrafo único. Se o crime é cometido com o fim de obter vantagem econômica, aplica-se também multa. (Redação dada pela Lei n. 12.015, de 2009)

Importunação sexual (Incluído pela Lei n. 13.718, de 2018)

Art. 215-A. Praticar contra alguém e sem a sua anuência ato libidinoso com o objetivo de satisfazer a própria lascívia ou a de terceiro: (Incluído pela Lei n. 13.718, de 2018)

Pena – reclusão, de 1 (um) a 5 (cinco) anos, se o ato não constitui crime mais grave. (Incluído pela Lei n. 13.718, de 2018)

Art. 216. (Revogado pela Lei n. 12.015, de 2009)

Assédio sexual (Incluído pela Lei n. 10.224, de 15 de 2001)

Art. 216-A. Constranger alguém com o intuito de obter vantagem ou favorecimento sexual, prevalecendo-se o agente da sua condição de superior hierárquico ou ascendência inerentes ao exercício de emprego, cargo ou função. (Incluído pela Lei n. 10.224, de 15 de 2001)

Pena – detenção, de 1 (um) a 2 (dois) anos. (Incluído pela Lei n. 10.224, de 15 de 2001)

Parágrafo único. (VETADO) (Incluído pela Lei n. 10.224, de 15 de 2001)

§ 2º A pena é aumentada em até um terço se a vítima é menor de 18 (dezoito) anos. (Incluído pela Lei n. 12.015, de 2009)

CAPÍTULO I-A (Incluído pela Lei n. 13.772, de 2018)

DA EXPOSIÇÃO DA INTIMIDADE SEXUAL

Registro não autorizado da intimidade sexual

Art. 216-B. Produzir, fotografar, filmar ou registrar, por qualquer meio, conteúdo com cena de nudez ou ato sexual ou libidinoso de caráter íntimo e privado sem autorização dos participantes: (Incluído pela Lei n. 13.772, de 2018)

Pena – detenção, de 6 (seis) meses a 1 (um) ano, e multa.

Parágrafo único. Na mesma pena incorre quem realiza montagem em fotografia, vídeo, áudio ou qualquer outro registro com o fim de incluir pessoa em cena de nudez ou ato sexual ou libidinoso de caráter íntimo. (Incluído pela Lei n. 13.772, de 2018)

CAPÍTULO II

DOS CRIMES SEXUAIS CONTRA VULNERÁVEL (Redação dada pela Lei n. 12.015, de 2009)

Sedução

Art. 217. (Revogado pela Lei n. 11.106, de 2005)

Estupro de vulnerável (Incluído pela Lei n. 12.015, de 2009)

Art. 217-A. Ter conjunção carnal ou praticar outro ato libidinoso com menor de 14 (catorze) anos: (Incluído pela Lei n. 12.015, de 2009)

Pena – reclusão, de 8 (oito) a 15 (quinze) anos. (Incluído pela Lei n. 12.015, de 2009)

§ 1º Incorre na mesma pena quem pratica as ações descritas no **caput** com alguém que, por enfermidade ou deficiência mental, não tem o necessário discernimento para a prática do ato, ou que, por qualquer outra causa, não pode oferecer resistência. (Incluído pela Lei n. 12.015, de 2009)

§ 2º (VETADO) (Incluído pela Lei n. 12.015, de 2009)

§ 3º Se da conduta resulta lesão corporal de natureza grave: (Incluído pela Lei n. 12.015, de 2009)

Pena – reclusão, de 10 (dez) a 20 (vinte) anos. (Incluído pela Lei n. 12.015, de 2009)

§ 4º Se da conduta resulta morte: (Incluído pela Lei n. 12.015, de 2009)

Pena – reclusão, de 12 (doze) a 30 (trinta) anos. (Incluído pela Lei n. 12.015, de 2009)

§ 5º As penas previstas no **caput** e nos §§ 1º, 3º e 4º deste artigo aplicam-se independentemente do consentimento da vítima ou do fato de ela ter mantido relações sexuais anteriormente ao crime. (Incluído pela Lei n. 13.718, de 2018)

Corrupção de menores

Art. 218. Induzir alguém menor de 14 (catorze) anos a satisfazer a lascívia de outrem: (Redação dada pela Lei n. 12.015, de 2009)

Pena – reclusão, de 2 (dois) a 5 (cinco) anos. (Redação dada pela Lei n. 12.015, de 2009)

Parágrafo único. (VETADO). (Incluído pela Lei n. 12.015, de 2009)

Satisfação de lascívia mediante presença de criança ou adolescente (Incluído pela Lei n. 12.015, de 2009)

Art. 218-A. Praticar, na presença de alguém menor de 14 (catorze) anos, ou induzi-lo a presenciar, conjunção carnal ou outro ato libidinoso, a fim de satisfazer lascívia própria ou de outrem: (Incluído pela Lei n. 12.015, de 2009)

Pena – reclusão, de 2 (dois) a 4 (quatro) anos. (Incluído pela Lei n. 12.015, de 2009)

Favorecimento da prostituição ou de outra forma de exploração sexual de criança ou adolescente ou de vulnerável. (Redação dada pela Lei n. 12.978, de 2014)

Art. 218-B. Submeter, induzir ou atrair à prostituição ou outra forma de exploração sexual alguém menor de 18 (dezoito) anos ou que, por enfermidade ou deficiência mental, não tem o necessário discernimento para a prática do ato, facilitá-la, impedir ou dificultar que a abandone: (Incluído pela Lei n. 12.015, de 2009)

Pena – reclusão, de 4 (quatro) a 10 (dez) anos. (Incluído pela Lei n. 12.015, de 2009)

§ 1º Se o crime é praticado com o fim de obter vantagem econômica, aplica-se também multa. (Incluído pela Lei n. 12.015, de 2009)

§ 2º Incorre nas mesmas penas: (Incluído pela Lei n. 12.015, de 2009)

I – quem pratica conjunção carnal ou outro ato libidinoso com alguém menor de 18 (dezoito) e maior de 14 (catorze) anos na situação descrita no caput deste artigo; (Incluído pela Lei n. 12.015, de 2009)

II – o proprietário, o gerente ou o responsável pelo local em que se verifiquem as práticas referidas no caput deste artigo. (Incluído pela Lei n. 12.015, de 2009)

§ 3º Na hipótese do inciso II do § 2º, constitui efeito obrigatório da condenação a cassação da licença de localização e de funcionamento do estabelecimento. (Incluído pela Lei n. 12.015, de 2009)

Divulgação de cena de estupro ou de cena de estupro de vulnerável, de cena de sexo ou de pornografia (Incluído pela Lei n. 13.718, de 2018)

Art. 218-C. Oferecer, trocar, disponibilizar, transmitir, vender ou expor à venda, distribuir, publicar ou divulgar, por qualquer meio – inclusive por meio de comunicação de massa ou sistema de informática ou telemática –, fotografia, vídeo ou outro registro audiovisual que contenha cena de estupro ou de estupro de vulnerável ou que faça apologia ou induza a sua prática, ou, sem o consentimento da vítima, cena de sexo, nudez ou pornografia: (Incluído pela Lei n. 13.718, de 2018)

Pena – reclusão, de 1 (um) a 5 (cinco) anos, se o fato não constitui crime mais grave. (Incluído pela Lei n. 13.718, de 2018)

Aumento de pena (Incluído pela Lei n. 13.718, de 2018)

§ 1º A pena é aumentada de 1/3 (um terço) a 2/3 (dois terços) se o crime é praticado por agente que mantém ou tenha mantido relação íntima de afeto com a vítima ou com o fim de vingança ou humilhação. (Incluído pela Lei n. 13.718, de 2018)

Exclusão de ilicitude (Incluído pela Lei n. 13.718, de 2018)

§ 2º Não há crime quando o agente pratica as condutas descritas no caput deste artigo em publicação de natureza jornalística, científica, cultural ou acadêmica com a adoção de recurso que impossibilite a identificação da vítima, ressalvada sua prévia autorização, caso seja maior de 18 (dezoito) anos. (Incluído pela Lei n. 13.718, de 2018)

CAPÍTULO III

DO RAPTO

Rapto violento ou mediante fraude

Art. 219. (Revogado pela Lei n. 11.106, de 2005)

Rapto consensual

Art. 220. (Revogado pela Lei n. 11.106, de 2005)

Diminuição de pena

Art. 221. (Revogado pela Lei n. 11.106, de 2005)

Concurso de rapto e outro crime

Art. 222. (Revogado pela Lei n. 11.106, de 2005)

CAPÍTULO IV

DISPOSIÇÕES GERAIS

Art. 223. (Revogado pela Lei n. 12.015, de 2009)

Art. 224. (Revogado pela Lei n. 12.015, de 2009)

Ação penal

Art. 225. Nos crimes definidos nos Capítulos I e II deste Título, procede-se mediante ação penal pública incondicionada. (Redação dada pela Lei n. 13.718, de 2018)

Parágrafo único. (Revogado). (Redação dada pela Lei n. 13.718, de 2018)

Aumento de pena

Art. 226. A pena é aumentada: (Redação dada pela Lei n. 11.106, de 2005)

I – de quarta parte, se o crime é cometido com o concurso de 2 (duas) ou mais pessoas; (Redação dada pela Lei n. 11.106, de 2005)

II – de metade, se o agente é ascendente, padrasto ou madrasta, tio, irmão, cônjuge, companheiro, tutor, curador, preceptor ou empregador da vítima ou por qualquer outro título tiver autoridade sobre ela; (Redação dada pela Lei n. 13.718, de 2018)

III – (Revogado pela Lei n. 11.106, de 2005)

IV – de 1/3 (um terço) a 2/3 (dois terços), se o crime é praticado: (Incluído pela Lei n. 13.718, de 2018)

Estupro coletivo (Incluído pela Lei n. 13.718, de 2018)

a) mediante concurso de 2 (dois) ou mais agentes; (Incluído pela Lei n. 13.718, de 2018)

Estupro corretivo (Incluído pela Lei n. 13.718, de 2018)

b) para controlar o comportamento social ou sexual da vítima. (Incluído pela Lei n. 13.718, de 2018)

CAPÍTULO V

DO LENOCÍNIO E DO TRÁFICO DE PESSOA PARA FIM DE PROSTITUIÇÃO OU OUTRA FORMA DE EXPLORAÇÃO SEXUAL (Redação dada pela Lei n. 12.015, de 2009)

Mediação para servir a lascívia de outrem

Art. 227. Induzir alguém a satisfazer a lascívia de outrem:

Pena – reclusão, de um a três anos.

§ 1º Se a vítima é maior de 14 (catorze) e menor de 18 (dezoito) anos, ou se o agente é seu ascendente, descendente, cônjuge ou companheiro, irmão, tutor ou curador ou pessoa a quem esteja confiada para fins de educação, de tratamento ou de guarda: (Redação dada pela Lei n. 11.106, de 2005)

Pena – reclusão, de dois a cinco anos.

§ 2º Se o crime é cometido com emprego de violência, grave ameaça ou fraude:

Pena – reclusão, de dois a oito anos, além da pena correspondente à violência.

§ 3º Se o crime é cometido com o fim de lucro, aplica-se também multa.

Favorecimento da prostituição ou outra forma de exploração sexual (Redação dada pela Lei n. 12.015, de 2009)

Art. 228. Induzir ou atrair alguém à prostituição ou outra forma de exploração sexual, facilitá-la, impedir ou dificultar que alguém a abandone: (Redação dada pela Lei n. 12.015, de 2009)

Pena – reclusão, de 2 (dois) a 5 (cinco) anos, e multa. (Redação dada pela Lei n. 12.015, de 2009)

§ 1º Se o agente é ascendente, padrasto, madrasta, irmão, enteado, cônjuge, companheiro, tutor ou curador, preceptor ou empregador da vítima, ou se assumiu, por lei ou outra forma, obrigação de cuidado, proteção ou vigilância: (Redação dada pela Lei n. 12.015, de 2009)

Pena – reclusão, de 3 (três) a 8 (oito) anos. (Redação dada pela Lei n. 12.015, de 2009)

§ 2º Se o crime, é cometido com emprego de violência, grave ameaça ou fraude:

Pena – reclusão, de quatro a dez anos, além da pena correspondente à violência.

§ 3º Se o crime é cometido com o fim de lucro, aplica-se também multa.

Casa de prostituição

Art. 229. Manter, por conta própria ou de terceiro, estabelecimento em que ocorra exploração sexual, haja, ou não, intuito de lucro ou mediação direta do proprietário ou gerente: (Redação dada pela Lei n. 12.015, de 2009)

Pena – reclusão, de dois a cinco anos, e multa.

Rufianismo

Art. 230. Tirar proveito da prostituição alheia, participando diretamente de seus lucros ou fazendo-se sustentar, no todo ou em parte, por quem a exerça:

Pena – reclusão, de um a quatro anos, e multa.

§ 1º Se a vítima é menor de 18 (dezoito) e maior de 14 (catorze) anos ou se o crime é cometido por ascendente, padrasto, madrasta, irmão, enteado, cônjuge, companheiro, tutor ou curador, preceptor ou empregador da vítima, ou por quem assumiu, por lei ou outra forma, obrigação de cuidado, proteção ou vigilância: (Redação dada pela Lei n. 12.015, de 2009)

Pena – reclusão, de 3 (três) a 6 (seis) anos, e multa. (Redação dada pela Lei n. 12.015, de 2009)

§ 2º Se o crime é cometido mediante violência, grave ameaça, fraude ou outro meio que impeça ou dificulte a livre manifestação da vontade da vítima: (Redação dada pela Lei n. 12.015, de 2009)

Pena – reclusão, de 2 (dois) a 8 (oito) anos, sem prejuízo da pena correspondente à violência. (Redação dada pela Lei n. 12.015, de 2009)

Tráfico internacional de pessoa para fim de exploração sexual (Redação dada pela Lei n. 12.015, de 2009)

Art. 231. (Revogado pela Lei n. 13.344, de 2016)

Art. 231-A. (Revogado pela Lei n. 13.344, de 2016)

Art. 232. (Revogado pela Lei n. 12.015, de 2009)

Promoção de migração ilegal

Art. 232-A. Promover, por qualquer meio, com o fim de obter vantagem econômica, a entrada ilegal de estrangeiro em território nacional ou de brasileiro em país estrangeiro: (Incluído pela Lei n. 13.445, de 2017)

Pena – reclusão, de 2 (dois) a 5 (cinco) anos, e multa. (Incluído pela Lei n. 13.445, de 2017)

§ 1º Na mesma pena incorre quem promover, por qualquer meio, com o fim de obter vantagem econômica, a saída de estrangeiro do território nacional para ingressar ilegalmente em país estrangeiro. (Incluído pela Lei n. 13.445, de 2017)

§ 2º A pena é aumentada de 1/6 (um sexto) a 1/3 (um terço) se: (Incluído pela Lei n. 13.445, de 2017)

I – o crime é cometido com violência; ou (Incluído pela Lei n. 13.445, de 2017)

II – a vítima é submetida a condição desumana ou degradante. (Incluído pela Lei n. 13.445, de 2017)

§ 3º A pena prevista para o crime será aplicada sem prejuízo das correspondentes às infrações conexas. (Incluído pela Lei n. 13.445, de 2017)

CAPÍTULO VI

DO ULTRAJE PÚBLICO AO PUDOR

Ato obsceno

Art. 233. Praticar ato obsceno em lugar público, ou aberto ou exposto ao público:

Pena – detenção, de três meses a um ano, ou multa.

Escrito ou objeto obsceno

Art. 234. Fazer, importar, exportar, adquirir ou ter sob sua guarda, para fim de comércio, de distribuição ou de exposição pública, escrito, desenho, pintura, estampa ou qualquer objeto obsceno:

Pena – detenção, de seis meses a dois anos, ou multa.

Parágrafo único. Incorre na mesma pena quem:

I – vende, distribui ou expõe à venda ou ao público qualquer dos objetos referidos neste artigo;

II – realiza, em lugar público ou acessível ao público, representação teatral, ou exibição cinematográfica de caráter obsceno, ou qualquer outro espetáculo, que tenha o mesmo caráter;

III – realiza, em lugar público ou acessível ao público, ou pelo rádio, audição ou recitação de caráter obsceno.

CAPÍTULO VII

DISPOSIÇÕES GERAIS (Incluído pela Lei n. 12.015, de 2009)

> **Aumento de pena** (Incluído pela Lei n. 12.015, de 2009)
> Art. 234-A. Nos crimes previstos neste Título a pena é aumentada: (Incluído pela Lei n. 12.015, de 2009)
> I - (VETADO); (Incluído pela Lei n. 12.015, de 2009)
> II - (VETADO); (Incluído pela Lei n. 12.015, de 2009)
> III - de metade a 2/3 (dois terços), se do crime resulta gravidez; (Redação dada pela Lei n. 13.718, de 2018)
> IV - de 1/3 (um terço) a 2/3 (dois terços), se o agente transmite à vítima doença sexualmente transmissível de que sabe ou deveria saber ser portador, ou se a vítima é idosa ou pessoa com deficiência. (Redação dada pela Lei n. 13.718, de 2018)
> Art. 234-B. Os processos em que se apuram crimes definidos neste Título correrão em segredo de justiça. (Incluído pela Lei n. 12.015, de 2009)
> Art. 234-C. (VETADO). (Incluído pela Lei n. 12.015, de 2009)

Fonte: Brasil, 1940.

3.1 Realidade social da violência sexual

Assim como na violência contra a vida, as estatísticas da violência sexual na sociedade brasileira são estarrecedoras. Com efeito, o cenário atual corresponde ao apresentado graficamente no Anuário Brasileiro de Segurança Pública 2023, do Fórum Brasileiro de Segurança Pública.

Figura 3.1 Estatísticas da violência sexual na sociedade brasileira

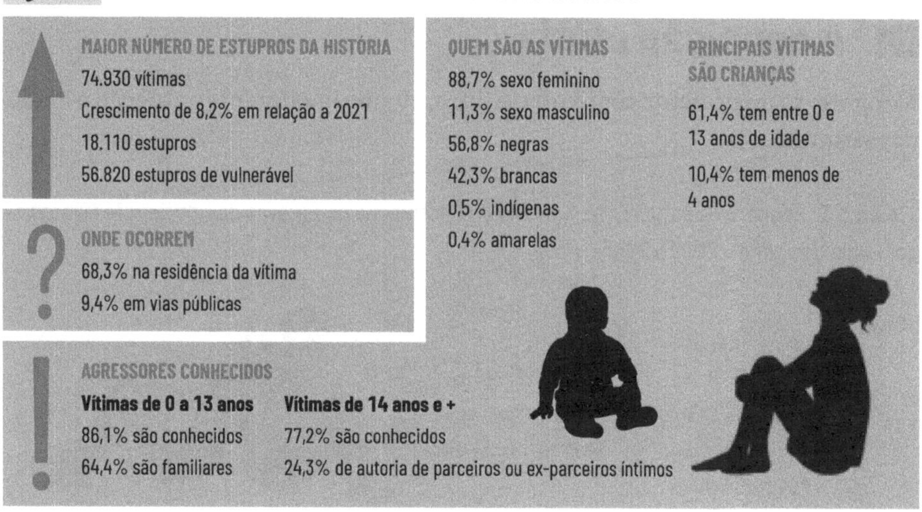

Bokica e Shabana Yousaf/Shutterstock

Fonte: Elaborado com base em Fórum Brasileiro de Segurança Pública, 2023, p. 15.

Por outra fonte de análise, o Instituto de Pesquisa Econômica Aplicada (Ipea), a realidade é igualmente chocante.

Figura 3.2 Estatísticas da violência sexual na sociedade brasileira

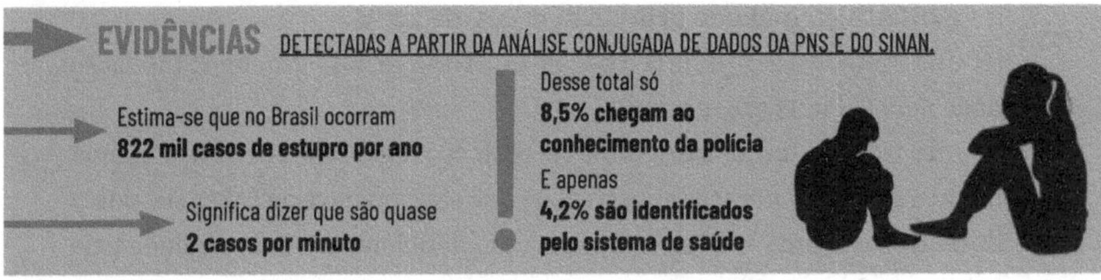

Shabana Yousaf/Shutterstock

Fonte: Elaborado com base em Ipea, 2023, p. 2.

Ainda de acordo com o Fórum Brasileiro de Segurança Pública,

> Os números aqui apresentados consideram os casos de estupro, que somaram 18.110 vítimas em 2022, crescimento de 7% em relação ao ano anterior, bem como os casos de estupro de vulnerável, com um total de 56.820 vítimas, incremento de 8,6%. Isto significa dizer que 24,2% das vítimas eram homens e mulheres com mais de 14 anos, e que 75,8% eram incapazes de consentir, fosse pela idade (menores de 14 anos), ou por qualquer outro motivo (deficiência, enfermidade etc.). (Bueno et al., 2023, p. 154)

3.2 Fatores de vitimização acentuada

3.2.1 A condição etária

No contexto do presente tópico deste livro, chama igualmente a atenção a idade das vítimas.

Figura 3.3 Registro de estupros no Sistema de Informação de Agravos de Notificação (Sinan), por idade da vítima - 2009 a 2019

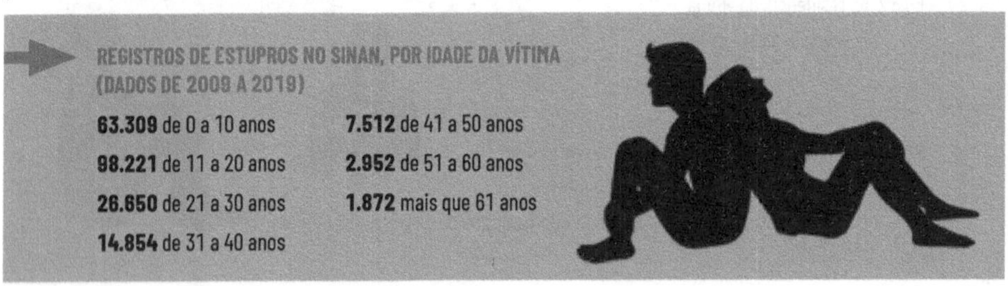

Shabana Yousaf/Shutterstock

Fonte: Elaborado com base em Ipea, 2023, p. 3.

A condição etária é preponderante na incidência da vitimização:

> As crianças e adolescentes continuam sendo as maiores vítimas da violência sexual: 10,4% das vítimas de estupro eram bebês e crianças com idade entre 0 e 4 anos; 17,7% das vítimas tinham entre 5 e 9 anos e 33,2% entre 10 e 13 anos. Ou seja, 61,4% tinham no máximo 13 anos. Aproximadamente 8 em cada 10 vítimas de violência sexual eram menores de idade. (Bueno et al., 2023, p. 156)

Nada que já não fizesse parte da realidade social brasileira, que estabeleceu o dia 18 de maio como o Dia Nacional de Combate ao Abuso e à Exploração Sexual de Crianças e Adolescentes, instituído pela Lei Federal n. 9.970, de 17 de maio de 2000.

3.2.2 O ambiente familiar

Longe de o ambiente familiar ser um lugar seguro em relação a esse fenômeno social, de acordo com recente boletim publicado pelo Ministério da Saúde,

> no período de 2015 a 2021, foram notificados 202.948 casos de violência sexual contra crianças e adolescentes no Brasil, sendo 83.571 contra crianças e 119.377 contra adolescentes. Em 2021, o número de notificações foi o maior registrado ao longo do período analisado, com 35.196 casos.
>
> Ainda segundo o material, a residência das vítimas é o local de ocorrência de 70,9% dos casos de violência sexual contra crianças de 0 a 9 anos de idade e de 63,4% dos casos contra adolescentes de 10 a 19 anos. Familiares e conhecidos são responsáveis por 68% das agressões contra crianças e 58,4% das agressões contra adolescentes nessas faixas etárias. (Brasil, 2023b)

3.2.3 O impacto da tecnologia

O impacto da tecnologia na violência sexual contra crianças ou adolescentes é crescente, merecendo a atenção doutrinária há tempos (Bretan, 2012). Aponte-se que

> O número de denúncias novas (links nunca antes reportados e não duplicados) com imagens de abuso e exploração sexual infantil aumentou 78,93% nos primeiros dez meses deste ano em relação ao mesmo período do ano passado. A Safernet recebeu 60.765 novos links entre 1 de janeiro e 31 de outubro deste ano contra 33.961 links no mesmo período de 2022.
>
> O número de links inéditos recebidos pela Safernet nestes 10 meses de 2023 já supera os 40.572 links inéditos recebidos durante todo o ano de 2022 na Central Nacional de Denúncias, mantida pela Safernet, que recebe denúncias de 10 diferentes crimes contra os direitos humanos na internet.

> No total, ano passado, a Safernet recebeu 111.929 denúncias, um crescimento de quase 10% em relação às 101.833 de 2021. O patamar superior a 100 mil denúncias por dois anos seguidos não era atingido desde 2011. O total de denúncias é a soma dos links inéditos, separados e enviados às autoridades, mais os links duplicados. (Safernet, 2023)

3.3 A dimensão normativa da dignidade sexual

3.3.1 O crime de estupro

O crime de estupro, ao longo da história jurídica, passou por significativas transformações, desde sua origem na expressão *stuprum* do direito romano, que abrangia atos impudicos, até a configuração contemporânea.

A evolução legislativa evidencia-se na Lei n. 12.015, de 7 de agosto de 2009, que consolidou a fusão dos arts. 213 e 214 do Código Penal e encerrou a distinção entre estupro e atentado violento ao pudor, possibilitando que qualquer pessoa seja sujeito ativo ou passivo do crime, eliminando a ideia de crime próprio.

A legislação busca, primordialmente, proteger a dignidade da pessoa humana, reconhecendo o direito de todos à liberdade sexual. Esse bem jurídico abrange o direito de dispor do próprio corpo e manifestar livremente escolhas na prática de atos sexuais. A igualdade de gênero, consagrada constitucionalmente, amplia o espectro de sujeitos ativos, admitindo-se que tanto homens quanto mulheres podem ser autores ou vítimas de estupro.

Antes da reforma legislativa, o estupro era considerado crime próprio, com o homem como sujeito ativo e a mulher como sujeito passivo, com base na conjunção carnal. A Lei n. 12.015/2009 rompeu com essa concepção, reconhecendo que qualquer pessoa, independentemente de gênero, pode ser sujeito ativo ou passivo do delito. O marido também deixou de ter suposta "moral conjugal" para forçar relações, ampliando-se o escopo do sujeito ativo.

A forma de cometimento do estupro, conforme a redação atual, não se limita à conjunção carnal, englobando qualquer ato libidinoso de similar gravidade. Essa amplitude reflete-se na abertura do conceito de gênero, incluindo tanto o sexo masculino quanto o feminino. O casamento não isenta o cônjuge de responder pelo crime, e a igualdade de gênero previne interpretações anacrônicas.

A reforma inspirou-se no Estatuto do Tribunal Penal Internacional segundo abalizada doutrina (Souza; Japiassú, 2022). Essa legislação, ao fundir os antigos arts. 213 e 214 do Código Penal, trouxe uma abordagem mais ampla, englobando não apenas a conjunção vaginal, mas também o coito anal e a felação. No entanto, a retenção da expressão *estupro* preserva sua carga simbólica histórica, mesmo sob novos contornos legais.

No âmbito da conjunção carnal, a Lei n. 12.015/2009 ampliou a definição e incluiu atos libidinosos diversos, criando um crime de ação múltipla.

A referida lei promoveu uma mudança significativa no entendimento sobre a violência sexual, abandonando presunções de violência e adotando uma perspectiva objetiva do crime. A resistência da vítima, expressa de qualquer forma, é essencial para a configuração do estupro. Porém, em casos de estupro de vulnerável, mesmo com consentimento, a lei o considera inválido e caracteriza o crime.

A nova disciplina legal também ampliou a proteção ao bem jurídico da dignidade sexual, afastando interpretações jurisprudenciais que relativizavam a presunção de violência. A conduta típica do estupro envolve a manutenção de conjunção carnal ou prática de qualquer outro ato libidinoso contra a vontade da vítima. A inclusão dessas condutas em um único tipo penal demonstra a atual configuração como crime de ação múltipla ou de conteúdo variado.

Precedentes destacados no tema analisado

1) Nos crimes de estupro ou de atentado violento ao pudor praticados com violência presumida, não incide a regra da continuidade delitiva específica (art. 71, parágrafo único, do CP), que condiciona a sua incidência às situações de emprego de violência real.

Julgados STJ: AgRg no AREsp n. 1.478.438/ES (Rel. Ministro Joel Ilan Paciornik, j. em 28/4/2020, DJe 4/5/2020); HC n. 483.468/GO (Rel. Ministro Reynaldo Soares da Fonseca, j. em 5/2/2019, DJe 14/2/2019); HC n. 439.471/MG (Rel. Ministra Maria Thereza De Assis Moura, j. em 2/8/2018, DJe 13/8/2018); AgRg no HC n. 410.796/RJ (Rel. Ministro Jorge Mussi, j. em 7/11/2017, DJe 14/11/2017); HC n. 269.104/SP, Rel. Ministro Sebastião Reis Júnior, j. em 15/8/2017, DJe 24/8/2017).

2) A prática de conjunção carnal ou de atos libidinosos diversos contra vítima imobilizada configura o crime de estupro de vulnerável do art. 217-A, § 1º, do CP, ante a impossibilidade de oferecer resistência ao emprego de violência sexual.

Julgados STJ: REsp n. 1.706.266/MT (Rel. Ministro Ribeiro Dantas, j. em 18/10/2018, DJe 24/10/2018).

3) Nas hipóteses em que há imprecisão acerca do número exato de eventos abusivos à dignidade sexual da vítima, praticados em um longo período de

tempo, é adequado o aumento de pena pela continuidade delitiva (art. 71 do CP) em patamar superior ao mínimo legal.

Julgados STJ: AgRg nos EDcl no AgRg no AREsp n. 1.629.001/SP (Rel. Ministro Reynaldo Soares Da Fonseca, j. em 19/5/2020, DJe 27/5/2020); AgRg no AREsp n. 1.608.536/PE, Rel. Ministro Antonio Saldanha Palheiro, j. em 28/4/2020, DJe 8/5/2020); AgRg no AREsp n. 1.500.253/PR (Rel. Ministro Joel Ilan Paciornik, j. em 11/2/2020, DJe 21/2/2020); HC n. 542.306/SC (Rel. Ministro Ribeiro Dantas, j. em 11/2/2020, DJe 14/2/2020); AgRg no REsp n. 1.829.308/RS (Rel. Ministro Leopoldo De Arruda Raposo – desembargador convocado do TJ/PE, j. em 22/10/2019, DJe 28/10/2019); AgRg no AREsp n. 1.486.694/RS (Rel. Ministro Nefi Cordeiro, j. em 15/10/2019, DJe 18/10/2019). Vide Informativo de Jurisprudência STJ n. 559.

4) O avançado estado de embriaguez da vítima, que lhe retire a capacidade de oferecer resistência, é circunstância apta a revelar sua vulnerabilidade e, assim, configurar a prática do crime de estupro previsto no § 1º do art. 217-A do Código Penal.

Julgados STJ: REsp n. 1.775.136/AC (Rel. Ministra Laurita Vaz, j. em 3/12/2019, DJe 17/12/2019); RHC n. 72.963/MT (Rel. Ministro Felix Fischer, j. em 13/12/2016, DJe 15/12/2016); RHC n. 54.926/PR (Rel. Ministro Jorge Mussi, j. em 5/3/2015, DJe 16/3/2015).

5) O Juizado Especial de Violência Doméstica é competente para julgar e processar o delito de estupro de vulnerável (art. 217-A do CP) quando estiver presente a motivação de gênero ou quando a vulnerabilidade da vítima for decorrente da sua condição de mulher.

Julgados STJ: AgRg no REsp n. 1.490.974/RJ (Rel. Ministro Antonio Saldanha Palheiro, j. em 20/8/2019, DJe 02/9/2019); AgRg no AREsp n. 1.020.280/DF (Rel. Ministro Jorge Mussi, j. em 23/8/2018, DJe 31/8/2018); HC n. 265.694/SP (Rel. Ministro Reynaldo Soares Da Fonseca, j. em 23/2/2016, DJe 29/2/2016); AgRg no REsp n. 1.427.927/RJ (Rel. Ministro Moura Ribeiro, j. em 20/3/2014, DJe 28/3/2014); HC n. 196.877/RJ (Rel. Ministra Laurita Vaz, j. em 5/9/2013, DJe 11/9/2013); RHC n. 121.813/RJ (decisão monocrática, Rel. Ministro Rogerio Schietti Cruz, j. em 10/12/2019, DJe 12/12/2019).

6) Reconhecida a existência de crime único entre as condutas descritas nos arts. 213 e 214 do CP, unificadas pela Lei n. 12.015/2009 na redação do novo art. 213, compete ao Juízo das Execuções o redimensionamento de pena imposta ao condenado, conforme a Súmula n. 611 do Supremo Tribunal Federal.

Julgados STJ: HC n. 441.523/BA (Rel. Ministro Joel Ilan Paciornik, j. em 30/5/2019, DJe 11/6/2019); HC n. 325.411/SP (Rel. Ministro Ribeiro Dantas, j. em 19/4/2018, DJe 25/4/2018); HC n. 412.473/SP (Rel. Ministro Rogerio Schietti Cruz, j. em 12/12/2017, DJe 19/12/2017); HC n. 396.186/SP (Rel. Ministra Maria

Thereza De Assis Moura, j. em 22/8/2017, DJe 31/8/2017); AgRg no AREsp n. 823.208/MG (Rel. Ministro Nefi Cordeiro, j. em 15/8/2017, DJe 28/8/2017); HC n. 355963/SP (Rel. Ministro Felix Fischer, j. em 2/5/2017, DJe 11/5/2017). (Vide Informativo de Jurisprudência 422 e Súmula n. 611/STF.
7) A orientação da Súmula n. 593/STJ não importa na retroatividade de lei penal mais gravosa (*novatio legis in pejus*) e apresenta adequada interpretação jurisprudencial das modificações introduzidas pela Lei n. 12.015/2009.
Julgados STJ: AgRg no REsp n. 176.5591/ES (Rel. Ministra Laurita Vaz, j. em 23/4/2019, DJe 30/4/2019); AgRg no REsp n. 1769793/SC (Rel. Ministro Felix Fischer, j. em 5/2/2019, DJe 11/2/2019).

3.4 A ação penal nos crimes contra a dignidade sexual

A Lei n. 12.015/2009 acarretou uma mudança paradigmática ao estabelecer que, nos crimes definidos nos Capítulos I e II do Título VI do Código Penal, a ação penal seria sempre pública condicionada à representação, exceto se a vítima fosse menor de 18 anos ou pessoa vulnerável, casos em que a ação penal se tornaria pública incondicionada.

A evolução legislativa no combate ao crime de estupro no Brasil reflete a preocupação constante em adaptar a legislação às demandas sociais. A Lei n. 13.718, de 24 de setembro de 2018, resultante do Projeto de Lei do Senado (PLS) n. 618/2015, de autoria da senadora Vanessa Grazziotin, trouxe importantes modificações ao Código Penal.

Inicialmente, o projeto visava apenas aumentar a pena nos casos de estupro cometido por duas ou mais pessoas. Contudo, durante sua tramitação, foram agregadas a tipificação do crime de importunação sexual e a regulamentação da divulgação de cenas de estupro, sendo as alterações consolidadas nos arts. 215-A e 218-C, respectivamente.

A importunação sexual, prevista no art. 215-A, surge como uma resposta mais precisa para atos libidinosos sem anuência, evitando-se, assim, divergências na aplicação de dispositivos anteriores. A nova legislação busca corrigir lacunas, distinguindo casos que antes se enquadravam genericamente como estupro, o que, por vezes, resultava em desclassificações para crimes menos gravosos.

Além disso, a Lei n. 13.718/2018 tipificou a divulgação de cenas de estupro, esclarecendo a falta de definição sobre o tipo penal adequado para esses casos. O Marco Civil da Internet também se fez presente ao responsabilizar provedores que não retiravam conteúdos íntimos vazados *on-line*. A exposição virtual, como evidenciado pelo Fundo das Nações Unidas para a Infância (Unicef), levou a casos trágicos de suicídio, enfatizando a urgência de uma legislação que protegesse as vítimas.

A mudança mais significativa, entretanto, foi a alteração no art. 225 do Código Penal, que possibilitou a ação penal pública incondicionada nos crimes contra a liberdade sexual. Antes da referida alteração, a ação penal nesses casos era, em regra, de iniciativa privada, exceto em quatro situações específicas. Destaca-se, entre elas, o entendimento sumular que tornava a ação penal pública incondicionada nos casos de estupro praticado mediante violência real.

O debate doutrinário surge ao considerar a "suposta relativização" do direito à privacidade e à intimidade da vítima. A ação penal pública incondicionada, defendida como alternativa por alguns, é criticada por expor a vítima ao *strepitus judicii*, contradizendo o direito constitucional à privacidade. A discussão evidencia o equilíbrio delicado entre a busca por justiça, o clamor social por punições mais severas e a proteção dos direitos individuais.

A perspectiva privatista, que defende a possibilidade de a vítima decidir sobre a representação, encontra respaldo em princípios fundamentais. O direito à privacidade, consagrado na Constituição Federal, visa proteger a dignidade da pessoa humana. Contudo, a mudança legislativa indica uma opção do legislador em priorizar o interesse público na persecução penal dos crimes sexuais.

Parecer da Câmara dos Deputados defende a apuração dos crimes sexuais como interesse de toda a sociedade, não apenas da vítima. O ministro do Superior Tribunal de Justiça (STJ), Rogério Schietti, corrobora essa visão, ressaltando a importância de medidas que quebrem o ciclo de abusos, mesmo quando a vítima hesita em representar. No entanto, críticos como Bitencourt (2011) alertam para a possível revitimização decorrente da exposição midiática obrigatória das vítimas, questionando se a retirada da autonomia da vítima contribui, de fato, para a justiça.

O debate também se estende ao papel do Ministério Público como titular da ação penal. A possibilidade de o órgão iniciar o processo independentemente da vontade da vítima é encarada como uma medida necessária por segmentos doutrinários, como um mecanismo para romper com o ciclo de abusos, especialmente quando a vulnerabilidade da vítima impede a superação do trauma.

Cabe destacar que o Supremo Tribunal Federal (STF), por meio da Súmula n. 608, já havia firmado entendimento anteriormente, declarando que, nos casos de estupro com violência real, a ação penal é pública incondicionada, dispensando a presença de lesão corporal.

Todavia, a mudança na ação penal não é isenta de críticas. Parte da doutrina, como Rogério Sanches Cunha (2017b), argumenta que retirar a capacidade de iniciativa da vítima, tornando a ação penal incondicionada, representa um retrocesso, sobretudo quando a vítima é uma pessoa capaz, não considerada vulnerável. A discussão enfatiza a colisão entre o interesse público na persecução penal e o direito à privacidade e intimidade da vítima.

Essa mudança colocou em evidência a autonomia da vítima na decisão de levar adiante a ação penal. Com efeito, a proteção à intimidade da vítima torna-se um ponto central na análise dessa mudança legislativa. A legislação deve garantir não apenas a punição do agressor, mas também o respeito à vontade da vítima em não ter sua vida exposta. A retirada da autonomia da vítima para decidir se quer ou não representar criminalmente pode comprometer sua dignidade e agravar os impactos psicológicos do crime.

A análise sob a ótica do direito constitucional evidencia o conflito entre a proteção da dignidade sexual da vítima e sua autonomia na decisão de levar adiante a ação penal. A lei, ao impor a ação penal pública incondicionada, pode desconsiderar a individualidade da vítima, tratando-a de maneira homogênea e desconsiderando seu direito à não exposição.

A experiência do processo criminal, muitas vezes, revitimiza a pessoa que já sofreu o crime. O "caso Mariana Ferrer" ilustra como o sistema pode ser insensível à vítima, levando à necessidade de medidas, como a Lei n. 14.245, de 22 de novembro de 2021, para coibir práticas atentatórias à dignidade da vítima. Portanto, é essencial equilibrar a busca por justiça com a proteção da vítima, assegurando seu direito à intimidade e à autonomia.

A discussão sobre a retroatividade dessas alterações é igualmente relevante. O princípio da irretroatividade da lei penal, salvo para beneficiar o réu, previsto no art. 2º do Código Penal, deve ser considerado. Assim, é importante distinguir se a norma é de natureza processual ou mista. Luis Gustavo Grandinetti Castanho de Carvalho argumenta que normas processuais com conteúdo material são alcançadas pelo direito intertemporal penal.

PRECEDENTES DESTACADOS NO TEMA ANALISADO

O segredo de justiça previsto no art. 234-B do Código Penal abrange o autor e a vítima de crimes sexuais, devendo constar da autuação apenas as iniciais de seus nomes.

Julgados STJ: HC n. 539.181/SP (Rel. Ministro Joel Ilan Paciornik, j. em 5/5/2020, DJe 13/5/2020); HC n.. 528.203/MG (Rel. Ministra Laurita Vaz, j. em 6/2/2020, DJe 21/2/2020); HC n. 476.341/SP, Rel. Ministro Sebastião Reis Júnior, j. em 20/8/2019, DJe 9/9/2019); HC n. 493.939/MS (Rel. Ministro Reynaldo Soares Da Fonseca, j. em 15/8/2019, DJe 30/8/2019); AgRg nos EDcl nos EDcl no AgRg no AREsp n. 1.214.459/SP (Rel. Ministro Nefi Cordeiro, j. em 11/6/2019, DJe 25/6/2019); AgRg no AREsp n. 891.801/DF (Rel. Ministro Ribeiro Dantas, j. em 4/4/2017, DJe 7/4/2017).

Capítulo 4

Crimes contra o patrimônio

4.1 Crimes contra o patrimônio na sociedade brasileira

Os chamados *crimes patrimoniais*, em seu conjunto, lideram as estatísticas de criminalidade e, de forma congruente, correspondem ao maior número de pessoas encarceradas por tipo de crime.

Realidade indissociavelmente ligada à marginalização econômica socialmente estruturada, ano após ano se reflete em números incrementados. Assim, por exemplo, tomando-se um recorte de cerca de cinco anos anteriores à edição desta obra, observam-se os seguintes dados:

> Entre 2020 e 2021, houve aumento na taxa de roubos e furtos de veículos em oito unidades da federação, sendo os destaques o estado do Maranhão, com aumento de 59,7% e Acre [...]. Em sentido oposto, houve uma queda relevante de -22,4% na taxa de Tocantins, -22% no Rio Grande do Sul e -21,7% no Rio Grande do Norte.
>
> Em outras modalidades de roubos, verificamos um sensível aumento no período aqui analisado: 6,5% nas taxas de roubo a estabelecimento comercial, 4,7% nas taxas de roubo a residência, aumento de 11% nas taxas de roubo a instituição financeira e aumento de 2,4% no roubo de carga. Nota-se, contudo, uma queda de 7,5% nas taxas de roubo a transeunte (no período anterior, 2019-2020, a queda foi de 36,2%). (Marques; Lagreca, 2022)

A lesão patrimonial recai, em particular, sobre determinados tipos de bens:

> entre 2020 e 2021, houve uma variação de +1,8% na taxa de roubos e de furtos de celulares por 100 mil habitantes, o que não foi suficiente para que a taxa retornasse aos patamares pré-pandemia. É preciso considerar 2021 como um ano proporcionalmente menos afetado pelas medidas sanitárias de restrição de circulação de pessoas por conta da Covid-19, quando comparado com o ano de 2020. Nesse cenário, foram registrados 847.313 celulares roubados ou furtados, o que equivale a ao menos um (1,6) celular roubado ou furtado por minuto no Brasil em 2021. (Marques; Lagreca, 2022)

Pondere-se que uma das formas mais comuns de crime patrimonial teve significativo avanço de ocorrência no período em análise:

> Entre 2018 e 2021, foram registrados 3,1 milhões de casos de estelionato. Em 2021, o número chegou a 1,2 milhão de registros, o que corresponde a um significativo aumento de 179,9% nas taxas, por 100 mil habitantes, em relação a 2018 (entre

> 2020 e 2021, o aumento foi de 36,3%). Vale ressaltar que não houve queda em nenhuma das UF no período. (Marques; Lagreca, 2022)

Merece particular destaque a criminalidade patrimonial ocorrida na pandemia, com todas as restrições de circulação impostas, visto que, como se verá em outro tópico, a tecnologia, que foi o mecanismo pelo qual se pôde manter o convívio, também impactou a prática da criminalidade aqui enfocada. Desse modo,

> As restrições de mobilidade impostas no contexto da pandemia de Covid-19 não impediram o crescimento dos registros de estelionato e parecem ter impulsionado sua prevalência. Os dados aqui apresentados reforçam um fenômeno que vem sendo discutido: estamos vivenciando mudanças significativas nas dinâmicas dos crimes contra o patrimônio, em direção a sua digitalização. A queda de roubos a transeuntes (-7,5%) e o crescimento de roubos e furtos de celulares (1,8%) estão, muito possivelmente, associados a essa dinâmica; o que indica que os dados de roubos e furtos de celulares retratam melhor os crimes cometidos em vias públicas e a sensação de segurança nos ambientes urbanos, como será discutido adiante. (Marques; Lagreca, 2022)

Assim, uma realidade que já era alarmante ganhou o incremento da tecnologia, cabendo destacar que

> O crime de estelionato em meio eletrônico foi tipificado apenas em 27 de maio de 2021, pela Lei nº 14.155/2021. Algumas UF já conseguem realizar sua mensuração. Embora com limitações, como o fato de que nove estados não terem informado os dados, neste primeiro levantamento foi possível identificar que, em 2021, foram registrados 60.590 casos de estelionato por fraude eletrônica. (Marques; Lagreca, 2022)

4.2 Crimes patrimoniais e pandemia

Como já apontado, a realidade pandêmica não foi capaz de modificar a incidência de crimes patrimoniais, que, por várias razões, teve seu perfil alterado, além de ter havido um registro significativo de ocorrências oriundas do agravamento da situação de pobreza, em particular a insegurança alimentar (FGV, 2022). Conforme descreve Machado (2021),

> Em 2020, cerca de 19 milhões de pessoas viviam em situação de fome no país, segundo o Inquérito Nacional sobre Insegurança Alimentar no Contexto da Pandemia da covid-19 no Brasil. Em 2018, eram 10,3 milhões. Ou seja, em dois anos houve uma alta de 84,4% (ou quase 9 milhões de pessoas a mais).

Particularmente os crimes patrimoniais receberam no período atenção diferenciada do Congresso, registrando-se a existência do Projeto de Lei (PL) n. 643/2020, que estabelece uma qualificadora para o crime de furto cometido em ocasião de incêndio, naufrágio, inundação ou qualquer calamidade pública ou desastre, incluindo acidentes automobilísticos[1], sendo-lhe apensados os PL n. 1.265/2020[2], PL n. 1.955/2020[3] e PL n. 3.385/2020[4].

Sem atentar para a situação do agravamento da pobreza, a referida iniciativa legislativa cuidou de agravar penas para situações de lesão patrimonial a estruturas ligadas à saúde. Detectada a ocorrência de inúmeras formas de violação patrimonial no período em questão, assim se posicionou o relator do PL na Câmara:

> É repugnante concluir que pessoas se aproveitam do estado de calamidade pública e de emergência em saúde pública instalado no país, com hospitais lotados e mais de trezentas mil vidas perdidas, para subtrair, roubar, ou desviar tanto bens em geral quanto bens afetos ao combate à pandemia do coronavírus. (Brasil, 2020)[5]

Indiferente aos fatos avolumados, tratou o Judiciário de lidar com a realidade, refletida em posições adotadas nos julgamentos de casos concretos:

> Uma pesquisa de jurisprudência no Superior Tribunal de Justiça mostra que, nesta quinta-feira (18/8), a corte registrava 20 acórdãos que concederam Habeas Corpus a acusados de furto famélico em vários estados brasileiros nos últimos três anos e 544 decisões monocráticas. Os delitos foram a subtração de, por exemplo, dois quilos de carne bovina em um supermercado, lata de achocolatado em outro, ou de um pote de margarina e até mesmo de banha de porco para cozinhar.
>
> Quando a pesquisa no STJ aborda o princípio da insignificância, os registros mostram 7.324 casos de acórdãos e 57.672 decisões monocráticas para o tema. Em uma pesquisa direta sobre furto de alimentos, a corte teve 24 acórdãos e 908 decisões monocráticas sobre esse tipo de delito. (Reina, 2022)

---

1 Autor: Deputado Junio Amaral.

2 Autor: Deputado Delegado Waldir PSL/GO. Estabelece que a pena de furto e roubo será aplicada em dobro caso o delito seja cometido durante estado de calamidade pública por ocasião de pandemia.

3 Autor: Deputado Dr. Frederico (Patriota/MG). Estabelece que a pena de furto e roubo será aplicada em dobro caso o delito seja cometido durante estado de calamidade pública por ocasião de pandemia decretada pela União e, no caso de roubo, dispõe que, se a vítima estiver em serviço de transporte desses equipamentos e o agente conhecer tais situações, haverá aumento de pena.

4 Torna qualificado o furto, o roubo e o peculato, quando o crime envolver equipamento hospitalar ou equipamento de proteção individual, estabelecendo penas específicas para hipóteses de epidemia e de pandemia.

5 Voto do Relator: Deputado Lucas Redecker.

4.3 O impacto da tecnologia nos crimes patrimoniais

A tecnologia tem forte impacto na prática dos crimes patrimoniais[6], como não poderia deixar de ser diante de sua incidência em todas as manifestações da vida em sociedade. Assim, há muito a dogmática discute a caracterização e a conceituação desse impacto.

No macrocontexto da cibersegurança, já se anotou que podem ser identificadas

> duas vertentes dentro da cibersegurança uma mais voltada para a Administração Pública (Segurança Pública Digital) e outra voltada para os particulares (Proteção de Dados Pessoais), sobre a primeira: Em princípio, a Segurança Pública Digital apoia no planejamento estratégico do combate às seguintes ameaças: ciberterrorismo, ataques a sites públicos, espionagem eletrônica entre países e instituições, fraude eletrônica (ataques a bancos e clientes do mercado financeiro), *identity thief* e estelionato digital, falsa identidade digital, uso de dados de terceiros, clonagem de cartão de crédito), tráfico de entorpecentes e pedofilia na Internet e nas mídias sociais. (Pinheiro, 2021, p. 32)

No campo da dogmática penal, já foi sugerido que a prática de crimes que envolvem o ambiente digital pode ser dividida em duas categorias (próprios e impróprios):

> 1] **crimes digitais próprios ou puros** (condutas proibidas por lei, sujeitas a pena criminal e que se voltam contra os sistemas informáticos e os dados. São também chamados de delitos de risco informático. São exemplos de crimes digitais próprios o acesso não autorizado (hacking), a disseminação de vírus e o embaraçamento ao funcionamento de sistemas.
>
> 2] **crimes digitais impróprios ou mistos** (condutas proibidas por lei, sujeitas a pena criminal e que se voltam contra os bens jurídicos que não sejam tecnológicos já tradicionais e protegidos pela legislação, como a vida, a liberdade, o patrimônio, etc). São exemplos de crimes digitais impróprios os contra a honra praticados na Internet, as condutas que envolvam trocas ou armazenamento de imagens com conteúdo de pornografia infantil, o estelionato e até mesmo o homicídio. (Crespo, 2015, grifo do original)

Como sempre se dá no ambiente dogmático, propostas com outros marcos metodológicos surgem, acarretando formas distintas de conceituação. Assim,

---

6 Na ampla literatura, ver o crescimento das reflexões nestas referências cronologicamente listadas: Vilela, 2010; Silva; Bezerra; Santos, 2016; Machado; Grott, 2022; Duarte; Almeida, 2023.

outra classificação acabou por ser apresentada, dividindo os crimes do âmbito informático em quatro categorias:

> a] crimes informáticos próprios: em que o bem jurídico ofendido é a tecnologia da informação em si. Para estes delitos, a legislação penal era lacunosa, sendo que, diante do princípio da reserva penal, muitas práticas não poderiam ser enquadradas criminalmente;
> b] crimes informáticos impróprios: em que a tecnologia da informação é o meio utilizado para agressão a bens jurídicos já protegidos pelo Código Penal brasileiro. Para estes delitos, a legislação criminal é suficiente, pois grande parte das condutas realizadas encontra correspondência em algum tipo penal;
> c] crimes informáticos mistos: são crimes complexos em que, além de proteção do bem jurídico informático (inviolabilidade dos dados), a legislação protege outro bem jurídico. Ocorre à existência de dois tipos penais distintos, cada qual protege um bem jurídico;
> d] crime informático mediato ou indireto: trata-se delito informático praticado para a ocorrência de um delito não informático consumando ao final. (Jesus; Milagre, 2016, p. 48)

Contudo, tais classificações parecem impactar pouco a renovação legislativa do tema a partir da Convenção de Budapeste, essencial para entender o enfrentamento jurídico do tema.

Fazendo uma análise crítica da compatibilidade da legislação pátria com o tema, Masseno (2023) aponta um contexto no mínimo preocupante:

> b] [os] Crimes informáticos [os Cibercrimes impróprios]
>
> [...] a fraude informática (Art. 8º) [...] "[...] quando praticado intencional e ilicitamente, o prejuízo patrimonial causado a outra pessoa por meio de: a) Qualquer introdução, alteração, eliminação ou supressão de dados informáticos; [ou] b) Qualquer interferência no funcionamento de um sistema informático, com a intenção de obter um benefício económico ilegítimo para si ou para terceiros.", com uma grande amplitude quanto aos bens jurídicos protegidos, embora sempre de natureza patrimonial mas, não corresponde à estrutura do "Estelionato", faltando a participação da vítima, incluindo a "Fraude eletrônica" (Arts. 171 caput e §2º-A do Código Penal, a segunda introduzida pela Lei n. 14.155, de 27 de maio de 2021), embora não exclua tais atos da sua previsão.

Ainda:

> enquanto o "Furto mediante fraude", entendido como uma forma qualificada de furto ("cometido por meio de dispositivo eletrônico ou informático, conectado

ou não à rede de computadores, com ou sem a violação de mecanismo de segurança ou [com] a utilização de programa malicioso, ou por qualquer outro meio fraudulento análogo", Art. 155 § 4°-B do Código Penal, também introduzido pela Lei n. 14.155, de 27 de maio de 2021), seria reformulado enquanto fraude informática a se [Aliás, com este novo tipo, o Legislador veio legitimar, a posteriori, a Jurisprudência do Superior Tribunal de Justiça, a qual (CC 40793, Rel. Min. José Arnaldo da Fonseca, 3ª Seção, DJ/STJ, 19/4/2004), equiparara por analogia a "subtração de valores de conta corrente, mediante transferência ou saque bancários, sem o consentimento do correntista" a um "Furto qualificado", apesar de os registros bancários não serem uma "coisa alheia móvel", nem a ação ser a de "subtrair" (Art. 155, caput do Código Penal), ao arrepio do Princípio da Tipicidade Penal (Art. 5° XXXIX da Constituição Federal e no Art. 1° do Código Penal)] (Masseno, 2023)

4.4 O fator etário para os crimes patrimoniais

A preocupação com a idade da vítima, sobretudo enquanto idosa, tem sido alvo de inúmeras tutelas penais, incluindo o âmbito patrimonial. Tanto é assim que a Lei n. 13.228, de 28 de dezembro de 2015, altera o Código Penal (CP) para estabelecer causa de aumento de pena para o caso de estelionato cometido contra idoso. Essa lei acrescentou o 4° parágrafo ao tipo penal do estelionato, estipulando uma causa de aumento quando cometido contra idoso. Como efeito, a escala penal passou a variar de dois a dez anos de reclusão quando aplicada a majorante. De acordo com o Estatuto do Idoso, regido pela Lei n. 10.741, de 1° de outubro de 2003, pessoa idosa é aquela com idade igual ou superior a 60 (sessenta) anos. Em seu art. 2°, preconiza que

> Art. 2° O idoso goza de todos os direitos fundamentais inerentes à pessoa humana, sem prejuízo da proteção integral de que trata esta Lei, assegurando-se-lhe, por lei ou por outros meios, todas as oportunidades e facilidades, para preservação de sua saúde física e mental e seu aperfeiçoamento moral, intelectual, espiritual e social, em condições de liberdade e dignidade. (Brasil, 2003)

O mesmo entendimento está presente na Política Nacional do Idoso (instituída pela Lei n. 8.842, de 4 de janeiro de 1994), que tem como objetivo assegurar os direitos sociais do idoso, entre os quais estão os direitos à saúde, ao trabalho, à assistência social, à educação, à cultura, ao esporte, à habitação e aos meios de transportes, criando condições para promover sua autonomia, integração e participação efetiva na sociedade. Por sua vez, o Estatuto do Idoso visa regular todos esses direitos, concedendo a quem tem 60 anos ou mais, por exemplo, atendimento preferencial em estabelecimentos públicos e privados e prioridade na formulação e na execução de políticas sociais públicas específicas (Cardoso, 2023).

4.5 A dimensão econômica do patrimônio

Falar em crime patrimonial pressupõe a adoção de alguns conceitos elementares a partir dos quais se parta para a tipificação primária.

No estudo dos crimes patrimoniais, há basicamente duas correntes que definem o patrimônio. A corrente chamada *privatística* defende a utilização do conceito proveniente do direito civil, sem influência do direito penal. Outros ramos do direito não devem modificar a essência do conceito, mas apenas reforçar sua tutela jurídica. Uma segunda corrente, denominada *autonomista*, considera o conceito de patrimônio para o direito penal independente de outros conceitos (Martinelli; Bem, 2023). Assim se posicionam esses autores:

> A nosso ver, não pode existir crime patrimonial se não há lesão a interesse. O jurídico apreciável economicamente. As relações jurídicas que não têm alguma função econômica não fazem parte do patrimônio e não são patrimoniais conceito de patrimônio exige a existência de um bem com valor econômico de troca. Ao mesmo tempo, a atribuição desse mesmo bem ao titular (titularidade) não pode ser meramente de fato, mas sim reconhecida – ou ao menos não negada – pelo Direito. Patrimônio deve ser entendido como a soma dos valores econômicos colocados à disposição de um sujeito mediante a proteção do ordenamento jurídico. (Martinelli; Bem, 2023, p. 256)

Portanto,

> para o fato ser típico não basta a tipicidade formal – encaixe na descrição típica – é necessário um grau mínimo de perigo ou lesividade ao objeto jurídico tutelado. A partir dessa concepção, que fortalece a ideia de um direito penal como delimitador do poder punitivo do Estado, não é qualquer lesão ao patrimônio que interessa ao aparato repressivo. Deve-se, portanto, interpretar o fato concreto para apreciar se há tipicidade material quando houver a tipicidade formal, em especial nos crimes patrimoniais. (Martinelli; Bem, 2023, p. 256)

Chega-se, assim, a um dos pontos mais significativos das discussões sobre os crimes patrimoniais: a ideia da insignificância da lesão patrimonial, que tem como consequência a própria atipicidade (material) da conduta.

É vasta a literatura sobre o assunto, e seu recenseamento histórico apenas demonstraria o profundo hiato entre suas conclusões e a prática. Mas, de maneira geral, quanto a esta última, identificada com o "direito vivo", constata-se:

> Ainda sobre a jurisprudência dos Tribunais Superiores acerca da insignificância, é claramente perceptível verdadeiro esforço no sentido de dificultar seu reconhecimento. Alude-se, nessas Cortes, a requisitos cumulativos como "mínima ofensividade da conduta", "nenhuma periculosidade social", "inexpressividade da lesão" e "reduzidíssimo grau de reprovabilidade do comportamento" para afastar a incidência da insignificância em casos cujo prejuízo da conduta de subtração não violenta é de R$ 15,00. (Jorio, 2023, p. 238)

Conclui-se, então, que

> Os critérios, além de visivelmente redundantes, não dizem nada, mas permitem que se diga tudo. Se a ofensividade é mínima, é óbvio que a lesão será inexpressiva e, consequentemente, não haverá periculosidade social, o que conduz, necessariamente, à impossibilidade de reprovar-se a conduta. Mas essas frases ocas e perniciosas se prestam ao papel panfletário de afastar o princípio com base na mera invocação genérica. (Jorio, 2023, p. 238)

O mais recente enfretamento no âmbito do Supremo Tribunal Federal (STF) deu-se em julgado que tem como ponto central a seguinte constatação:

> o princípio da insignificância – como fator de descaracterização material da própria tipicidade penal – tem sido acolhido pelo magistério jurisprudencial desta Suprema Corte (HC 87.478/PA, Rel. Min. EROS GRAU – HC 92.463/RS, Rel. Min. CELSO DE MELLO – HC 94.505/RS, Rel. Min. CELSO DE MELLO – HC 94.772/RS, Rel. Min. CELSO DE MELLO – HC 95.957/RS, Rel. Min. CELSO DE MELLO, v.g.), como resulta claro de decisão que restou consubstanciada em acórdão assim ementado:
>
> "PRINCÍPIO DA INSIGNIFICÂNCIA – IDENTIFICAÇÃO DOS VETORES CUJA PRESENÇA LEGITIMA O RECONHECIMENTO DESSE POSTULADO DE POLÍTICA CRIMINAL – CONSEQUENTE DESCARACTERIZAÇÃO DA TIPICIDADE PENAL EM SEU ASPECTO MATERIAL – DELITO DE FURTO – CONDENAÇÃO IMPOSTA A JOVEM DESEMPREGADO, COM APENAS 19 ANOS DE IDADE – 'RES FURTIVA' NO VALOR DE R$ 25,00 (EQUIVALENTE A 9,61% DO SALÁRIO MÍNIMO ATUALMENTE EM VIGOR) – DOUTRINA – CONSIDERAÇÕES EM TORNO DA JURISPRUDÊNCIA DO STF – PEDIDO DEFERIDO. O PRINCÍPIO DA INSIGNIFICÂNCIA QUALIFICA-SE COMO FATOR DE DESCARACTERIZAÇÃO

MATERIAL DA TIPICIDADE PENAL – O princípio da insignificância – que deve ser analisado em conexão com os postulados da fragmentariedade e da intervenção mínima do Estado em matéria penal – tem o sentido de excluir ou de afastar a própria tipicidade penal, examinada na perspectiva de seu caráter material. Doutrina. Tal postulado – que considera necessária, na aferição do relevo material da tipicidade penal, a presença de certos vetores, tais como (a) a mínima ofensividade da conduta do agente, (b) a nenhuma periculosidade social da ação, (c) o reduzidíssimo grau de reprovabilidade do comportamento e (d) a inexpressividade da lesão jurídica provocada – apoiou-se, em seu processo de formulação teórica, no reconhecimento de que o caráter subsidiário do sistema penal reclama e impõe, em função dos próprios objetivos por ele visados, a intervenção mínima do Poder Público". (STF, AgReg no HC n. 155.920/MG, Rel. Min. Celso De Mello)

4.6 Crimes contra o patrimônio e reincidência

Conforme Carillo et al. (2022, p. 16),

> São considerados reincidentes internos do sistema prisional que são réus em mais de um processo criminal no período analisado.
>
> É importante salientar que esse indicador genérico é construído apenas para réus que estiveram internados em unidade penitenciária e nos fornece uma medida de quantos deles voltaram a ser réu em processo penal após saída da unidade penal por progressão de pena ou ordem judicial.

Tabela 4.1 Crimes mais comuns após primeiro crime relacionado a drogas, roubo, furto, ameaça e lesão

Primeiro crime	**Crimes posteriores**				
Drogas	Drogas (24%)	Roubo (7%)	Furto (5%)	Armas (3%)	Homicídio (3%)
Roubo	Roubo (27%)	Furto (8%)	Drogas (6%)	Receptação (3%)	Armas (3%)
Furto	Furto (35%)	Roubo (9%)	Drogas (5%)	Ameaça (4%)	Receptação (3%)
Ameaça	Ameaça (21%)	Lesão (10%)	Furto (7%)	Roubo (5%)	Drogas (4%)
Lesão	Lesão (18%)	Ameaça (16%)	Furto (6%)	Roubo (6%)	Drogas (4%)

Fonte: Carillo et al., 2022, p. 19.

4.7.1 Furto

Base normativa no Código Penal

TÍTULO II
DOS CRIMES CONTRA O PATRIMÔNIO
CAPÍTULO I
DO FURTO
Furto

Art. 155. Subtrair, para si ou para outrem, coisa alheia móvel:

Pena – reclusão, de um a quatro anos, e multa.

§ 1º A pena aumenta-se de um terço, se o crime é praticado durante o repouso noturno.

§ 2º Se o criminoso é primário, e é de pequeno valor a coisa furtada, o juiz pode substituir a pena de reclusão pela de detenção, diminuí-la de um a dois terços, ou aplicar somente a pena de multa.

§ 3º Equipara-se à coisa móvel a energia elétrica ou qualquer outra que tenha valor econômico.

Furto qualificado

§ 4º A pena é de reclusão de dois a oito anos, e multa, se o crime é cometido:

I – com destruição ou rompimento de obstáculo à subtração da coisa;

II – com abuso de confiança, ou mediante fraude, escalada ou destreza;

III – com emprego de chave falsa;

IV – mediante concurso de duas ou mais pessoas.

§ 4º-A. A pena é de reclusão de 4 (quatro) a 10 (dez) anos e multa, se houver emprego de explosivo ou de artefato análogo que cause perigo comum. (Incluído pela Lei n. 13.654, de 2018)

§ 4º-B. A pena é de reclusão, de 4 (quatro) a 8 (oito) anos, e multa, se o furto mediante fraude é cometido por meio de dispositivo eletrônico ou informático, conectado ou não à rede de computadores, com ou sem a violação de mecanismo de segurança ou a utilização de programa malicioso, ou por qualquer outro meio fraudulento análogo. (Incluído pela Lei n. 14.155, de 2021)

§ 4º-C. A pena prevista no § 4º-B deste artigo, considerada a relevância do resultado gravoso: (Incluído pela Lei n. 14.155, de 2021)

I – aumenta-se de 1/3 (um terço) a 2/3 (dois terços), se o crime é praticado mediante a utilização de servidor mantido fora do território nacional; (Incluído pela Lei n. 14.155, de 2021)

II – aumenta-se de 1/3 (um terço) ao dobro, se o crime é praticado contra idoso ou vulnerável. (Incluído pela Lei n. 14.155, de 2021)

§ 5º A pena é de reclusão de três a oito anos, se a subtração for de veículo automotor que venha a ser transportado para outro Estado ou para o exterior. (Incluído pela Lei n. 9.426, de 1996)

§ 6º A pena é de reclusão de 2 (dois) a 5 (cinco) anos se a subtração for de semovente domesticável de produção, ainda que abatido ou dividido em partes no local da subtração. (Incluído pela Lei n. 13.330, de 2016)

§ 7º A pena é de reclusão de 4 (quatro) a 10 (dez) anos e multa, se a subtração for de substâncias explosivas ou de acessórios que, conjunta ou isoladamente, possibilitem sua fabricação, montagem ou emprego. (Incluído pela Lei n. 13.654, de 2018)

Furto de coisa comum

Art. 156. Subtrair o condômino, co-herdeiro ou sócio, para si ou para outrem, a quem legitimamente a detém, a coisa comum:

Pena – detenção, de seis meses a dois anos, ou multa.

§ 1º Somente se procede mediante representação.

§ 2º Não é punível a subtração de coisa comum fungível, cujo valor não excede a quota a que tem direito o agente.

Fonte: Brasil, 1940.

Quanto à **estrutura fundamental do tipo penal do furto**, como foi inserido no título "Dos Crimes contra o Patrimônio", é forçoso identificar a concepção de *patrimônio* que o direito penal busca proteger. Conforme abalizada posição doutrinária, a "ideia de valor econômico não coincide necessariamente com a de patrimônio, ao menos para fins penais. De modo que coisas de caráter puramente afetivo podem e devem ser tuteladas pelo Direito Penal, já que integram o patrimônio de alguém, embora não sejam economicamente apreciáveis" (Souza; Japiassú, 2022).

Sendo algo mais que "valor econômico", cumpre cifrar que a doutrina penal já apontou, ao menos, cinco possíveis formas de se compreender o conceito de patrimônio: "jurídica, econômica, jurídico-econômica ou mista, pessoal e funcional. Para a primeira, compõe o patrimônio o conjunto de direitos patrimoniais de uma pessoa, sendo a tutela penal um prolongamento dos direitos subjetivos" (Prado, 2024, p. 544).

Com efeito, a palavra *patrimônio*, para o direito contemporâneo, tem um sentido muito mais amplo que o imaginado no momento em que o Código Penal entrou em vigor. Construções jurídicas como patrimônio ambiental, patrimônio cultural e patrimônio genético exigiram a criação de tipos penais próprios no campo de cada uma dessas novas realidades sociais.

Crime doloso por essência, o furto tende a proteger não apenas o proprietário como também o possuidor e o detentor, estes últimos, aliás, sujeitos passivos no crime em questão, menos quando o verbo típico for praticado pelo próprio proprietário, que não comete o crime posto que a coisa não é alheia, mas sua, ainda que na posse ou detenção de terceiros. Nesse caso, eventual conduta do proprietário pode gerar indenização civil.

A rotulação do furto como **crime hediondo** nasce da conjugação entre a criação do parágrafo 4º-A no art. 155 pela Lei n. 13.654, de 23 de abril de 2018, e a disposição contida na Lei n. 13.964, de 24 de dezembro de 2019 (denominada *Pacote Anticrime*).

A criação dessa norma está fortemente vinculada ao aumento de casos de furto de caixas eletrônicos, com amplo destaque da mídia[7] e, assim, repercussão na atividade parlamentar.[8]

PRECEDENTES DESTACADOS NO TEMA ANALISADO

1) TIPICIDADE MATERIAL DO FURTO – ACOLHIMENTO

Tipicidade formal e ausência de tipicidade material. Furto de coisa descartada, pois já usada pelo titular do patrimônio. Objeto do delito avaliado em menos de R$ 20,00. Excepcionalidade do caso. [...] No caso, o ato de se apoderar de cápsulas de projéteis e fragmentos de chumbo (imprestáveis, é bom que se diga, para causar qualquer lesão à segurança da coletividade), no âmbito da administração militar, é de ser considerado como infração de bagatela, a ponto de excluir a tipicidade da conduta dos agentes e, via de consequência, o ius puniendi estatal. (STF, RHC n. 97.816, Rel. Min. Ayres Britto, j. em 12/4/2011, DJe 17/10/2011)

Crime de tentativa de furto (caput do art. 155, c/c inciso II do art. 14 do CP). Bijuterias que não superam o valor de R$ 140,00. Alegada incidência do princípio da insignificância penal. Atipicidade material da conduta, por se tratar de um indiferente penal. Procedência da alegação. Análise objetiva. Ordem concedida. Para que se dê a incidência da norma penal, não basta a mera adequação formal do fato empírico ao tipo legal. É preciso que a conduta delituosa se contraponha, em substância, ao tipo em causa. Pena de se provocar a desnecessária mobilização de uma máquina custosa, delicada e ao mesmo tempo complexa como é o aparato de poder em que o Judiciário

7 Ver, por exemplo, em: <https://www1.folha.uol.com.br/mercado/2019/04/explosao-de-caixas-eletronicos-vira-rotina-no-brasil-e-desafia-bancos.shtml>.

8 Sobre a justificação do Projeto de Lei da Câmara (PLC) n. 24/2015, ver: <https://legis.senado.leg.br/sdleg-getter/documento?dm=3788402&ts=1674175417516&disposition=inline>.

consiste. Poder que não é de ser acionado para, afinal, não ter o que substancialmente tutelar. No caso, a inexpressividade financeira do objeto que se tentou furtar salta aos olhos. Risco de um desfalque praticamente nulo no patrimônio da suposta vítima, que, por isso mesmo, nenhum sentimento de impunidade experimentará com o reconhecimento da atipicidade da conduta da acusada. (STF, HC n. 106.957, Rel. Min. Ayres Britto, j. em 29/3/2011, 2ª T, DJE 7/12/2011)

A jurisprudência desta Corte Superior de Justiça é no sentido de que, tratando-se de crimes em continuidade delitiva, o valor a ser considerado para fins de concessão do privilégio (artigos 155, §2°, e 171, §1°, do CP) é a soma da vantagem obtida pelo agente do crime. Precedentes". (STJ, AgRg no AREsp 712.222/MG, j. em 3/11/2015)

2) Inaplicabilidade – Princípio da insignificância

Furto. Princípio da insignificância. Inaplicabilidade. Reiterância delitiva. Substituição da pena corporal por restritiva de direitos. Concessão de ofício. A orientação firmada pelo Plenário do STF é no sentido de que a aferição da insignificância da conduta como requisito negativo da tipicidade, em crimes contra o patrimônio, envolve um juízo amplo, que vai além da simples aferição do resultado material da conduta, abrangendo também a reincidência ou contumácia do agente, elementos que, embora não determinantes, devem ser considerados (HC 123.533, Relator Min. ROBERTO BARROSO, Tribunal Pleno, DJe de 18/2/2016). Busca-se, desse modo, evitar que ações típicas de pequena significação passem a ser consideradas penalmente lícitas e imunes a qualquer espécie de repressão estatal, perdendo-se de vista as relevantes consequências jurídicas e sociais desse fato decorrentes. A aplicação do princípio da insignificância não depende apenas da magnitude do resultado da conduta. Essa ideia se reforça pelo fato de já haver previsão na legislação penal da possibilidade de mensuração da gravidade da ação, o que, embora sem excluir a tipicidade da conduta, pode desembocar em significativo abrandamento da pena ou até mesmo na mitigação da persecução penal. Não se mostra possível acatar a tese de atipicidade material da conduta, pois não há como afastar o elevado nível de reprovabilidade assentado pelas instâncias antecedentes, ainda mais considerando os registros do Tribunal local dando conta de que o réu possui diversos registros criminais, ostentando, inclusive, uma condenação com trânsito em julgado por delito de natureza patrimonial, o que desautoriza a aplicação do princípio da insignificância, na linha da jurisprudência desta CORTE. Quanto ao modo de cumprimento da reprimenda penal, há quadro de constrangimento ilegal a ser corrigido de ofício. A imposição do regime inicial semiaberto, com arrimo na reincidência, parece colidir com a proporcionalidade na escolha do regime que melhor se coadune com as circunstâncias da conduta de furto de bem pertencente a estabelecimento comercial, avaliado em R$ 31,20 (trinta e um reais e vinte centavos). Acrescente-se que as circunstâncias judiciais são favoráveis, razão por que a pena-base fora estabelecida no mínimo legal (cf. HC 123.533, Tribunal Pleno, Rel. Min. ROBERTO BARROSO), de modo que a conversão da reprimenda corporal por restritivas de direito melhor se amolda à espécie. (STF, HC n. 137.217, Rel. p/ o ac. Min. Alexandre de Moraes, j. em 28/8/2018, 1ª T, DJe 23/11/2018)

Furto. Bem de pequeno valor (R$ 315,19). Infração penal praticada por militar, em concurso de agentes, visando a subtrair coisa alheia móvel pertencente ao patrimônio sob administração militar, consistente em peças novas de fardamento militar. Aplicação do princípio da insignificância. Impossibilidade. Reprovabilidade da conduta. [HC 107.431, rel. min. Gilmar Mendes, j. 3-5-2011, 2ª T, DJE de 20-5-2011.] (STF, HC n. 108.884, Rel. Min. Rosa Weber, j. em 12/6/2012, 2ª T, DJe 27/6/2012)

[...] 3. Malgrado o pequeno valor da res furtiva, tendo o delito sido praticado mediante escalada e durante o repouso noturno, resta demonstrada maior reprovabilidade da conduta, o que obsta a aplicação do Princípio da Insignificância. Precedentes.

4. A Quinta Turma reconhece que o princípio da insignificância não tem aplicabilidade em casos de reiteração da conduta delitiva, salvo excepcionalmente, quando demonstrado ser tal medida recomendável diante das circunstâncias concretas [...]. (STJ, HC 605.552/SP, j. em 6/10/2020)

"[...] 3. O princípio da insignificância é verdadeiro benefício na esfera penal, razão pela qual não há como deixar de se analisar o passado criminoso do agente, sob pena de se instigar a multiplicação de pequenos crimes pelo mesmo autor, os quais se tornariam inatingíveis pelo ordenamento penal. Imprescindível, no caso concreto, porquanto, de plano, aquele que é contumaz na prática de crimes não faz jus a benesses jurídicas.

4. Na espécie, a conduta é referente a um furto qualificado pelo concurso de agentes de produtos alimentícios avaliados em R$ 62,29. 5. Assim, muito embora a presença da qualificadora possa, à primeira vista, impedir

o reconhecimento da atipicidade material da conduta, a análise conjunta das circunstâncias demonstra a ausência de lesividade do fato imputado, recomendando a aplicação do princípio da insignificância [...]". (STJ, HC 553.872/SP, j. em 11/2/2020)

A conduta delituosa praticada na modalidade de concurso de pessoas e a habitualidade criminosa impedem a aplicação do princípio da insignificância. (STJ, 5ª Turma: AgRg no HC 588.222/SC, j. em 13/10/2020)

1. A aplicabilidade do princípio da insignificância deve observar as peculiaridades do caso concreto, de forma a aferir o potencial grau de reprovabilidade da conduta, buscando identificar a necessidade ou não da utilização do direito penal como resposta estatal.
2. Diante do caráter fragmentário do direito penal moderno, somente justificam a efetiva movimentação da máquina estatal os casos que implicam lesões de significativa gravidade. É certo, porém, que o pequeno valor da vantagem patrimonial ilícita não se traduz, automaticamente, no reconhecimento do crime de bagatela.
3. No caso, o Paciente possui maus antecedentes e é reincidente (possui outras condenações pela prática de crimes contra o patrimônio). Desse modo, constatada a habitualidade delitiva em crimes patrimoniais, revela-se impossível a aplicação do princípio da insignificância no caso concreto, ante a evidente reprovabilidade da conduta. 4. Ademais, o Paciente foi condenado pela prática do crime de furto qualificado, o que também afasta a aplicação do princípio da insignificância. Precedentes. 5. Agravo regimental desprovido. (6ª Turma: AgRg no HC 597.537/SP, j. em 7/12/2020)

4.7.1.1 Furto privilegiado

Para reconhecimento do crime de furto privilegiado, é indiferente que o bem furtado tenha sido restituído à vítima, pois o critério legal para o reconhecimento do privilégio é somente o pequeno valor da coisa subtraída.

O furto é privilegiado (art. 155, § 2º, CP) se o criminoso é primário e é de pequeno valor a coisa furtada. A análise do requisito objetivo não é baseada na eventual restituição ou na reparação do dano, mas no valor mesmo do objeto.

A Súmula n. 511 do Superior Tribunal de Justiça (STJ) assim determina: "se estiverem presentes a primariedade do agente, o pequeno valor da coisa e a qualificadora for de ordem objetiva" (STJ, 2024).

Precedentes destacados no tema analisado

A aplicação do privilégio previsto no § 2º do art. 155 do Código Penal exige a conjugação de dois requisitos objetivos, quais sejam, a primariedade do réu e o pequeno valor da coisa furtada, que, na linha do entendimento pacífico desta Corte Superior de Justiça, deve ter como parâmetro o valor do salário mínimo vigente à época dos fatos, sendo indiferente que o bem seja restituído à vítima. Precedentes. Hipótese em que as instâncias ordinárias assentaram que o bem subtraído possuía valor estimado de R$ 2.000,00, montante superior ao valor do salário mínimo à época dos fatos (R$ 954,00), motivo pelo qual é inviável o reconhecimento da forma privilegiada. (STJ, AgRg no HC 583.651/SC, j. em 23/06/2020).

1. O princípio da insignificância jamais pode surgir como elemento gerador de impunidade, mormente em se tratando de crime contra o patrimônio, pouco importando se o valor da res furtiva seja de pequena monta, até porque não se pode confundir bem de pequeno valor com o de valor insignificante ou irrisório, já que para aquela primeira situação existe o privilégio insculpido no § 2º do artigo 155 do Código Penal.
2. Para a verificação da lesividade mínima da conduta, apta a torná-la atípica, deve-se levar em consideração a mínima ofensividade da conduta do agente; a ausência de periculosidade social da ação; o reduzido grau de reprovabilidade do comportamento; e a inexpressividade da lesão jurídica provocada.
3. A aplicação do princípio da insignificância demanda o exame do preenchimento de certos requisitos objetivos e subjetivos, traduzidos no reduzido valor do bem tutelado e na favorabilidade das circunstâncias em que foi cometido o fato criminoso e de suas consequências jurídicas e sociais.
4. Caso em que se verifica se tratar de situação que atrai a incidência excepcional do princípio da insignificância, consideradas a primariedade do réu e as circunstâncias em que o delito ocorreu (tentativa de furto simples de tubos de desodorante contra estabelecimento comercial), o valor reduzido da res furtiva e a natureza do bem subtraído.
5. Agravo regimental desprovido. (STJ, AgRg no AgRg no REsp 1.705.182/RJ, j. em 28/5/2019)

Na hipótese, tendo em vista o valor da res furtivae, avaliada em R$ 107,67, portanto, superior a 10% do salário-mínimo à época do fato, em 2019, que correspondia a R$ 998,00, resta superado o critério adotado pela jurisprudência e, ausente, pois, o requisito da inexpressividade da lesão ao bem jurídico. Tais circunstâncias, decerto, obstam o reconhecimento da atipicidade material. (STJ, AgRg no HC 626.351/SC, j. em 15/12/2020)

1. Quando o Magistrado reconhece a figura do furto privilegiado, deve declinar as suas razões para optar por quaisquer dos privilégios constantes no § 2.º do art. 155 do Código Penal. A inobservância dessa regra ofende o preceito contido no art. 93, inciso IX, da Constituição da República.
2. No caso, as instâncias ordinárias justificaram a opção por um dos benefícios previstos no § 2.º do art. 155 do Código Penal a partir das circunstâncias do caso concreto – considerando que "a pena pecuniária, na hipótese, não poderá ser arcada pelo acusado, diante de sua condição de hipossuficiente" –, em atendimento ao preceito contido no art. 93, inciso IX, da Constituição da República, de modo que não há constrangimento ilegal a ser sanado.
3. Nos termos da jurisprudência do Superior Tribunal de Justiça, "Não merece reparo o acórdão recorrido que, aplicando o privilégio estabelecido no § 2º do art. 155 do CP, e visando o caráter retributivo da pena, que não seria alcançado caso fosse aplicada a pena de multa, reduziu a sanção reclusiva imposta, justificando que a pena pecuniária, na hipótese, não poderia ser arcada pelo réu, diante de sua falta de condições financeiras" (AgRg no REsp 1.781.675/SC, Rel. Ministro REYNALDO SOARES DA FONSECA, QUINTA TURMA, julgado em 19/02/2019, DJe 01/03/2019).
4. Conforme orientação jurisprudencial desta Corte, "[s]e ao tipo penal é cominada pena de multa cumulativa com a pena privativa de liberdade substituída, não se mostra socialmente recomendável a aplicação da multa substitutiva prevista no art. 44, §2º, 2ª parte do Código Penal" (AgRg no HC 415.618/SC, Rel. Ministro JORGE MUSSI, QUINTA TURMA, julgado em 15/05/2018, DJe 04/06/2018). 5. Agravo regimental desprovido. (STJ, AgRg no HC n. 582.516/SC, j. em 23/6/2020)

Em relação à figura do furto privilegiado, o art. 155, § 2º, do Código Penal impõe a aplicação do benefício penal na hipótese de adimplemento dos requisitos legais da primariedade e do pequeno valor do bem furtado, assim considerado aquele inferior ao salário mínimo ao tempo do fato. Trata-se, em verdade, de direito subjetivo do réu, não configurando mera faculdade do julgador a sua concessão, embora o dispositivo legal empregue o verbo 'poder'. (STJ, HC n. 583.023/SC, j. em 4/8/2020)

4.7.1.2 Consumação e tentativa

Consuma-se o crime de furto com a posse de fato da *res furtiva*, ainda que por breve espaço de tempo e seguida de perseguição ao agente, sendo prescindível a posse mansa e pacífica ou desvigiada. Há quatro correntes a respeito da consumação no crime de furto:

1] *Contrectatio* – A consumação se dá pelo simples contato entre o agente e a coisa alheia, dispensando o deslocamento.
2] *Amotio* (ou *apprehensio*) – Ocorre a consumação quando a coisa subtraída passa para o poder do agente, mesmo que num curto espaço de tempo, independentemente de deslocamento ou posse mansa e pacífica.
3] *Ablatio* – A consumação ocorre quando o agente, depois de apoderar-se da coisa, consegue deslocá-la de um lugar para outro.
4] *Ilatio* – Para ocorrer a consumação, a coisa deve ser levada ao local desejado pelo ladrão para ser mantida a salvo.

O STJ adota a *amotio*:

> 4. Acerca do momento consumativo do crime de roubo e de furto, é assente a adoção da teoria da amotio por esta Corte e pelo Supremo Tribunal Federal, segundo a qual os referidos crimes patrimoniais se consumam no momento da inversão da posse, tornando-se o agente efetivo possuidor da coisa, ainda que não seja de forma mansa e pacífica, sendo prescindível que o objeto subtraído saia da esfera de vigilância da vítima ou que seja devolvido pouco tempo depois.
>
> 5. O crime de furto em questão se consumou, porquanto houve a efetiva inversão da posse do bem, malgrado o celular tenha sido devolvido à vítima logo após o injusto, devido à apreensão dos réus em flagrante. (STJ, 5ª Turma, HC 618.290/RJ, j. em 17/11/2020)
>
> Conforme a pacífica jurisprudência desta Corte Superior, consuma-se o crime de furto com a posse de fato da res furtiva, ainda que por breve espaço de tempo, sendo prescindível a posse mansa e pacífica ou desvigiada. (STJ, 6ª Turma: AgRg no REsp 1.894.347/SP, j. em 7/12/2020)

4.7.1.3 Formas qualificadas: rompimento de obstáculos

Segundo a doutrina, para qualificar o crime de furto, o rompimento de obstáculo há de ser exterior à coisa subtraída. Se a violência é exercida contra o próprio objeto visado, não incide a qualificadora. Seguindo essa lição, temos que o rompimento do vidro do veículo para subtraí-lo constitui violência contra a própria coisa objeto da subtração, razão pela qual não se qualifica o furto. Daí surge a inevitável indagação: Se destruir o vidro não qualifica o delito quando a coisa visada é o próprio veículo, qualifica no caso de se visar à subtração do aparelho de som, por exemplo? De acordo com o STJ, sim:

> Pretensão desclassificatória da conduta qualificada para o tipo básico. Cumpre esclarecer que jurisprudência do Tribunal da Cidadania é no sentido de que é "de rigor a incidência da qualificadora do inciso I do § 4° do art. 155 do CP quando o agente, visando subtrair aparelho sonoro localizado no interior do veículo, quebra o vidro da janela do automóvel para atingir o seu intento, primeiro porque este obstáculo dificultava a ação do autor, segundo porque o vidro não é parte integrante da res furtiva visada, no caso, o som automotivo" (EREsp n. 1.079.847/SP, Terceira Seção, Rel. Min. Jorge Mussi, DJe de 05/09/2013). Precedentes". (STJ, HC 509.594/SP, j. em 6/6/2019)

O furto é qualificado quando utilizada em sua execução chave falsa. Como ensina Damásio de Jesus (2016, p. 329), chave falsa "é todo o instrumento, com ou sem forma de chave, destinado a abrir fechaduras. Ex.: gazuas, grampos, pregos, arame etc.". É o mesmo que tem decidido o STJ:

> No que se refere ao furto qualificado pelo emprego de chave falsa, a jurisprudência desta Corte tem se manifestado no sentido de "o conceito de chave falsa abrange todo o instrumento, com ou sem forma de chave, utilizado como dispositivo para abrir fechadura, incluindo mixas. (STJ, HC n. 101.495/MG, Rel. Min. Napoleão Nunes Maia Filho, DJe 25/8/2008)

Entendendo o tribunal de origem que o crime foi cometido com o uso de chave mixa, impossível o afastamento da qualificadora (STJ, HC n. 200.126/SP, j. em 28/4/2015).

Precedentes destacados no tema analisado

1. A jurisprudência do Superior Tribunal de Justiça é assente no sentido de que a incidência das qualificadoras previstas no art. 155, § 4°, inciso I e II, do Código Penal exige exame pericial para a comprovação do rompimento de obstáculo e da escalada, somente admitindo-se prova indireta quando justificada a impossibilidade de realização do laudo direto. Nesse sentido: AgRg no REsp 1.513.004/RS, Rel. Ministro REYNALDO SOARES DA FONSECA, QUINTA TURMA, julgado em 1°/10/2015, DJe 7/10/2015; AgRg no HC 300.808/TO, Rel. Ministro SEBASTIÃO REIS JÚNIOR, SEXTA TURMA, julgado em 17/3/2015, DJe 26/3/2015.
2. No caso, considerando o decurso de prazo entre o fato delitivo e o exame, foi confeccionada perícia indireta dos vestígios no local do crime, na qual

foi atestado que a janela do alçapão da obra estava parcialmente danificada e que o cadeado estava no chão totalmente destruído, o que implicou reconhecimento do arrombamento, além de ter sido constado que a escalada seria a única maneira de ingressar no imóvel. Importa destacar, ainda, que a perícia restou assinada por dois peritos.

3. Além do auto de constatação, a incidência das qualificadoras foi reconhecida com fundamento em testemunhos e pela confissão do réu – que admitiu durante o inquérito e em juízo ter arrombado parcialmente uma janela e quebrado um cadeado, além de ter escalado o muro do imóvel –, elementos probantes admitidos pela jurisprudência desta Corte Superior para a incidência do inciso art. 155, § 4°, I e II, do Código Penal.

4. Agravo regimental desprovido. (STJ, AgRg no HC n. 573.801/MS, j. em 18/8/2020)

1. 'Estando devidamente demonstrada a existência de provas referentes à utilização da escalada para realizar o furto, por meio de filmagem, fotos e testemunhos, ainda que não tenha sido realizado exame de corpo de delito – o qual pode ser suprido pela prova testemunhal, nos termos do que disciplina o art. 167 do Código de Processo Penal –, não há se falar em violação ao art. 155, § 4°, inciso II, do Código Penal, encontrando-se, dessarte, legalmente comprovada a materialidade. Não pode o processo penal andar em descompasso com a realidade, desconsiderando-se elementos de prova mais modernos e reiteradamente usados' (REsp n. 1.392.386/RS, relator Ministro MARCO AURÉLIO BELLIZZE, QUINTA TURMA, julgado em 3/9/2013, DJe 9/9/2013).

2. No caso dos autos, consta do acórdão recorrido que o delito foi registrado por meio de gravação audiovisual, corroborada pelo depoimento da vítima em juízo, bem como pelo relatório de investigação. Desse modo, não há que se falar no decote da qualificadora referente ao rompimento de obstáculo.

3. Agravo regimental desprovido. (STJ, AgRg no HC n. 601.270/SC, j. em 20/10/2020)

4.7.1.4 Continuidade delitiva entre furto e roubo

Atualmente, o STJ se orienta no sentido de que devem ser considerados da mesma espécie os delitos que protegem o mesmo bem jurídico (AgRg no REsp n. 1.562.088/MG, j. em 16/10/2018). Não obstante seja o caso do furto e do roubo – pois tutelam ambos o patrimônio –, não é possível, ainda assim, reconhecer a continuidade delitiva porque, para isso, é imprescindível a semelhança no *modus operandi* de que lança mão o criminoso no cometimento das várias infrações penais. Se os delitos diferem muito um do outro na forma de cometimento – como se diferem o furto e o roubo, no qual se emprega violência ou ameaça –, ainda que sejam da mesma espécie, não é possível aplicar o benefício da continuidade.

4.7.2 Roubo

Base normativa no Código Penal

Art. 157. Subtrair coisa móvel alheia, para si ou para outrem, mediante grave ameaça ou violência a pessoa, ou depois de havê-la, por qualquer meio, reduzido à impossibilidade de resistência:

Pena – reclusão, de quatro a dez anos, e multa.

§ 1º Na mesma pena incorre quem, logo depois de subtraída a coisa, emprega violência contra pessoa ou grave ameaça, a fim de assegurar a impunidade do crime ou a detenção da coisa para si ou para terceiro.

§ 2º A pena aumenta-se de 1/3 (um terço) até metade: (Redação dada pela Lei n. 13.654, de 2018)

I – (revogado); (Redação dada pela Lei n. 13.654, de 2018)

II – se há o concurso de duas ou mais pessoas;

III – se a vítima está em serviço de transporte de valores e o agente conhece tal circunstância.

IV – se a subtração for de veículo automotor que venha a ser transportado para outro Estado ou para o exterior; (Incluído pela Lei n. 9.426, de 1996)

V – se o agente mantém a vítima em seu poder, restringindo sua liberdade. (Incluído pela Lei n. 9.426, de 1996)

VI – se a subtração for de substâncias explosivas ou de acessórios que, conjunta ou isoladamente, possibilitem sua fabricação, montagem ou emprego. (Incluído pela Lei n. 13.654, de 2018)

VII – se a violência ou grave ameaça é exercida com emprego de arma branca; (Incluído pela Lei n. 13.964, de 2019)

§ 2º-A. A pena aumenta-se de 2/3 (dois terços): (Incluído pela Lei n. 13.654, de 2018)

I – se a violência ou ameaça é exercida com emprego de arma de fogo; (Incluído pela Lei n. 13.654, de 2018)

II – se há destruição ou rompimento de obstáculo mediante o emprego de explosivo ou de artefato análogo que cause perigo comum. (Incluído pela Lei n. 13.654, de 2018)

§ 2º-B. Se a violência ou grave ameaça é exercida com emprego de arma de fogo de uso restrito ou proibido, aplica-se em dobro a pena prevista no **caput** deste artigo. (Incluído pela Lei n. 13.964, de 2019)

§ 3º Se da violência resulta: (Redação dada pela Lei n. 13.654, de 2018)
I – lesão corporal grave, a pena é de reclusão de 7 (sete) a 18 (dezoito) anos, e multa; (Incluído pela Lei n. 13.654, de 2018)
II – morte, a pena é de reclusão de 20 (vinte) a 30 (trinta) anos, e multa; (Incluído pela Lei n. 13.654, de 2018)

Fonte: Brasil, 1940.

O roubo é um tipo penal que protege a integridade do patrimônio de forma preponderante em relação a todos os outros bens jurídicos que possam estar envolvidos na ação criminosa, mesmo quando esse bem for a vida humana.

Por essa posição valorativa, compreende-se, por exemplo, que a eliminação da vida na ação violenta com vistas ao patrimônio não seja considerada, *a priori*, como um crime contra a vida – e, portanto, não submetida a julgamento popular pelo júri, como se verá na sequência da análise. Igualmente, compreende-se, ao lado das condições normativas a seguir expostas, que não incida, nesse tipo penal, o reconhecimento do denominado *crime de bagatela*.

A violência física ou moral é ínsita ao crime de roubo, dada a previsão genérica de "diminuição da capacidade de resistência da vítima" por "qualquer outro meio", manifestando-se o tipo apenas na forma dolosa.

O emprego da violência, entendida em seu sentido mais amplo, tem como consequência o quanto afirmado por Busato (2022) no tocante à discussão sobre ser o roubo crime complexo e a eventual incidência de concurso de crimes, ao esclarecer que "a violência ou ameaça é meio para a consecução do atentado patrimonial, há que se reconhecer, na hipótese, o crime único, malgrado dois bens jurídicos de pessoas diferentes tenham sido afligidos, como meio para a produção do resultado final de atentado a um bem jurídico comum".

Essa violência como precedente à subtração caracteriza o roubo como *próprio*, em contraste com a violência posterior, que caracteriza o roubo como *impróprio*, sendo certo que

> Discussão importante se trava na questão da relação de tempo entre a violência e a subtração. Exige-se, obviamente, a imediatidade entre a violência empregada e a subtração, de tal modo que se possa discernir o sentido de uma pretensão de garantir o assenhoramento da coisa ou a impunidade do crime, no mesmo contexto da subtração. (Busato, 2022)

Em complemento, a doutrina abalizada acrescenta: "Se entre a subtração e o emprego da violência física ou moral medeia um sensível espaço de tempo, não haverá roubo impróprio, mas, sim, dois crimes (furto e lesões corporais ou furto e constrangimento ilegal), na forma do concurso material (art. 69, do CP)" (Souza; Japiassú, 2022).

Por fim, inexistindo menção expressa nessa parte do tipo a "outros meios" equivalentes à violência,

> adverte-se acerca da distinção entre violência imprópria e roubo impróprio, de modo que, se o meio utilizado pelo agente para assegurar a detenção da coisa ou a impunidade consiste no emprego de outros meios que impossibilitam a resistência (v.g., utilização de narcótico), não há crime de roubo. Valem então apenas a violência e a grave ameaça, para caracterização do roubo impróprio, constituindo-se na interpretação mais liberal, e em consonância com os modernos princípios de Direito Penal. (Souza; Japiassú, 2022)

Da forma básica, o tipo se apresenta desdobrado em situações normativas de exasperação da pena, levando-se em conta essencialmente: o número de pessoas a quem a conduta possa ser atribuível; os meios materiais de execução, notadamente o emprego de arma(s), inclusive as brancas; e, ainda, o emprego de explosivos.

Lembram com acuidade Souza e Japiassú (2022):

> Nesse sentido, a Lei n. 13.654/2018 alterou o crime de roubo – assim como o crime de furto –, quando há o envolvimento de explosivo. Além disso, alterou-se o roubo com o emprego de arma de fogo ou do qual resulte lesão corporal grave ou morte, impondo-se, ainda, às instituições financeiras, a obrigação de instalação de equipamentos que inutilizem cédulas de moeda corrente depositadas no interior das máquinas em caso de arrombamento, movimento brusco ou alta temperatura (art. 2°, da Lei n. 7.102/1983, com a redação dada pelo art. 2°, da citada Lei n. 13.654/2018).

O uso de explosivo ou de "outro artefato análogo que cause perigo comum" implica a constatação pericial dessa condição, a confirmar que esse "perigo comum" precisa ter sido concreto e não uma mera condição em abstrato.

Sobre a arma branca, a edição da Lei n. 13.654/2018 acabou por provocar uma reação normativa diferente daquela que potencialmente foi imaginada pelo legislador, constituindo-se em verdadeira *reformatio in mellius*. Isso porque a reforma em questão fez constar expressamente apenas a arma de fogo como meio qualificado para o roubo, excluindo as demais. Assim, casos anteriores em curso ou mesmo já julgados foram atingidos por uma reforma mais benéfica (nestes últimos, a discussão do tema se dá por revisão criminal ou mesmo por *habeas corpus*).

Essa atabalhoada reforma só foi corrigida com outra reforma, aquela da Lei n. 13.964/2019 (alcunhada de *Pacote Anticrime*), que definiu o emprego de arma branca como qualificadora explícita para o crime de roubo no inciso VII do art. 157. Por sua vez, é de ser destacado que mesmo essa reforma comporta a crítica da expressão usada, evidentemente mais limitadora que a da legislação revogada, porque naquela se utilizava *arma*, a ser entendida como qualquer instrumento que pudesse servir à finalidade de cometimento da conduta típica.

A ofensa à integridade física que supere a lesão corporal "simples", assim como a eliminação da vida, merece discussões acaloradas na doutrina e na jurisprudência, renovadas com o advento da Lei n. 13.654/2018, destacando-se como eixos de compreensão da matéria as situações descritas a seguir.

Inicialmente, destaca Greco (2024, p. 1.291) que "os resultados previstos no mencionado § 3º sejam provenientes da violência praticada pelo agente, entendida, no sentido do texto, como a *vis corporalis*, ou seja, a violência física empregada contra a pessoa.

Descarta-se, assim, a "grave ameaça" no contexto dessa ação a causar a lesão corporal grave ou a morte da vítima. Nesse caso, o crime é de roubo comum[9].

Quanto ao momento, cabe observar:

- A violência é **anterior** à subtração ou mesmo posterior a esta, mas com sucessão bastante próxima no tempo: aqui, prepondera o crime patrimonial qualificado (art. 157, § 3º, a depender do evento morte ou lesão corporal grave).
- A violência **posterior** à subtração ocorre em tempo excessivo após aquela prática e não há demonstração entre este último resultado e a intenção da subtração patrimonial: aqui, o crime contra a vida aparecerá como autônomo.

A grande questão ligada ao latrocínio diz respeito à sua forma tentada quanto ao evento subtração, mas com a ocorrência do evento morte, esta última reconhecida tanto a título doloso quanto preterdoloso. Afirma Busato (2022):

> Seja qual for a razão pela qual a doutrina foi firmando entendimento de que os casos previstos no § 3º do art. 157 são figuras tanto dolosas quanto preterdolosas, ou seja, que o resultado morte ou lesão grave pode ser atribuído tanto a título de dolo quanto de imprudência, o certo é que hoje esse reconhecimento é amplamente dominante na doutrina.

Nesse tema, alinharam-se ao longo dos anos de vigência do Código Penal as seguintes correntes:

a] **Subtração consumada e evento morte consumado** – Trata-se de latrocínio consumado sem divergências diante do resultado esgotado e atingido o bem jurídico tido prioritário no caso (ver observação no início deste tópico).

9 Em idêntico sentido, esclarece Busato (2022): "se o resultado morte deriva de ameaças, como no caso do susto durante o assalto de um cardíaco, o crime é de roubo comum".

b] **Subtração tentada e evento morte não consumado** – Aqui, existe a tentativa de latrocínio delineada em sua exatidão dada a prioridade do bem jurídico tutelado não consumado, da mesma maneira que o bem jurídico vida em idêntica condição.

c] **Subtração consumada e evento morte não consumado** – A doutrina se divide, considerando que: "a) há tentativa de latrocínio, segundo posicionamento de alguns, inclusive do STF, como, por exemplo, no caso do agente que logra roubar o carro da vítima depois de atirar nela para matar, não atingindo a meta optata; b) há tentativa de homicídio qualificado (pela finalidade)" (Prado, 2024, p. 606). Hungria (1955, p. 62-63) afirmava haver tentativa de homicídio qualificado (art. 121, § 2º, V), enquanto Fragoso (2003, p. 308), entre outros, concluía pela ocorrência de tentativa de latrocínio, posição esta mais condizente com a estrutura do tipo penal e a prioridade de tutela do bem jurídico.

d] **Subtração tentada e evento morte consumado** – Nessa hipótese, a doutrina se manifesta, de forma resumida, da seguinte forma:

> 1) tentativa de roubo com homicídio qualificado pela conexão teleológica ou consequencial;
>
> 2) o agente deveria responder somente por homicídio qualificado, ignorando-se a subtração frustrada da coisa;
>
> 3) haveria a tentativa de latrocínio, tendo em vista que se trata de crime complexo, devendo-se, pois, respeitar a teoria da unidade do crime complexo, que exige que todas as elementares se realizem para a consumação; e
>
> 4) o caso deve ser considerado como latrocínio consumado. (Souza; Japiassú, 2022)

A Súmula n. 610 do STF consolidou o entendimento jurisprudencial: "Há crime de latrocínio, quando o homicídio se consuma, ainda que não realize o agente a subtração de bens da vítima" (STF, 2024). A respeito desse entendimento sumulado, Busato (2022) afirma:

> pelos princípios e valores contemplados na Constituição Federal de 1988, em especial a dignidade da pessoa humana (art. 1º, inc. III), o objetivo da construção de uma sociedade livre, justa e solidária (art. 3º, inc. I), bem assim a garantia da inviolabilidade do direito à vida (art. 5º, caput), é de se considerar como justa e correta a solução determinada pela Súmula 610, da Corte Suprema.

Em contrapartida, Greco (2024, p. 1301-1302) busca justificar:

Por entendermos que, para a consumação de um crime complexo, é preciso que se verifiquem todos os elementos que integram o tipo, ousamos discordar das posições de Hungria e do STF e nos filiamos à posição de Frederico Marques, concluindo que, havendo homicídio consumado e subtração tentada, deve o agente responder por tentativa de latrocínio, e não por homicídio qualificado ou mesmo por latrocínio consumado. A posição assumida por nossa Corte Maior agride, frontalmente, a determinação contida no inciso I do art. 14 do Código Penal, que diz que o crime é consumado quando nele se reúnem todos os elementos de sua definição legal.

Com a devida vênia aos defensores desta última concepção, qualquer justificação teórica no Estado de direito deve partir dos fundamentos valorativos e principiológicos do marco constitucional-convencional. A legislação infraconstitucional deve se amoldar a esse marco, e não o contrário. As construções teóricas igualmente somente se validam e se legitimam pelo mesmo processo de subordinação. Assim, nada obstante a redação do art. 14, inciso I, trata-se de texto que é anterior à Constituição de 1988 (e ao movimento convencional iniciado em 1992), cabendo aos intérpretes adequá-lo.

Por fim, quanto à cumulação do latrocínio com as formas qualificadas previstas no mesmo artigo (art. 157, § 2º), observa-se como afirmação dominante a impossibilidade de majoração da pena nessa situação.

PRECEDENTES DESTACADOS NO TEMA ANALISADO

1) CONSUMAÇÃO DO CRIME DE ROUBO

DIREITO PENAL. MOMENTO CONSUMATIVO DO CRIME DE ROUBO. RECURSO REPETITIVO (ART. 543-C DO CPC E RES. 8/2008-STJ). TEMA 916. Consuma-se o crime de roubo com a inversão da posse do bem, mediante emprego de violência ou grave ameaça, ainda que por breve tempo e em seguida a perseguição imediata ao agente e recuperação da coisa roubada, sendo prescindível a posse mansa e pacífica ou desvigiada. Como se sabe, o delineamento acerca da consumação dos crimes de roubo e de furto foi construído com base no direito romano, cuja noção de furtum – elaborada pelos operadores práticos do direito e pelos jurisconsultos –, mais ampla que a do furto do direito moderno, trazia a exigência da contrectatio (apreensão fraudulenta da coisa), visto que se exigia, necessariamente, o apossamento da coisa. É de se notar que, a partir das interpretações discrepantes da palavra contrectatio – entendida diversamente no sentido de trazer, de mover de lugar, de tocar (materialmente) e pôr a mão –, explica-se a profusão de teorias sobre a consumação do furto. O desenvolvimento desses conceitos, no âmbito do direito romano, levou à distinção de quatro momentos da ação: (a) a ação de tocar o objeto (contrectatio); (b) a ação de remover a coisa (amotio); (c) a ação de levar a coisa, tirando-a da esfera patrimonial do proprietário (ablatio); e (d) a ação de colocar a coisa em lugar seguro (illatio). O porquê de tanto esforço intelectual pode ser encontrado no fato de o direito romano não ter desenvolvido a ideia de "tentativa", motivo pelo qual era necessária a antecipação da consumação, considerando-se já consumado o furto com o simples toque da coisa, sem necessidade de levá-la. Todavia, com o surgimento da noção de tentativa, ficou evidente que não se fazia necessária a antecipação da consumação (attrectatio). Decorre daí o abandono das teorias radicais (consumação pelo simples toque ou somente com a colocação da coisa em local seguro). No Brasil, o histórico da jurisprudência do STF quanto ao tema remete a dois momentos distintos. No primeiro momento, observava-se, acerca da consumação do crime de roubo próprio, a existência de duas correntes na jurisprudência do STF: (i) a orientação tradicional, que considerava consumada a infração com a subtração da coisa, mediante violência ou grave ameaça, sem cogitar outros requisitos, explicitando ser desnecessário o locupletamento do agente (HC 49.671-SP, Primeira Turma, DJ 16/6/1972; RE 93.133-SP, Primeira Turma, DJ 6/2/1981; HC 53.495-SP, Segunda Turma, DJ 19/9/1975; e RE 102.389-SP, Segunda Turma, DJ 17/8/1984); e (ii) a orientação segundo a qual se exige, para a consumação, tenha a coisa subtraída saído da esfera de vigilância da vítima ou tenha tido o agente a posse pacífica da res, ainda que por curto lapso (RE 93.099-SP, Primeira Turma, DJ 18/12/1981; RE 96.383-SP, Primeira Turma, DJ 18/3/1983; RE 97.500-SP, Segunda Turma, DJ 24/8/1982; e RE 97.677-SP, Segunda Turma, DJ 15/10/1982). Para esta corrente, havendo perseguição imediata ao agente e sua prisão logo em seguida com o produto do roubo, não haveria que se falar em roubo consumado. Num segundo momento, ocorreu a estabilização da jurisprudência do STF com o julgamento do RE 102.490-SP em 17/9/1987 (DJ 16/8/1991), no qual, de acordo com a referida orientação tradicional da jurisprudência (i), definiu-se que "Para que o ladrão se torne possuidor, não é preciso, em nosso direito, que ele saia da esfera de vigilância do antigo possuidor, mas, ao contrário, basta que cesse a clandestinidade ou a violência, para que o poder de fato sobre a coisa se transforme de detenção em posse, ainda que seja possível ao antigo possuidor retomá-la pela violência, por si ou por terceiro, em virtude de perseguição [...]". Após esse julgado, o STF, no que tange ao momento consumativo do roubo, unificou a jurisprudência, para entender que se consuma o crime de roubo no momento em que o agente obtém a posse do bem, mediante violência ou grave ameaça, ainda que não seja mansa e pacífica e/ou haja perseguição policial, sendo prescindível que o objeto subtraído saia da esfera de vigilância da vítima. Precedentes citados do STJ: AgRg no REsp 1.410.795-SP, Sexta Turma, DJe 6/12/2013; e EDcl no REsp 1.425.160-RJ, Sexta Turma, DJe 25/9/2014. Precedentes citados do STF: HC 94.406-SP, Primeira Turma, DJe 5/9/2008; e HC 100.189-SP, Segunda Turma, DJe 16/4/2010. (STJ, REsp n. 1.499.050-RJ, Rel. Min. Rogerio Schietti Cruz, Terceira Seção, j. em 14/10/2015, DJe 9/11/2015)

2) **CONTINUIDADE DELITIVA ENTRE ROUBO E FURTO**

Inviável o reconhecimento da continuidade delitiva entre os crimes de furto qualificado e roubo majorado, pois não obstante do mesmo gênero, são de espécies diferentes. (STJ, HC n. 425.674/SP, Rel. Min. Joel Ilan Paciornik, Quinta Turma, j. em 5/4/2018, DJe de 18/4/2018)

4.7.3 Extorsão

BASE NORMATIVA NO CÓDIGO PENAL

Art. 158. Constranger alguém, mediante violência ou grave ameaça, e com o intuito de obter para si ou para outrem indevida vantagem econômica, a fazer, tolerar que se faça ou deixar de fazer alguma coisa:
Pena – reclusão, de quatro a dez anos, e multa.
§ 1° Se o crime é cometido por duas ou mais pessoas, ou com emprego de arma, aumenta-se a pena de um terço até metade.
§ 2° Aplica-se à extorsão praticada mediante violência o disposto no § 3° do artigo anterior.
§ 3° Se o crime é cometido mediante a restrição da liberdade da vítima, e essa condição é necessária para a obtenção da vantagem econômica, a pena é de reclusão, de 6 (seis) a 12 (doze) anos, além da multa; se resulta lesão corporal grave ou morte, aplicam-se as penas previstas no art. 159, §§ 2o e 3o, respectivamente. (Incluído pela Lei n. 11.923, de 2009)
Extorsão mediante sequestro
Art. 159. Sequestrar pessoa com o fim de obter, para si ou para outrem, qualquer vantagem, como condição ou preço do resgate:
Pena – reclusão, de oito a quinze anos. (Redação dada pela Lei n. 8.072, de 25.7.1990)
§ 1° Se o sequestro dura mais de 24 (vinte e quatro) horas, se o sequestrado é menor de 18 (dezoito) ou maior de 60 (sessenta) anos, ou se o crime é cometido por bando ou quadrilha. (Redação dada pela Lei n. 10.741, de 2003)

Pena – reclusão, de doze a vinte anos. (Redação dada pela Lei n. 8.072, de 25.7.1990)

§ 2º Se do fato resulta lesão corporal de natureza grave:

Pena – reclusão, de dezesseis a vinte e quatro anos. (Redação dada pela Lei n. 8.072, de 25.7.1990)

§ 3º Se resulta a morte:

Pena – reclusão, de vinte e quatro a trinta anos. (Redação dada pela Lei n. 8.072, de 25.7.1990)

§ 4º Se o crime é cometido em concurso, o concorrente que o denunciar à autoridade, facilitando a libertação do sequestrado, terá sua pena reduzida de um a dois terços. (Redação dada pela Lei n. 9.269, de 1996)

Extorsão indireta

Art. 160. Exigir ou receber, como garantia de dívida, abusando da situação de alguém, documento que pode dar causa a procedimento criminal contra a vítima ou contra terceiro:

Pena – reclusão, de um a três anos, e multa.

Fonte: Brasil, 1940.

O crime de extorsão, complexo e intrinsecamente relacionado à ameaça à liberdade individual e ao patrimônio, tem raízes profundas na legislação brasileira. Sua evolução legislativa pode ser percebida ao longo dos anos, sendo o cerne da discussão a amplitude da aflição ao bem jurídico patrimônio. No entanto, é notável que o delito de extorsão difere do roubo pela ausência de subtração, destacando-se pela coerção para a obtenção indevida de vantagem econômica.

A tipificação da extorsão, de acordo com o art. 158 do Código Penal, exige constrangimento por meio de violência ou grave ameaça, não se limitando a ameaças físicas, mas abarcando também a exposição de fatos difamatórios como meio coercitivo. Esse crime, por sua forma vinculada, depende de mecanismos específicos para a produção do constrangimento, sendo considerado consumado com a realização de violência ou ameaça, independentemente da obtenção da vantagem econômica.

A extorsão configura-se como crime comum, não impondo requisitos específicos quanto à condição do agente. Entretanto, destaca-se que, se perpetrada por funcionário público em razão de sua autoridade, o delito assume a modalidade de concussão. Além disso, a vítima pode ser pessoa jurídica, o que amplia o alcance da tipificação e destaca a diversidade de sujeitos passivos.

A distinção entre extorsão e roubo, embora sutil, é crucial. Enquanto o roubo implica a subtração direta do bem, na extorsão a vítima é compelida a participar ativamente na entrega do objeto do constrangimento. Essa participação ativa da vítima é o que diferencia a extorsão, tornando seu constrangimento condicionado à colaboração do coato.

No que concerne ao tipo subjetivo, a extorsão exige dolo, representado pela consciência e vontade do agente em empregar violência ou grave ameaça com o propósito específico de obter vantagem injusta para si ou para terceiros. A consumação do delito ocorre com a realização de violência ou ameaça, não sendo necessária a obtenção efetiva da vantagem econômica.

A evolução legislativa do crime de extorsão é perceptível nas formas majoradas, como o emprego de arma ou a atuação de duas ou mais pessoas, que acarretam aumento de pena. Outra qualificadora relevante é a ocorrência de lesão grave ou morte em decorrência do constrangimento, equiparando a extorsão a crime hediondo.

A figura do "sequestro relâmpago" também é abordada no contexto da extorsão, sendo crucial distinguir essa modalidade do roubo majorado pela restrição da liberdade da vítima. Na extorsão, a colaboração ativa da vítima na obtenção da vantagem econômica é essencial, caracterizando o constrangimento como uma condição para o sucesso do crime.

4.7.3.1 Extorsão mediante sequestro

Trata-se aqui de um tipo penal doloso e complexo.

> Isso porque as suas elementares reúnem as figuras típicas da extorsão e do sequestro ou cárcere privado. Nesse sentido, caso a conduta do agente for a de restringir a liberdade, para que a vítima faça ou deixe de fazer algo em seu benefício econômico, liberando-a em seguida, o crime será do art. 159, caput ou § 3º, do CP, ao passo que, se a conduta objetivar a privação (prolongada) da liberdade para finalidade de outra natureza, poderá caracterizar o art. 148, do CP. (Souza; Japiassú, 2022)

Greco (2024, p. 1368), ao se posicionar sobre a (indevida) vantagem, afirma que é aquela que

> tenha valor econômico, de natureza patrimonial, uma vez que o tipo do art. 159 está inserido no Título II do Código Penal, relativo aos crimes contra o patrimônio. Portanto, de acordo com uma interpretação sistêmica do Código Penal, devemos entender que a vantagem exigida como condição ou preço do resgate deve ter natureza patrimonial, pois, caso contrário, poderá se configurar em outra infração penal.

Tal posição é seguida por Prado (2024), mas contou com a discordância de outra fonte doutrinária, para quem "a expressão 'qualquer vantagem' diz respeito a 'qualquer vantagem mesmo', sendo irrelevante que seja devida ou indevida, econômica ou não econômica" (Jesus, 2016, p. 410). Na mesma linha a afirmação de Bitencourt (2024, p. 139): "a natureza econômica da vantagem é afastada pela elementar típica qualquer vantagem, que deixa clara sua abrangência. Quando a lei quer limitar a espécie de vantagem, usa o elemento normativo indevida, injusta, sem justa causa".

A fundamentação de Busato (2022) para a melhor hermenêutica parece ser a mais consistente:

> Todo tipo penal prevê uma valoração jurídica de caráter normativo, pois a avaliação do tipo de ação em sua expressão de pretensão conceitual de relevância é essencialmente normativa. Assim, qualquer inserção de elementos normativos, não expressamente previstos no conceito, constitui um desvirtuamento do tipo de ação e, simultaneamente, uma grave violação do princípio de legalidade. Portanto, parece claro que a abrangência do tipo inclui uma pretensão de obtenção de vantagem de qualquer ordem, não apenas econômica.

A "vantagem" a que alude o tipo é outro ponto de especial discussão na doutrina, com parte dela entendendo que se trata de vantagem indevida, pois, se devida fosse, haveria o crime de exercício arbitrário das próprias razões.

Os critérios temporal (privação da liberdade por mais de 24 horas) e etário (vítima menor de 18 anos ou maior de 60) e o cometimento do crime por bando ou quadrilha ganharam valoração especial desde a Lei n. 10.741/2003.

PRECEDENTES DESTACADOS NO TEMA ANALISADO

1) O crime de extorsão é formal e consuma-se no momento em que a violência ou a grave ameaça é exercida, independentemente da obtenção da vantagem indevida.

Julgados: REsp 1467129/SC, Rel. Ministro ROGERIO SCHIETTI CRUZ, SEXTA TURMA, julgado em 02/05/2017, DJe 11/05/2017; HC 353818/RS, Rel. Ministro REYNALDO SOARES DA FONSECA, QUINTA TURMA, julgado em 21/02/2017, DJe 24/02/2017; AgRg no AREsp 734658/PR, Rel. Ministra MARIA THEREZA DE ASSIS MOURA, SEXTA TURMA, julgado em 15/09/2015, DJe 01/10/2015; HC 310452/SC, Rel. Ministro FELIX FISCHER, QUINTA TURMA, julgado em 14/04/2015, DJe 22/04/2015; AgRg no REsp 1325911/SP, Rel. Ministro NEFI CORDEIRO, SEXTA TURMA, julgado em 21/08/2014, DJe 04/09/2014; HC 232062/RJ, Rel. Ministro JORGE MUSSI, QUINTA TURMA, julgado em 11/03/2014, DJe 25/03/2014. (VIDE INFORMATIVO DE JURISPRUDÊNCIA N. 466) (VIDE SÚMULA N. 96/STJ)

2) No crime de extorsão, a ameaça a que se refere o caput do art. 158 do CP, exercida com o fim de obter a indevida vantagem econômica, pode ter por conteúdo grave dano aos bens da vítima.
Julgados: HC 343825/SC, Rel. Ministro RIBEIRO DANTAS, QUINTA TURMA, julgado em 15/09/2016, DJe 21/09/2016; AgRg no AREsp 724776/SC, Rel. Ministro JORGE MUSSI, QUINTA TURMA, julgado em 10/03/2016, DJe 16/03/2016; REsp 1207155/RS, Rel. Ministro SEBASTIÃO REIS JÚNIOR, SEXTA TURMA, julgado em 07/11/2013, DJe 26/11/2013; REsp 1327749/RS (decisão monocrática), Rel. Ministro NEFI CORDEIRO, julgado em 08/06/2017, DJe 13/06/2017. (VIDE INFORMATIVO DE JURISPRUDÊNCIA N. 531)

Fonte: Brasil, 1940.

4.7.4 Usurpação

Base normativa no Código Penal

CAPÍTULO III
DA USURPAÇÃO
Alteração de limites
Art. 161. Suprimir ou deslocar tapume, marco, ou qualquer outro sinal indicativo de linha divisória, para apropriar-se, no todo ou em parte, de coisa imóvel alheia:
Pena – detenção, de um a seis meses, e multa.
§ 1º Na mesma pena incorre quem:
Usurpação de águas
I – desvia ou represa, em proveito próprio ou de outrem, águas alheias;
Esbulho possessório
II – invade, com violência a pessoa ou grave ameaça, ou mediante concurso de mais de duas pessoas, terreno ou edifício alheio, para o fim de esbulho possessório.
§ 2º Se o agente usa de violência, incorre também na pena a esta cominada.
§ 3º Se a propriedade é particular, e não há emprego de violência, somente se procede mediante queixa.
Supressão ou alteração de marca em animais
Art. 162. Suprimir ou alterar, indevidamente, em gado ou rebanho alheio, marca ou sinal indicativo de propriedade:
Pena – detenção, de seis meses a três anos, e multa.

Fonte: Brasil, 1940.

Fortemente criticada pela doutrina que, na locução de Busato (2022), vê que aqui

> não existe nenhuma hipótese de incriminação deste capítulo que não seja atingida frontalmente pelo princípio de intervenção mínima, tanto em sua vertente de fragmentariedade quanto, principalmente, pela subsidiariedade, podendo todos os casos serem perfeitamente resolvidos somente com o emprego do direito civil.

Os tipos aqui tratados visam tutelar o patrimônio imobiliário, podendo praticá-lo "qualquer um que se coloque na posição do possuidor ou proprietário ilegítimo da propriedade privada imóvel alheia" (Busato, 2022).

Mas tal supressão deve ser de modo a

> fazer desaparecer por completo a demarcação da linha divisória, inviabilizando que se possa constatar onde esta se localizava. Por isso, não caracteriza supressão o simples ato de arrancar tapumes ou marcos de uma cerca, sem tapar os respectivos buracos existentes no solo, que são denunciadores da linha divisória. Ação como essa poderá, no máximo, caracterizar o crime de dano, ou mesmo de furto, na hipótese de haver subtração do material extraído. (Busato, 2022)

Na esteira da crítica doutrinária a esses tipos, observa-se, por exemplo, que, no caso específico da usurpação de águas, hoje em dia, o tema é muito mais pertinente desde um ponto de vista do direito ambiental, pela preservação dos cursos dos rios, para evitar seu assoreamento, para a preservação de seu curso a fim de evitar o perecimento de espécies vegetais ou animais, razão pela qual a questão do patrimônio fica totalmente em segundo plano. Não fosse só isso, o acesso aos cursos d'água é outra questão perfeitamente resolúvel no âmbito do direito civil, sendo completamente desprezível qualquer intervenção jurídico-penal. É claro que, em uma afetação à propriedade dessa ordem, jamais se verá o caráter patrimonial de vulto ou de efeitos potencialmente permanentes, que justifiquem a superação da ideia de subsidiariedade.

4.7.5 Dano

Base normativa no Código Penal

> **CAPÍTULO IV**
> **DO DANO**
> **Dano**
> Art. 163. Destruir, inutilizar ou deteriorar coisa alheia:
> Pena – detenção, de um a seis meses, ou multa.

Dano qualificado

Parágrafo único. Se o crime é cometido:

I – com violência à pessoa ou grave ameaça;

II – com emprego de substância inflamável ou explosiva, se o fato não constitui crime mais grave;

III – contra o patrimônio da União, de Estado, do Distrito Federal, de Município ou de autarquia, fundação pública, empresa pública, sociedade de economia mista ou empresa concessionária de serviços públicos; (Redação dada pela Lei n. 13.531, de 2017)

IV – por motivo egoístico ou com prejuízo considerável para a vítima:

Pena – detenção, de seis meses a três anos, e multa, além da pena correspondente à violência.

Introdução ou abandono de animais em propriedade alheia

Art. 164. Introduzir ou deixar animais em propriedade alheia, sem consentimento de quem de direito, desde que o fato resulte prejuízo:

Pena – detenção, de quinze dias a seis meses, ou multa.

Dano em coisa de valor artístico, arqueológico ou histórico

Art. 165. Destruir, inutilizar ou deteriorar coisa tombada pela autoridade competente em virtude de valor artístico, arqueológico ou histórico:

Pena – detenção, de seis meses a dois anos, e multa.

Alteração de local especialmente protegido

Art. 166. Alterar, sem licença da autoridade competente, o aspecto de local especialmente protegido por lei:

Pena – detenção, de um mês a um ano, ou multa.

Ação penal

Art. 167. Nos casos do art. 163, do inciso IV do seu parágrafo e do art. 164, somente se procede mediante queixa.

Fonte: Brasil, 1940.

Visando proteger o patrimônio alheio – portanto, o proprietário da coisa não pode cometê-lo, mas o possuidor desta, sim – de condutas que busquem destruí-lo, inutilizá-lo ou deteriorá-lo, busca a doutrina completar esses verbos com "esclarecimentos" para firmar que, na destruição, a coisa cessa de subsistir em sua individualidade anterior, mesmo que não desapareça a matéria de que se compõe. A destruição parcial, desde que acarrete a total imprestabilidade da coisa, é equiparada à destruição completa. Na inutilização (no sentido restrito com que a lei emprega o vocábulo), a coisa não perde inteiramente sua individualidade, mas é reduzida, ainda que temporariamente, à inadequação ao fim a que se destina.

Mais do que procurar aclarar o vernáculo, com essa distinção, é possível dizer, com alguma tranquilidade, que existe uma graduação decrescente entre os núcleos do tipo, sendo o mais grave destruir, seguido de inutilizar e, finalmente, de deteriorar. Tal diferenciação, conquanto não tenha qualquer efeito em termos de imputação, pode perfeitamente ser levada em conta para a fixação da pena na análise do grau de culpabilidade.

As situações de exasperação da pena estão ligadas ao modo de execução da conduta (com emprego de violência ou grave ameaça, emprego de substância inflamável ou explosiva) ou à sua motivação (motivo egoístico, causando prejuízo considerável à vítima).

Precedentes destacados no tema analisado

1) O delito de dano ao patrimônio público, quando praticado por preso para facilitar a fuga do estabelecimento prisional, demanda a demonstração do dolo específico de causar prejuízo ao bem público (*animus nocendi*), sem o qual a conduta é atípica.

Julgados: AgRg no AREsp 578521/GO, Rel. Ministro JORGE MUSSI, QUINTA TURMA, julgado em 11/10/2016, DJe 26/10/2016; RHC 56629/AL, Rel. Ministro ANTONIO SALDANHA PALHEIRO, SEXTA TURMA, julgado em 30/06/2016, DJe 01/08/2016; HC 162662/MG, Rel. Ministro NEFI CORDEIRO, SEXTA TURMA, julgado em 18/06/2015, DJe 03/08/2015; HC 260350/GO, Rel. Ministra MARIA THEREZA DE AS- SIS MOURA, SEXTA TURMA, julgado em 13/05/2014, DJe 21/05/2014; HC 226021/SP, Rel. Ministro MARCO AURÉLIO BELLIZZE, QUINTA TURMA, julgado em 21/06/2012, DJe 28/06/2012; REsp 1628102/AC (decisão monocrática), Rel. Ministro JOEL ILAN PACIORNIK, julgado em 25/11/2016, DJe 30/11/2016. (VIDE INFORMATIVO DE JURISPRUDÊNCIA N. 135)

2) A ausência de menção expressa ao patrimônio do Distrito Federal no art. 163, parágrafo único, III, do Código Penal torna inviável a configuração da forma qualificada do crime de dano quando o bem danificado for distrital, em virtude da vedação da analogia *in malam partem* no sistema penal brasileiro.

Julgados: AgRg no REsp 1628623/DF, Rel. Ministro FELIX FISCHER, QUINTA TURMA, julgado em 04/04/2017, DJe 28/04/2017; AgInt no REsp 1585531/DF, Rel. Ministro JOEL ILAN PACIORNIK, QUINTA TURMA, julgado em 02/02/2017, DJe 10/02/2017; AgInt no AgRg no REsp 1597587/DF, Rel. Ministro SEBASTIÃO REIS JÚNIOR, SEXTA TURMA, julgado em 20/10/2016, DJe 14/11/2016; HC 308441/DF, Rel. Ministro JORGE MUSSI, QUINTA TURMA, julgado em 23/08/2016, DJe 31/08/2016; AgRg no REsp 1548522/DF, Rel.

Ministro REYNALDO SOARES DA FONSECA, QUINTA TURMA, julgado em 10/03/2016, DJe 16/03/2016; AgRg no REsp 1522725/PR, Rel. Ministro MARCO AURÉLIO BELLIZZE, TERCEIRA TURMA, julgado em 16/02/2016, DJe 22/02/2016. (VIDE INFORMATIVO DE JURISPRUDÊNCIA N. 515)

3) Não é possível a aplicação do princípio da insignificância nas hipóteses de dano qualificado, quando o prejuízo ao patrimônio público atingir outros bens de relevância social e tornar evidente o elevado grau de periculosidade social da ação e de reprovabilidade da conduta do agente.

Julgados: HC 324550/MT, Rel. Ministro RIBEIRO DANTAS, QUINTA TURMA, julgado em 16/06/2016, DJe 28/06/2016; HC 245457/ MG, Rel. Ministro NEFI CORDEIRO, SEXTA TURMA, julgado em 03/03/2016, DJe 10/03/2016; AgRg no AREsp 522783/MT, Rel. Ministro SEBASTIÃO REIS JÚNIOR, SEXTA TURMA, julgado em 06/11/2014, DJe 25/11/2014; AgRg no AREsp 330813/MG, Rel. Ministra LAURITA VAZ, QUINTA TURMA, julgado em 05/11/2013, DJe 19/11/2013; HC 188512/RS, Rel. Ministro ADILSON VIEIRA MACABU (DESEMBARGADOR CONVOCADO DO TJ/RJ), QUINTA TURMA, julgado em 14/08/2012, DJe 21/09/2012; AREsp 876727/SP (decisão monocrática), Rel. Ministro REYNALDO SOARES DA FONSECA, julgado em 23/06/2017, DJe 27/06/2017.

4.7.6 Apropriação indébita

Base normativa no Código Penal

CAPÍTULO V

DA APROPRIAÇÃO INDÉBITA

Apropriação indébita

Art. 168. Apropriar-se de coisa alheia móvel, de que tem a posse ou a detenção:

Pena – reclusão, de um a quatro anos, e multa.

Aumento de pena

§ 1º A pena é aumentada de um terço, quando o agente recebeu a coisa:

I – em depósito necessário;

II – na qualidade de tutor, curador, síndico, liquidatário, inventariante, testamenteiro ou depositário judicial;

III – em razão de ofício, emprego ou profissão.

Apropriação indébita previdenciária (Incluído pela Lei n. 9.983, de 2000)

Art. 168-A. Deixar de repassar à previdência social as contribuições recolhidas dos contribuintes, no prazo e forma legal ou convencional: (Incluído pela Lei n. 9.983, de 2000)

Pena – reclusão, de 2 (dois) a 5 (cinco) anos, e multa. (Incluído pela Lei n. 9.983, de 2000)

§ 1º Nas mesmas penas incorre quem deixar de: (Incluído pela Lei n. 9.983, de 2000)

I – recolher, no prazo legal, contribuição ou outra importância destinada à previdência social que tenha sido descontada de pagamento efetuado a segurados, a terceiros ou arrecadada do público; (Incluído pela Lei n. 9.983, de 2000)

II – recolher contribuições devidas à previdência social que tenham integrado despesas contábeis ou custos relativos à venda de produtos ou à prestação de serviços; (Incluído pela Lei n. 9.983, de 2000)

III – pagar benefício devido a segurado, quando as respectivas cotas ou valores já tiverem sido reembolsados à empresa pela previdência social. (Incluído pela Lei n. 9.983, de 2000)

§ 2º É extinta a punibilidade se o agente, espontaneamente, declara, confessa e efetua o pagamento das contribuições, importâncias ou valores e presta as informações devidas à previdência social, na forma definida em lei ou regulamento, antes do início da ação fiscal. (Incluído pela Lei n. 9.983, de 2000)

§ 3º É facultado ao juiz deixar de aplicar a pena ou aplicar somente a de multa se o agente for primário e de bons antecedentes, desde que: (Incluído pela Lei n. 9.983, de 2000)

I – tenha promovido, após o início da ação fiscal e antes de oferecida a denúncia, o pagamento da contribuição social previdenciária, inclusive acessórios; ou (Incluído pela Lei n. 9.983, de 2000)

II – o valor das contribuições devidas, inclusive acessórios, seja igual ou inferior àquele estabelecido pela previdência social, administrativamente, como sendo o mínimo para o ajuizamento de suas execuções fiscais. (Incluído pela Lei n. 9.983, de 2000)

§ 4º A faculdade prevista no § 3º deste artigo não se aplica aos casos de parcelamento de contribuições cujo valor, inclusive dos acessórios, seja superior àquele estabelecido, administrativamente, como sendo o mínimo para o ajuizamento de suas execuções fiscais. (Incluído pela Lei n. 13.606, de 2018)

Apropriação de coisa havida por erro, caso fortuito ou força da natureza

Art. 169. Apropriar-se alguém de coisa alheia vinda ao seu poder por erro, caso fortuito ou força da natureza:

Pena – detenção, de um mês a um ano, ou multa.

Parágrafo único. Na mesma pena incorre:

Apropriação de tesouro

I – quem acha tesouro em prédio alheio e se apropria, no todo ou em parte, da quota a que tem direito o proprietário do prédio;
Apropriação de coisa achada
II – quem acha coisa alheia perdida e dela se apropria, total ou parcialmente, deixando de restituí-la ao dono ou legítimo possuidor ou de entregá-la à autoridade competente, dentro no prazo de quinze dias.
Art. 170. Nos crimes previstos neste Capítulo, aplica-se o disposto no art. 155, § 2º.

Fonte: Brasil, 1940.

Trata-se de conduta exclusivamente dolosa praticada contra patrimônio de terceiros, cometida por quem o toma para si como se proprietário fosse na medida em que detinha a posse sem qualquer vigilância particular sobre essa condição.

Como alerta Busato (2022), a questão contemporânea que se evidencia em destaque é a "corporeidade da coisa móvel", especificamente analisando a apropriação de dinheiro e, mais exatamente, no exemplo que cita, situações de profissionais que têm acesso a dinheiro de terceiros, estes potencialmente seus clientes.

O cerne de seu argumento está em que, apesar de a "infidelidade patrimonial" estar dispersa no sistema penal pátrio,

> não autoriza, absolutamente, a mutilar a compreensão da apropriação indébita excluindo-lhe a possibilidade de tratar coisas incorpóreas como coisas móveis [...]. Isto porque, a falta de corporeidade, em direito, não exclui o movimento e, de fato, aqui não se está discutindo física newtoniana nem nenhuma outra classe de ciência, mas sim de uma praxis [...] valores, transferência de fundos e um longo etc. referido ao dinheiro incorpóreo. Nada disso deixa de ter sentido de "movimento" em termos jurídicos. (Busato, 2022)

Das situações especificamente valoradas pelo legislador, destaca-se a denominada *apropriação indébita previdenciária*, incluída pela Lei n. 9.983, de 14 de julho de 2000, analisando-se, nessa discussão, se o mero não recolhimento do valor previdenciário configuraria o crime.

Ao longo dos anos de vigência, autores como Gomes (2014) exigiam a comprovação da inversão da posse. Assim, à previsão "deixar de recolher" prazo legal, contribuições descontadas (inciso I) ou "deixar de recolher" contribuições integradas em despesas contábeis (inciso II) do art. 168-A soma-se a previsão do "caput" do art. 168-A, que é a prática omissiva de deixar de repassar à Previdência o valor já descontado do(a) trabalhador(a). Trata-se, neste último caso, "de um apossamento físico ou contábil de valores que devem ser repassados à previdência, uma vez tendo sido recebidos por qualquer relação jurídica geradora do tributo realizada pelo agente" (Gomes, 2014).

Para Bitencourt (2024),

> A conduta tipificada no caput tem a finalidade de punir o substituto tributário, que deve recolher à previdência social o que arrecadou do contribuinte, e deixou de fazê-lo (ver art. 31 da Lei nº 8.212/91). Já as figuras descritas no § 1º destinam-se ao contribuinte-empresário, que deve recolher a contribuição que arrecadou do contribuinte.

PRECEDENTES DESTACADOS NO TEMA ANALISADO

1) O crime de apropriação indébita previdenciária (art. 168-A do CP) é de natureza material e exige a constituição definitiva do débito tributário perante o âmbito administrativo para configurar-se como conduta típica.

Julgados: AgRg no REsp 1644719/SP, Rel. Ministro REYNALDO SOARES DA FONSECA, QUINTA TURMA, julgado em 23/05/2017, DJe 31/05/2017; RHC 44669/RS, Rel. Ministro NEFI CORDEIRO, SEXTA TURMA, julgado em 05/04/2016, DJe 18/04/2016; RHC 36704/SC, Rel. Ministro FELIX FISCHER, QUINTA TURMA, julgado em 18/02/2016, DJe 26/02/2016; AgRg no AREsp 534251/SP, Rel. Ministro SEBASTIÃO REIS JÚNIOR, SEXTA TURMA, julgado em 13/10/2015, DJe 05/11/2015; HC 324131/SP, Rel. Ministro LEOPOLDO DE ARRUDA RAPOSO (DESEMBARGADOR CONVOCADO DO TJ/PE), QUINTA TURMA, julgado em 17/09/2015, DJe 23/09/2015; RHC 40411/RJ, Rel. Ministro JORGE MUSSI, QUINTA TURMA, julgado em 23/09/2014, DJe 30/09/2014. (VIDE INFORMATIVO DE JURISPRUDÊNCIA N. 556)

2) O delito de apropriação indébita previdenciária constitui crime omissivo próprio, que se perfaz com a mera omissão de recolhimento da contribuição previdenciária dentro do prazo e das formas legais, prescindindo, portanto, do dolo específico.

Julgados: AgRg no REsp 1477691/DF, Rel. Ministro NEFI CORDEIRO, SEXTA TURMA, julgado em 11/10/2016, DJe 28/10/2016; AgRg no REsp 1574813/PR, Rel. Ministro REYNALDO SOARES DA FONSECA, QUINTA TURMA, julgado em 28/06/2016, DJe 01/08/2016; AgRg no AREsp 899927/SP, Rel. Ministro SEBASTIÃO REIS JÚNIOR, SEXTA TURMA, julgado em 02/06/2016, DJe 16/06/2016; REsp 1359446/SP, Rel. Ministro ROGERIO SCHIETTI CRUZ, SEXTA TURMA, julgado em 19/04/2016, DJe 28/04/2016; AgRg no REsp 1315984/SP, Rel. Ministro JORGE MUSSI, QUINTA TURMA, julgado em 16/02/2016, DJe 23/02/2016; EDcl no AgRg no AREsp 443776/RS, Rel. Ministro LEOPOLDO DE ARRUDA RAPOSO (DESEMBARGADOR CONVOCADO DO TJ/PE), QUINTA TURMA, julgado em 18/06/2015, DJe 24/06/2015. (VIDE INFORMATIVO DE JURISPRUDÊNCIA N. 528)

3) A apropriação indébita previdenciária é crime instantâneo e unissubsistente, sendo a mera omissão de recolhimento da contribuição previdenciária dentro do prazo e das formas legais suficiente para a caracterização da continuidade delitiva.

Julgados: AgRg no REsp 1574813/PR, Rel. Ministro REYNALDO SOARES DA FONSECA, QUINTA TURMA, julgado em 28/06/2016, DJe 01/08/2016; AgRg no REsp 1315984/SP, Rel. Ministro JORGE MUSSI, QUINTA TURMA, julgado em 16/02/2016, DJe 23/02/2016; AgRg no REsp 1353240/RS, Rel. Ministro MARCO AURÉLIO BELLIZZE, QUINTA TURMA, julgado em 20/06/2013, DJe 28/06/2013; AgRg no REsp 1217274/RS, Rel. Ministra LAURITA VAZ, QUINTA TURMA, julgado em 07/03/2013, DJe 13/03/2013; REsp 1171603/ES, Rel. Ministra MARIA THEREZA DE ASSIS MOURA, SEXTA TURMA, julgado em 19/11/2012, DJe 26/11/2012; HC 129641/SC, Rel. Ministro SEBASTIÃO REIS JÚNIOR, SEXTA TURMA, julgado em 04/09/2012, DJe 19/09/2012.

4) É possível o reconhecimento da continuidade delitiva de crimes de apropriação indébita previdenciária (art. 168-A do CP), bem como entre o crime de apropriação indébita previdenciária e o crime de sonegação previdenciária (art. 337-A do CP) praticados na administração de empresas distintas, mas pertencentes ao mesmo grupo econômico.

Julgados: AgRg no REsp 1396259/RS, Rel. Ministro REYNALDO SOARES DA FONSECA, QUINTA TURMA, julgado em 17/03/2016, DJe 30/03/2016; REsp 859050/RS, Rel. Ministro ROGERIO SCHIETTI CRUZ, SEXTA TURMA, julgado em 03/12/2013, DJe 13/12/2013; EDcl no REsp 1212911/RS, Rel. Ministro SEBASTIÃO REIS JÚNIOR, SEXTA TURMA, julgado em 05/06/2012, DJe 18/06/2012. (VIDE INFORMATIVO DE JURISPRUDÊNCIA N. 493)

5) O pagamento integral dos débitos oriundos de apropriação indébita previdenciária, ainda que efetuado após o recebimento da denúncia, mas antes do trânsito em julgado da sentença condenatória, extingue a punibilidade, nos termos do art. 9º, § 2º, da Lei n. 10.684/2003.

Julgados: HC 90308/SP, Rel. Ministro NEFI CORDEIRO, SEXTA TURMA, julgado em 02/06/2015, DJe 12/06/2015; HC 302059/SP, Rel. Ministra MARIA THEREZA DE ASSIS MOURA, SEXTA TURMA, julgado em 03/02/2015, DJe 11/02/2015; AgRg no AREsp 292390/ES, Rel. Ministra LAURITA VAZ, QUINTA TURMA, julgado em 10/12/2013, DJe 03/02/2014; HC 84798/GO, Rel. Ministro ARNALDO ESTEVES LIMA, QUINTA TURMA, julgado em 06/10/2009, DJe 03/11/2009; REsp 1561070/PE (decisão monocrática), Rel. Ministro SEBASTIÃO REIS JÚNIOR, julgado em 03/11/2015, DJe 09/11/2015; REsp 1171938/PB (decisão monocrática), Rel. Ministro JORGE MUSSI, julgado em 01/02/2011, DJe 03/02/2011. (VIDE INFORMATIVOS DE JURISPRUDÊNCIAS Ns. 556 e 559)

6) Aplica-se o princípio da insignificância ao crime de apropriação indébita previdenciária, quando, na ocasião do delito, o valor do débito com a Previdência Social não ultrapassar o montante de R$ 10.000,00 (dez mil reais), previsto no art. 20 da Lei n. 10.522/2002.

Julgados: REsp 1419836/RS, Rel. Ministro ROGERIO SCHIETTI CRUZ, SEXTA TURMA, julgado em 13/06/2017, DJe 23/06/2017; AgRg no REsp 1639006/RS, Rel. Ministro REYNALDO SOARES DA FONSECA, QUINTA TURMA, julgado em 06/06/2017, DJe 14/06/2017; RHC 74756/PR, Rel. Ministro RIBEIRO DANTAS, QUINTA TURMA, julgado em 13/12/2016, DJe 19/12/2016; AgInt no REsp 1620729/SP, Rel. Ministro ANTONIO SALDANHA PALHEIRO, SEXTA TURMA, julgado em 18/10/2016, DJe 10/11/2016; AgRg no REsp 1588990/PR, Rel. Ministra MARIA THEREZA DE ASSIS MOURA, SEXTA TURMA, julgado em 03/05/2016, DJe 12/05/2016; RHC 59839/SP, Rel. Ministro NEFI CORDEIRO, SEXTA TURMA, julgado em 07/04/2016, DJe 19/04/2016.

4.7.7 Estelionato

Base normativa no Código Penal

CAPÍTULO VI

DO ESTELIONATO E OUTRAS FRAUDES

Estelionato

Art. 171. Obter, para si ou para outrem, vantagem ilícita, em prejuízo alheio, induzindo ou mantendo alguém em erro, mediante artifício, ardil, ou qualquer outro meio fraudulento:

Pena – reclusão, de um a cinco anos, e multa, de quinhentos mil réis a dez contos de réis. (Vide Lei n. 7.209, de 1984)

§ 1º Se o criminoso é primário, e é de pequeno valor o prejuízo, o juiz pode aplicar a pena conforme o disposto no art. 155, § 2º.

§ 2º Nas mesmas penas incorre quem:

Disposição de coisa alheia como própria

I – vende, permuta, dá em pagamento, em locação ou em garantia coisa alheia como própria;

Alienação ou oneração fraudulenta de coisa própria

II – vende, permuta, dá em pagamento ou em garantia coisa própria inalienável, gravada de ônus ou litigiosa, ou imóvel que prometeu vender a terceiro, mediante pagamento em prestações, silenciando sobre qualquer dessas circunstâncias;

Defraudação de penhor

III – defrauda, mediante alienação não consentida pelo credor ou por outro modo, a garantia pignoratícia, quando tem a posse do objeto empenhado;

Fraude na entrega de coisa

IV – defrauda substância, qualidade ou quantidade de coisa que deve entregar a alguém;

Fraude para recebimento de indenização ou valor de seguro

V – destrói, total ou parcialmente, ou oculta coisa própria, ou lesa o próprio corpo ou a saúde, ou agrava as consequências da lesão ou doença, com o intuito de haver indenização ou valor de seguro;

Fraude no pagamento por meio de cheque

VI – emite cheque, sem suficiente provisão de fundos em poder do sacado, ou lhe frustra o pagamento.

Fraude eletrônica

§ 2º-A. A pena é de reclusão, de 4 (quatro) a 8 (oito) anos, e multa, se a fraude é cometida com a utilização de informações fornecidas pela vítima ou por terceiro induzido a erro por meio de redes sociais, contatos telefônicos ou envio de correio eletrônico fraudulento, ou por qualquer outro meio fraudulento análogo. (Incluído pela Lei n. 14.155, de 2021)

§ 2º-B. A pena prevista no § 2º-A deste artigo, considerada a relevância do resultado gravoso, aumenta-se de 1/3 (um terço) a 2/3 (dois terços), se o crime é praticado mediante a utilização de servidor mantido fora do território nacional. (Incluído pela Lei n. 14.155, de 2021)

§ 3º A pena aumenta-se de um terço, se o crime é cometido em detrimento de entidade de direito público ou de instituto de economia popular, assistência social ou beneficência.

Estelionato contra idoso ou vulnerável (Redação dada pela Lei n. 14.155, de 2021)

§ 4º A pena aumenta-se de 1/3 (um terço) ao dobro, se o crime é cometido contra idoso ou vulnerável, considerada a relevância do resultado gravoso. (Redação dada pela Lei n. 14.155, de 2021)

§ 5º Somente se procede mediante representação, salvo se a vítima for: (Incluído pela Lei n. 13.964, de 2019)

I – a Administração Pública, direta ou indireta; (Incluído pela Lei n. 13.964, de 2019)

II – criança ou adolescente; (Incluído pela Lei n. 13.964, de 2019)

III – pessoa com deficiência mental; ou (Incluído pela Lei n. 13.964, de 2019)

IV – maior de 70 (setenta) anos de idade ou incapaz. (Incluído pela Lei n. 13.964, de 2019)

Art. 171-A. Organizar, gerir, ofertar ou distribuir carteiras ou intermediar operações que envolvam ativos virtuais, valores mobiliários ou quaisquer ativos financeiros com o fim de obter vantagem ilícita, em prejuízo alheio, induzindo ou mantendo alguém em erro, mediante artifício, ardil ou qualquer outro meio fraudulento. (Incluído pela Lei n. 14.478, de 2022)

Pena – reclusão, de 4 (quatro) a 8 (oito) anos, e multa. (Incluído pela Lei n. 14.478, de 2022)

Duplicata simulada

Art. 172. Emitir fatura, duplicata ou nota de venda que não corresponda à mercadoria vendida, em quantidade ou qualidade, ou ao serviço prestado. (Redação dada pela Lei n. 8.137, de 27.12.1990)

Pena – detenção, de 2 (dois) a 4 (quatro) anos, e multa. (Redação dada pela Lei n. 8.137, de 27.12.1990)

Parágrafo único. Nas mesmas penas incorrerá aquele que falsificar ou adulterar a escrituração do Livro de Registro de Duplicatas. (Incluído pela Lei n. 5.474. de 1968)

Abuso de incapazes

Art. 173. Abusar, em proveito próprio ou alheio, de necessidade, paixão ou inexperiência de menor, ou da alienação ou debilidade mental de outrem, induzindo qualquer deles à prática de ato suscetível de produzir efeito jurídico, em prejuízo próprio ou de terceiro:

Pena – reclusão, de dois a seis anos, e multa.

Induzimento à especulação

Art. 174. Abusar, em proveito próprio ou alheio, da inexperiência ou da simplicidade ou inferioridade mental de outrem, induzindo-o à prática de jogo ou aposta, ou à especulação com títulos ou mercadorias, sabendo ou devendo saber que a operação é ruinosa:

Pena – reclusão, de um a três anos, e multa.

Fraude no comércio

Art. 175. Enganar, no exercício de atividade comercial, o adquirente ou consumidor:

I – vendendo, como verdadeira ou perfeita, mercadoria falsificada ou deteriorada;

II – entregando uma mercadoria por outra:

Pena – detenção, de seis meses a dois anos, ou multa.

§ 1º Alterar em obra que lhe é encomendada a qualidade ou o peso de metal ou substituir, no mesmo caso, pedra verdadeira por falsa ou por outra de menor valor; vender pedra falsa por verdadeira; vender, como precioso, metal de ou outra qualidade:

Pena – reclusão, de um a cinco anos, e multa.

§ 2° É aplicável o disposto no art. 155, § 2°.

Outras fraudes

Art. 176. Tomar refeição em restaurante, alojar-se em hotel ou utilizar-se de meio de transporte sem dispor de recursos para efetuar o pagamento:

Pena – detenção, de quinze dias a dois meses, ou multa.

Parágrafo único. Somente se procede mediante representação, e o juiz pode, conforme as circunstâncias, deixar de aplicar a pena.

Fraudes e abusos na fundação ou administração de sociedade por ações

Art. 177. Promover a fundação de sociedade por ações, fazendo, em prospecto ou em comunicação ao público ou à assembléia, afirmação falsa sobre a constituição da sociedade, ou ocultando fraudulentamente fato a ela relativo:

Pena – reclusão, de um a quatro anos, e multa, se o fato não constitui crime contra a economia popular.

§ 1° Incorrem na mesma pena, se o fato não constitui crime contra a economia popular: (Vide Lei n. 1.521, de 1951)

I – o diretor, o gerente ou o fiscal de sociedade por ações, que, em prospecto, relatório, parecer, balanço ou comunicação ao público ou à assembleia, faz afirmação falsa sobre as condições econômicas da sociedade, ou oculta fraudulentamente, no todo ou em parte, fato a elas relativo;

II – o diretor, o gerente ou o fiscal que promove, por qualquer artifício, falsa cotação das ações ou de outros títulos da sociedade;

III – o diretor ou o gerente que toma empréstimo à sociedade ou usa, em proveito próprio ou de terceiro, dos bens ou haveres sociais, sem prévia autorização da assembleia geral;

IV – o diretor ou o gerente que compra ou vende, por conta da sociedade, ações por ela emitidas, salvo quando a lei o permite;

V – o diretor ou o gerente que, como garantia de crédito social, aceita em penhor ou em caução ações da própria sociedade;

VI – o diretor ou o gerente que, na falta de balanço, em desacordo com este, ou mediante balanço falso, distribui lucros ou dividendos fictícios;

VII – o diretor, o gerente ou o fiscal que, por interposta pessoa, ou conluiado com acionista, consegue a aprovação de conta ou parecer;

VIII – o liquidante, nos casos dos ns. I, II, III, IV, V e VII;

IX – o representante da sociedade anônima estrangeira, autorizada a funcionar no País, que pratica os atos mencionados nos ns. I e II, ou dá falsa informação ao Governo.

§ 2º Incorre na pena de detenção, de seis meses a dois anos, e multa, o acionista que, a fim de obter vantagem para si ou para outrem, negocia o voto nas deliberações de assembleia geral.

Emissão irregular de conhecimento de depósito ou "warrant"

Art. 178. Emitir conhecimento de depósito ou warrant, em desacordo com disposição legal:

Pena – reclusão, de um a quatro anos, e multa.

Fraude à execução

Art. 179. Fraudar execução, alienando, desviando, destruindo ou danificando bens, ou simulando dívidas:

Pena – detenção, de seis meses a dois anos, ou multa.

Parágrafo único. Somente se procede mediante queixa.

Fonte: Brasil, 1940.

O estelionato, tipificado no art. 171 do Código Penal brasileiro, caracteriza-se pela obtenção de vantagem ilícita em prejuízo alheio, mediante fraude, sendo esta o verdadeiro núcleo da conduta e sobre a qual se discute algum grau de diferença entre sua manifestação nas esferas cível e penal.

A esse respeito, para Hungria (1955, p. 173),

> No que têm de fundamental, coincidem o delito civil e o delito penal. Um e outro são uma rebeldia contra a ordem jurídica. Consistem ambos num fato exterior do homem, antijurídico, imputável a título de dolo ou culpa. A única diferença entre eles está na maior gravidade do delito penal que, por isso mesmo, provoca mais extensa e intensa perturbação social. Diferença unicamente de grau ou quantidade. A este critério relativo, e somente a ele, é que atende o direito objetivo do Estado na diversidade formal de sua ação defensiva contra a sublevação da vontade individual.

Contudo, conforme abalizada doutrina, "O que importa verificar – no exame do caso concreto – é se a conduta do agente, comerciante ou não, se amolda às elementares do delito de estelionato ou de outra fraude patrimonial, hipótese em que se revestirá de relevância penal, independentemente das relações sociais subjacentes" (Souza; Japiassú, 2022).

As técnicas empregadas na fraude, como corretamente apontado pela doutrina contemporânea, são estas: "o artifício é a fraude material, na qual há uma alteração exterior da coisa: falsidade, disfarce, uso de aparelhos eletrônicos etc. Ardil já é a astúcia, a malícia, ou seja, uma fraude puramente intelectual, sem a base material do artifício" (Nabuco Filho, 2011, p. 2), afirmação apoiada em textos clássicos da literatura penal brasileira.

A amplitude dessa vantagem ilícita é, ainda, discutida doutrinariamente na medida em que o dispositivo legal estabelece que o crime de estelionato consiste em "obter, para si ou para outrem, vantagem ilícita, em prejuízo alheio, induzindo ou mantendo alguém em erro, mediante artifício, ardil, ou qualquer outro meio fraudulento" (Brasil, 1940). Assim, posições sustentadas na ubiquação do tipo acabam por afirmar que

> não podemos analisar os tipos penais isoladamente, como se fossem estrelas perdidas, afastadas de qualquer constelação. Por isso, não podemos abrir mão, conforme já assinalado naquela oportunidade, da chamada interpretação sistêmica. Dessa forma, encontrando-se o tipo penal que prevê o delito de estelionato inserido no Título II do Código Penal, correspondente aos crimes contra o patrimônio, o raciocínio não poderia ser outro senão o de afirmar que a vantagem ilícita, obtida pelo agente, deve ter natureza econômica. Assim, qualquer vantagem economicamente apreciável poderá se amoldar ao delito em estudo, seja ela a obtenção de coisa móvel, imóvel, direitos pertencentes à vítima, enfim, qualquer vantagem em que se possa apontar a sua essência econômica. (Greco, 2024, p 1.607)

Outra linha de pensamento sustenta que a vantagem ilícita pode ser de natureza não patrimonial. Segundo essa visão, a vantagem obtida pelo agente não precisa ser economicamente mensurável, podendo incluir benefícios imateriais, como prestígio, favores pessoais ou qualquer outra forma de vantagem que não represente diretamente um valor econômico.

Conforme Prado (2024, p. 730), "Prevalece o entendimento doutrinário de que a referida vantagem não necessita ser econômica, já que o legislador não restringiu o seu alcance como fez no tipo que define o crime de extorsão, no qual empregou a expressão indevida vantagem econômica".

Trata-se de crime comum, podendo ser praticado por qualquer pessoa desde sua forma elementar, e sua consumação se dá com o proveito da vantagem patrimonial e não com a prática do ato fraudulento. A conduta, por sua própria estrutura, somente se admite na forma dolosa.

No contexto da prática criminosa, banhada pela fraude em sentido amplo, discute-se reiteradamente a ocorrência da denominada *torpeza bilateral*, situação na qual também a vítima age de maneira espúria. A solução aqui caminha no sentido da ocorrência do crime desde que a vítima, também fraudadora, não esteja protegendo patrimônio ilícito:

> O patrimônio individual cuja lesão fraudulenta constitui o estelionato é o juridicamente protegido, e somente goza da proteção do direito o patrimônio que serve a um fim legítimo, dentro de sua função econômico-social. Desde o

> momento que ele é aplicado a um fim ilícito ou imoral, a lei, que é a expressão do direito como mínimo ético indispensável ao convívio social, retira-lhe o arrimo, pois, de outro modo, estaria faltando à sua própria finalidade. (Hungria; Fragoso, 1980, p. 192-193)

Significativa alteração legislativa se deu com a Lei n. 14.155, de 27 de maio de 2021, que criminalizou de forma específica o crime em questão praticado "com a utilização de informações fornecidas pela vítima ou por terceiro induzido a erro por meio de redes sociais, contatos telefônicos ou envio de correio eletrônico fraudulento, ou por qualquer outro meio fraudulento análogo" (Brasil, 1940), indo na esteira dos dados já expostos e que aqui se reafirmam quanto ao aumento do número de vítimas por esse meio[10].

Um dos métodos mais comuns de estelionato virtual é o *phishing*, que envolve o envio de *e-mails* ou mensagens falsas que parecem ser de fontes legítimas, como bancos, lojas *on-line* ou serviços de pagamento. Esses *e-mails* frequentemente contêm *links* que redirecionam a vítima para *sites* falsos, em que são solicitadas informações pessoais e financeiras. Outra técnica comum é o uso de *malware*, que é instalado no dispositivo da vítima ao clicar em *links* ou anexos maliciosos, permitindo aos criminosos acessar dados sensíveis ou controlar remotamente o dispositivo da vítima.

Destaca a doutrina que

> Importa diferenciar o estelionato qualificado mediante fraude eletrônica do furto qualificado mediante fraude eletrônica também introduzido pela mesma lei 14.155 de 27 de maio de 2021. A diferença fundamental é que no furto, o agente subtrai coisa alheia móvel com valor econômico, valendo-se de dispositivo eletrônico ou informático sem qualquer participação da vítima, enquanto que no estelionato, a vantagem ilícita é obtida mediante o fornecimento pela própria vítima dos dados necessários à obtenção da vantagem, induzida em erro que é, pelo expediente cibernético. (Busato, 2022)

Precedentes destacados no tema analisado

1) Quando o falso se exaure no estelionato, sem mais potencialidade lesiva, é por este absorvido. (Súmula n. 17/STJ)

Julgados: AgRg no REsp 1566224/ES, Rel. Ministro JORGE MUSSI, QUINTA TURMA, julgado em 06/04/2017, DJe 17/04/2017; AgInt no AREsp 738842/DF, Rel. Ministro NEFI CORDEIRO, SEXTA TURMA, julgado em 13/12/2016, DJe 19/12/2016; CC 139914/SE, Rel. Ministro REYNALDO SOARES DA FONSECA,

10 Ver a respeito: <https://www.ecommercebrasil.com.br/noticias/no-brasil-80-mil-pessoas-ja-foram-vitimas-de-golpes-online-em-2023>.

TERCEIRA SEÇÃO, julgado em 14/10/2015, DJe 21/10/2015; AgRg no REsp 1389405/RS, Rel. Ministro LEOPOLDO DE ARRUDA RAPOSO (DESEMBARGADOR CONVOCADO DO TJ/PE), QUINTA TURMA, julgado em 30/06/2015, DJe 07/08/2015; HC 270416/SP, Rel. Ministro NEWTON TRISOTTO (DESEMBARGADOR CONVOCADO DO TJ/SC), QUINTA TURMA, julgado em 04/11/2014, DJe 12/11/2014; HC 209554/SP, Rel. Ministra LAURITA VAZ, QUINTA TURMA, julgado em 05/09/2013, DJe 11/09/2013. (VIDE SÚMULAS ANOTADAS)

2) O princípio da insignificância é inaplicável ao crime de estelionato quando cometido contra a administração pública, uma vez que a conduta ofende o patrimônio público, a moral administrativa e a fé pública, possuindo elevado grau de reprovabilidade.

Julgados: RHC 56754/RS, Rel. Ministro NEFI CORDEIRO, SEXTA TURMA, julgado em 03/05/2016, DJe 12/05/2016; RHC 61931/RS, Rel. Ministro GURGEL DE FARIA, QUINTA TURMA, julgado em 15/12/2015, DJe 15/02/2016; AgRg no AREsp 627891/RN, Rel. Ministro JORGE MUSSI, QUINTA TURMA, julgado em 17/11/2015, DJe 25/11/2015; RHC 55646/RS, Rel. Ministro NEWTON TRISOTTO (DESEMBARGADOR CONVOCADO DO TJ/SC), QUINTA TURMA, julgado em 01/09/2015, DJe 09/09/2015; EDcl no AgRg no REsp 1335363/ES, Rel. Ministro LEOPOLDO DE ARRUDA RAPOSO (DESEMBARGADOR CONVOCADO DO TJ/PE), QUINTA TURMA, julgado em 20/08/2015, DJe 01/09/2015; AgRg no AREsp 682583/SP, Rel. Ministro REYNALDO SOARES DA FONSECA, QUINTA TURMA, julgado em 20/08/2015, DJe 28/08/2015. (VIDE INFORMATIVO DE JURISPRUDÊNCIA N. 429) (VIDE JURISPRUDÊNCIA EM TESES N. 57).

3) Compete à Justiça Comum Estadual processar e julgar crime de estelionato praticado mediante falsificação das guias de recolhimento das contribuições previdenciárias, quando não ocorrente lesão à autarquia federal. (Súmula n. 107/STJ)

Julgados: AgRg no CC 146725/SP, Rel. Ministro ROGERIO SCHIETTI CRUZ, TERCEIRA SEÇÃO, julgado em 08/06/2016, DJe 17/06/2016; CC 143782/SP, Rel. Ministra MARIA THEREZA DE ASSIS MOURA, TERCEIRA SEÇÃO, julgado em 09/12/2015, DJe 15/12/2015; HC 239081/SC, Rel. Ministro JORGE MUSSI, QUINTA TURMA, julgado em 11/02/2014, DJe 19/02/2014; EDcl no AgRg no CC 98778/SP, Rel. Ministro SEBASTIÃO REIS JÚNIOR, TERCEIRA SEÇÃO, julgado em 24/08/2011, DJe 02/09/2011; CC 146258/BA (decisão monocrática), Rel. Minis- tro ANTONIO SALDANHA PALHEIRO, julgado em 06/03/2017, DJe 08/03/2017; CC 149155/SP (decisão monocrática), Rel. Ministro FELIX FISCHER, julgado em 25/10/2016, DJe 28/10/2016. (VIDE INFORMATIVO DE JURISPRUDÊNCIA N. 432) (VIDE SÚMULAS ANOTADAS)

4) O delito de estelionato previdenciário (art. 171, § 3º do CP), praticado pelo próprio beneficiário, tem natureza de crime permanente uma vez que a ofensa ao bem jurídico tutelado é reiterada, iniciando-se a contagem do prazo prescricional com o último recebimento indevido da remuneração.

Julgados: AgRg no AREsp 962731/SC, Rel. Ministro REYNALDO SOARES DA FONSECA, QUINTA TURMA, julgado em 22/09/2016, DJe 30/09/2016; AgRg no REsp 1571511/RS, Rel. Ministra MARIA THEREZA DE ASSIS MOURA, SEXTA TURMA, julgado em 18/02/2016, DJe 29/02/2016; AgRg no REsp 1287126/BA, Rel. Ministro ROGERIO SCHIETTI CRUZ, SEXTA TURMA, julgado em 05/11/2015, DJe 23/11/2015; AgRg no REsp 1497147/SP, Rel. Ministro LEOPOLDO DE ARRUDA RAPOSO (DESEMBARGADOR CONVOCADO DO TJ/PE), QUINTA TURMA, julgado em 28/04/2015, DJe 13/05/2015; HC 247408/RJ, Rel. Ministro GURGEL DE FARIA, QUINTA TURMA, julgado em 07/04/2015, DJe 16/04/2015; AgRg no REsp 1478717/PE, Rel. Ministro SEBASTIÃO REIS JÚNIOR, SEXTA TURMA, julgado em 18/11/2014, DJe 05/12/2014. (VIDE INFORMATIVO DE JURISPRUDÊNCIA N. 477)

5) O delito de estelionato previdenciário, praticado para que terceira pessoa se beneficie indevidamente, é crime instantâneo com efeitos permanentes, iniciando-se a contagem do prazo prescricional a partir da primeira parcela do pagamento relativo ao benefício indevido.

Julgados: RHC 66487/PB, Rel. Ministro NEFI CORDEIRO, SEXTA TURMA, julgado em 17/03/2016, DJe 01/04/2016; AgRg no REsp 1497147/SP, Rel. Ministro LEOPOLDO DE ARRUDA RAPOSO (DESEMBARGADOR CONVOCADO DO TJ/PE), QUINTA TURMA, julgado em 28/04/2015, DJe 13/05/2015; AgRg no REsp 1347082/RS, Rel. Ministro MOURA RIBEIRO, QUINTA TURMA, julgado em 21/08/2014, DJe 26/08/2014; AgRg no REsp 1271901/RJ, Rel. Ministra LAURITA VAZ, QUINTA TURMA, julgado em 18/02/2014, DJe 07/03/2014; AgRg no REsp 1396403/SP, Rel. Ministro SEBASTIÃO REIS JÚNIOR, SEXTA TURMA, julgado em 01/10/2013, DJe 14/10/2013; RHC 27582/DF, Rel. Ministra MARIA THEREZA DE ASSIS MOURA, SEXTA TURMA, julgado em 15/08/2013, DJe 26/08/2013.

6) Aplica-se a regra da continuidade delitiva (art. 71 do CP) ao crime de estelionato previdenciário praticado por terceiro, que após a morte do beneficiário segue recebendo o benefício regularmente concedido ao segurado, como se este fosse, sacando a prestação previdenciária por meio de cartão magnético todos os meses.

Julgados: AgRg no REsp 1466641/SC, Rel. Ministro ROGERIO SCHIETTI CRUZ, SEXTA TURMA, julgado em 25/04/2017, DJe 15/05/2017; AgRg no REsp 1378323/PR, Rel. Ministra MARILZA MAYNARD (DESEMBARGADORA CONVOCADA DO TJ/SE), SEXTA TURMA, julgado em 26/08/2014, DJe

10/09/2014; REsp 1282118/RS, Rel. Ministra MARIA THEREZA DE ASSIS MOURA, SEXTA TURMA, julgado em 26/02/2013, DJe 12/03/2013; REsp 1602787/PR (decisão monocrática), Rel. Ministro SEBASTIÃO REIS JÚNIOR, julgado em 13/06/2016, DJe 15/06/2016. (VIDE INFORMATIVO DE JURISPRUDÊNCIA N. 516)

7) A devolução à Previdência Social da vantagem percebida ilicitamente, antes do recebimento da denúncia, não extingue a punibilidade do crime de estelionato previdenciário, podendo, eventualmente, caracterizar arrependimento posterior, previsto no art. 16 do CP.

Julgados: EDcl no AgRg no REsp 1540140/RS, Rel. Ministro REYNALDO SOARES DA FONSECA, QUINTATURMA, julgado em 22/11/2016, DJe 05/12/2016; RHC 63027/SP, Rel. Ministro RIBEIRO DANTAS, QUINTA TURMA, julgado em 18/10/2016, DJe 09/11/2016; REsp 1380672/SC, Rel. Ministro ROGERIO SCHIETTI CRUZ, SEXTA TURMA, julgado em 24/03/2015, DJe 06/04/2015; AgRg no ARESP 992285/RJ (decisão monocrática), Rel. Ministro JOEL ILAN PACIORNIK, julgado em 15/05/2017, DJe 18/05/2017. (VIDE INFORMATIVO DE JURISPRUDÊNCIA N. 559)

8) O ressarcimento integral do dano no crime de estelionato, na sua forma fundamental (art. 171, *caput*, do CP), não enseja a extinção da punibilidade, salvo nos casos de emissão de cheque sem fundos, em que a reparação ocorra antes do oferecimento da denúncia (art. 171, § 2°, VI, do CP).

Julgados: AgInt no RHC 75903/SP, Rel. Ministro ROGERIO SCHIETTI CRUZ, SEXTA TURMA, julgado em 17/11/2016, DJe 29/11/2016; HC 279805/SP, Rel. Ministra MARIA THEREZA DE ASSIS MOURA, SEXTA TURMA, julgado em 23/10/2014, DJe 10/11/2014; HC 253955/RS, Rel. Ministro JORGE MUSSI, QUINTA TURMA, julgado em 27/03/2014, DJe 02/04/2014; RHC 29970/SP, Rel. Ministra LAURITA VAZ, QUINTA TURMA, julgado em 10/12/2013, DJe 03/02/2014. (VIDE INFORMATIVO DE JURISPRUDÊNCIA N. 559)

9) O delito de estelionato é consumado no local em que se verifica o prejuízo à vítima.

Julgados: AgRg no CC 146524/SC, Rel. Ministro JORGE MUSSI, TERCEIRA SEÇÃO, julgado em 22/03/2017, DJe 30/03/2017; AgRg no CC 145119/PR, Rel. Ministro FELIX FISCHER, TERCEIRA SEÇÃO, julgado em 10/08/2016, DJe 17/08/2016; CC 143621/PR, Rel. Ministro ROGERIO SCHIETTI CRUZ, TERCEIRA SEÇÃO, julgado em 25/05/2016, DJe 07/06/2016; CC 142934/PR, Rel. Ministro NEFI CORDEIRO, TER- CEIRA SEÇÃO, julgado em 14/10/2015, DJe 30/11/2015; CC 139800/MG, Rel. Ministro REYNALDO SOARES DA FONSECA, TERCEIRA SEÇÃO, julgado em 24/06/2015, DJe 01/07/2015; CC 130490/CE, Rel. Ministra MARILZA MAYNARD (DESEMBARGADORA CONVOCADA DO

TJ/SE), TERCEIRA SEÇÃO, julgado em 26/02/2014, DJe 13/03/2014. (VIDE INFORMATIVO DE JURISPRUDÊNCIA N. 565)

10) Compete ao foro do local da recusa processar e julgar o crime de estelionato mediante cheque sem provisão de fundos. (Súmula n. 244/STJ)

Julgados: CC 116295/PR, Rel. Ministro MARCO AURÉLIO BELLIZZE, TERCEIRA SEÇÃO, julgado em 12/06/2013, DJe 25/06/2013; CC 122646/PE, Rel. Ministra LAURITA VAZ, TERCEIRA SEÇÃO, julgado em 28/11/2012, DJe 04/12/2012; CC 149768/RS (decisão monocrática), Rel. Ministra MARIA THEREZA DE ASSIS MOURA, julgado em 16/11/2016, Dje 18/11/2016; CC 148206/RJ (decisão monocrática), Rel. Ministro REYNALDO SOARES DA FONSECA, julgado em 18/08/2016, Dje 22/08/2016; CC 141255/MG (decisão monocrática), Rel. Ministro ERICSON MARANHO (DESEMBARGADOR CONVOCADO DO TJ/SP), julgado em 01/02/2016, Dje 03/02/2016; CC 114554/SP (decisão monocrática), Rel. Ministro JORGE MUSSI, julgado em 29/06/2011, Dje 01/08/2011. (VIDE SÚMULA N. 521/STF) (VIDE SÚMULAS ANOTADAS)

11) A emissão de cheques pré-datados, como garantia de dívida e não como ordem de pagamento à vista, não constitui crime de estelionato previsto no art. 171, § 2°, VI, do CP, uma vez que a matéria deixa de ter interesse penal quando não há fraude, conforme a Súmula n. 246/STF.

Julgados: HC 226149/RS, Rel. Ministro SEBASTIÃO REIS JÚNIOR, SEXTA TURMA, julgado em 12/08/2014, DJe 03/08/2015; HC 290584/SP, Rel. Ministra LAURITA VAZ, QUINTA TURMA, julgado em 05/08/2014, DJe 21/08/2014; RHC 37029/SP, Rel. Ministro MARCO AURÉLIO BELLIZZE, QUINTA TURMA, julgado em 13/08/2013, DJe 20/08/2013; RHC 19314/CE, Rel. Ministro OG FERNANDES, SEXTA TURMA, julgado em 22/03/2012, DJe 09/05/2012; HC 167741/MG, Rel. Ministro JORGE MUSSI, QUINTA TURMA, julgado em 27/09/2011, DJe 28/10/2011. (VIDE SÚMULA N. 246/STF) (VIDE INFORMATIVO DE JURISPRUDÊNCIA N. 362)

12) O pagamento de cheque emitido sem provisão de fundos, após o recebimento da denúncia, não obsta ao prosseguimento da ação penal. (Súmula n. 554/STF)

Julgados: RHC 58993/RJ, Rel. Ministro FELIX FISCHER, QUINTA TURMA, julgado em 22/09/2015, DJe 30/09/2015; HC 279805/SP, Rel. Ministra MARIA THEREZA DE ASSIS MOURA, SEXTA TURMA, julgado em 23/10/2014, DJe 10/11/2014; HC 280089/SP, Rel. Ministro JORGE MUSSI, QUINTA TURMA, julgado em 18/02/2014, DJe 26/02/2014; RHC 29970/SP, Rel. Ministra LAURITA VAZ, QUINTA TURMA, julgado em 10/12/2013, DJe 03/02/2014; RHC 75903/SP (decisão monocrática), Rel. Ministro ROGERIO SCHIETTI CRUZ, julgado em 29/09/2016, DJe 03/10/2016.

13) A utilização de papel-moeda grosseiramente falsificado configura, em tese, o crime de estelionato, da competência da Justiça Estadual. (Súmula n. 73/STJ)

Julgados: CC 135301/PA, Rel. Ministro ERICSON MARANHO (DESEMBARGADOR CONVOCADO DO TJ/SP), TERCEIRA SEÇÃO, julgado em 08/04/2015, DJe 15/04/2015; AgRg no AREsp 385450/CE, Rel. Ministro SEBASTIÃO REIS JÚNIOR, SEXTA TURMA, julgado em 26/08/2014, DJe 09/09/2014; CC 117751/PR, Rel. Ministro MARCO AURÉLIO BELLIZZE, TERCEIRA SEÇÃO, julgado em 28/03/2012, DJe 14/05/2012; CC 115620/SP, Rel. Ministro OG FERNANDES, TERCEIRA SEÇÃO, julgado em 14/03/2011, DJe 28/03/2011; CC 151377/AP (decisão monocrática), Rel. Ministro JORGE MUSSI, julgado em 27/04/2017, DJe 03/05/2017; CC 149794/SP (decisão monocrática), Rel. Ministro ANTONIO SALDANHA PALHEIRO, julgado em 29/11/2016, DJe 01/12/2016. (VIDE INFORMATIVO DE JURISPRUDÊNCIA N. 361) (VIDE SÚMULAS ANOTADAS)

14) A retroatividade da representação da vítima no crime de estelionato, inserida pelo Pacote Anticrime, deve se restringir à fase policial, pois não alcança o processo (Art. 171, § 5°, do CP incluído pela Lei n. 13.964/2019).

Julgados: AgRg no RHC 146966/MS, Rel. Ministro JESUÍNO RISSATO (DESEMBARGADOR CONVOCADO DO TJDFT), QUINTA TURMA, julgado em 21/09/2021, DJe 29/09/2021; AgRg no AREsp 1781548/MS, Rel. Ministro JOEL ILAN PACIORNIK, QUINTA TURMA, julgado em 02/02/2021, DJe 08/02/2021; HC 602601/SP, Rel. Ministro FELIX FISCHER, QUINTA TURMA, julgado em 15/12/2020, DJe 17/12/2020; AgRg no HC 603062/RN, Rel. Ministro JORGE MUSSI, QUINTA TURMA, julgado em 18/08/2020, DJe 25/08/2020; AgRg na PET no AREsp 1649986/SP, Rel. Ministro REYNALDO SOARES DA FONSECA, QUINTA TURMA, julgado em 23/06/2020, DJe 30/06/2020.

15) O princípio da insignificância é inaplicável ao crime de estelionato cometido contra a administração pública, uma vez que a conduta ofende o patrimônio público, a moral administrativa e a fé pública, e possui elevado grau de reprovabilidade (Art. 171, § 3°, do Código Penal).

Julgados: AgRg no REsp 2007197/SE, Rel. Ministro ROGERIO SCHIETTI CRUZ, SEXTA TURMA, julgado em 13/09/2022, DJe 06/10/2022; AgRg no AREsp 2079618/RN, Rel. Ministro OLINDO MENEZES (DESEMBARGADOR CONVOCADO DO TRF 1ª REGIÃO), SEXTA TURMA, julgado em 16/08/2022, DJe 19/08/2022; AgRg no REsp 2006143/PE, Rel. Ministro REYNALDO SOARES DA FONSECA, QUINTA TURMA, julgado em 09/08/2022, DJe 16/08/2022; AgRg no REsp 1988101/SE, Rel. Ministro JOEL ILAN PACIORNIK, QUINTA TURMA, julgado em 03/05/2022, DJe 06/05/2022; AgRg no AREsp 1644157/PB, Rel. Ministro NEFI CORDEIRO, SEXTA TURMA, julgado em 04/08/2020,

DJe 14/08/2020; AgRg no AREsp 1476284/PE, Rel. Ministro RIBEIRO DANTAS, QUINTA TURMA, julgado em 25/06/2019, DJe 01/07/2019.

Fonte: Brasil, 1940.

4.7.8 Receptação

Base normativa no Código Penal

CAPÍTULO VII

DA RECEPTAÇÃO

Receptação

Art. 180. Adquirir, receber, transportar, conduzir ou ocultar, em proveito próprio ou alheio, coisa que sabe ser produto de crime, ou influir para que terceiro, de boa-fé, a adquira, receba ou oculte: (Redação dada pela Lei n. 9.426, de 1996)

Pena – reclusão, de um a quatro anos, e multa. (Redação dada pela Lei n. 9.426, de 1996)

Receptação qualificada (Redação dada pela Lei n. 9.426, de 1996)

§ 1º Adquirir, receber, transportar, conduzir, ocultar, ter em depósito, desmontar, montar, remontar, vender, expor à venda, ou de qualquer forma utilizar, em proveito próprio ou alheio, no exercício de atividade comercial ou industrial, coisa que deve saber ser produto de crime: (Redação dada pela Lei n. 9.426, de 1996)

Pena – reclusão, de três a oito anos, e multa. (Redação dada pela Lei n. 9.426, de 1996)

§ 2º Equipara-se à atividade comercial, para efeito do parágrafo anterior, qualquer forma de comércio irregular ou clandestino, inclusive o exercício em residência. (Redação dada pela Lei n. 9.426, de 1996)

§ 3º Adquirir ou receber coisa que, por sua natureza ou pela desproporção entre o valor e o preço, ou pela condição de quem a oferece, deve presumir-se obtida por meio criminoso: (Redação dada pela Lei n. 9.426, de 1996)

Pena – detenção, de um mês a um ano, ou multa, ou ambas as penas. (Redação dada pela Lei n. 9.426, de 1996)

§ 4º A receptação é punível, ainda que desconhecido ou isento de pena o autor do crime de que proveio a coisa. (Redação dada pela Lei n. 9.426, de 1996)

§ 5º Na hipótese do § 3º, se o criminoso é primário, pode o juiz, tendo em consideração as circunstâncias, deixar de aplicar a pena. Na receptação dolosa aplica-se o disposto no § 2º do art. 155. (Incluído pela Lei n. 9.426, de 1996)
§ 6º Tratando-se de bens do patrimônio da União, de Estado, do Distrito Federal, de Município ou de autarquia, fundação pública, empresa pública, sociedade de economia mista ou empresa concessionária de serviços públicos, aplica-se em dobro a pena prevista no caput deste artigo. (Redação dada pela Lei n. 13.531, de 2017)
Receptação de animal
Art. 180-A. Adquirir, receber, transportar, conduzir, ocultar, ter em depósito ou vender, com a finalidade de produção ou de comercialização, semovente domesticável de produção, ainda que abatido ou dividido em partes, que deve saber ser produto de crime. (Incluído pela Lei n. 13.330, de 2016)
Pena – reclusão, de 2 (dois) a 5 (cinco) anos, e multa. (Incluído pela Lei n. 13.330, de 2016)

Fonte: Brasil, 1940.

Trata-se de figura típica de crescente relevância, visto que

> criminologicamente, cuida-se de delito gravíssimo. Isso em razão da sua etiologia, na medida em que, empiricamente, faz-se fundamental no "ecossistema" dos criminosos, pois possibilita a rentabilidade ilícita. Ela, portanto, estimula e financia a rede de inúmeros delitos. Por conta disso, denomina-se a receptação de "delito parasitário", que sustenta uma extensa rede de ladrões, assaltantes, falsários, traficantes e de adolescentes em conflito com a lei. (Souza; Japiassú, 2022)

A receptação apresenta-se na forma dolosa ou culposa, além de comportamentos especialmente agravados na imposição de pena exatamente para tentar responder, legislativamente, à gravidade doutrinariamente destacada.

Na forma básica do art. 180, a doutrina igualmente divide as hipóteses em receptação própria e imprópria. Na estrutura do tipo, a receptação dolosa própria é praticada pelos verbos *adquirir*, *receber*, *guardar*, *depositar*, *ocultar*, *esconder*, *transportar* ou, por fim, *conduzir*. Por sua vez, a receptação dolosa imprópria se comete com a conduta *influir*, a dizer, atuar junto ao terceiro de boa-fé, para que este adquira, receba ou oculte a coisa produto de crime.

Marcante observação doutrinária sobre ambas as figuras típicas esclarece que

> A receptação descrita no caput apresenta a curiosidade de ser um tipo misto alternativo e, ao mesmo tempo, cumulativo. Com efeito, se o agente praticar cumulativamente as condutas de adquirir, receber, transportar, conduzir ou

> ocultar coisa produto de crime, praticará um único crime, ocorrendo o mesmo se influir para que terceiro de boa-fé adquira, receba ou oculte coisa proveniente de crime. Trata- se de crimes de ação múltipla ou de conteúdo variado. No entanto, se o agente praticar as duas espécies de receptação – própria e imprópria, ou seja, primeiro adquirir coisa que sabe ser produto de crime e depois influenciar para que terceiro de boa-fé faça o mesmo, cometerá dois crimes; nessas modalidades, estamos diante de tipos mistos cumulativos, e não alternativos, como nas circunstâncias antes relacionadas. (Bitencourt, 2024, p. 560)

O objeto do crime de receptação é a coisa móvel proveniente de crime anterior, ainda que este não tenha ensejado persecução penal específica ou, mesmo, condenação caso tenha sido iniciada.

Particular discussão existe quanto ao elemento subjetivo dolo na forma qualificada, uma vez que potencial se afigura como dolo eventual – em contraposição ao dolo direto da forma básica. A discussão reside na dosimetria da pena, na medida em que, como forma agravada punível com dolo eventual, este seria mais gravemente apenado que o dolo "direto".

A esse respeito, aponta assertivamente Franco (2001, p. 89):

> Tendo-se por diretriz o princípio da proporcionalidade, não há como admitir, sob o enfoque constitucional, que o legislador ordinário estabeleça um preceito sancionatório mais gravoso para a receptação qualificada quando o agente atua com dolo eventual e mantenha, para a receptação do caput do art. 180, um comando sancionador sensivelmente mais brando quando, no caso, o autor pratica o fato criminoso com dolo direto. As duas dimensões de subjetividade 'dolo direto' e 'dolo eventual' podem acarretar reações penais iguais, ou até mesmo, reações penais menos rigorosas em relação ao 'dolo eventual'. O que não se pode reconhecer é que a ação praticada com 'dolo eventual' seja três vezes mais grave – é o mínimo legal que detecta o entendimento do legislador sobre a gravidade do fato criminoso – do que quase a mesma atividade delituosa, executada com dolo direto.

Abrangente explicação encontra-se em Busato (2022), que, analisando a gênese da discussão a partir da obra de Bitencourt e da conclusão deste de ser o emprego dos verbos *saber* (*caput* do art. 180) e *dever saber* (forma qualificada) alinhado a uma posição distante da compreensão do "finalismo penal", conclui que

> As expressões sabe ser produto de crime e deve saber ser produto de crime não expressam nenhum especial fim de agir, dizendo respeito a uma avaliação sobre o nível de conhecimento do sujeito a respeito da origem ilícita do objeto. Nada mais. O dolo, na construção aqui adotada, é um dolo absolutamente normativo, é uma atribuição de pretensão subjetiva de ilicitude representada pela

identificação de um compromisso para com a produção do resultado. Como tal, em coincidência com a tese de Roxin, não pertence ao tipo, mas constitui uma instância de afirmação normativa relacionada à pretensão de ilicitude, de cunho subjetivo. Ou seja, traduz a afirmação de que a norma pode pretender reprovar determinada realização, sob a forma de um tipo doloso, eis que as circunstâncias do fato transmitem o sentido de que o autor atuou mediante o compromisso para com a produção do resultado.

Precedentes destacados no tema analisado

1) O delito de receptação (art. 180 do CP), nas modalidades transportar, conduzir ou ocultar, é crime permanente, cujo flagrante perdura enquanto o agente se mantiver na posse do bem que sabe ser produto de crime.
RHC 080559/RS, Rel. Ministro REYNALDO SOARES DA FONSECA, QUINTA TURMA, julgado em 18/04/2017, DJE 26/04/2017; AgRg no REsp 1457372/PR, Rel. Ministro GURGEL DE FARIA, QUINTA TURMA, julgado em 03/12/2015, DJE 03/02/2016; CC 131150/MG, Rel. Ministro ERICSON MARANHO (DESEMBARGADOR CONVOCADO DO TJ/SP), TERCEIRA SEÇÃO, julgado em 25/03/2015, DJE 07/04/2015; HC 188195/DF, Rel. Ministro JORGE MUSSI, QUINTA TURMA, julgado em 27/09/2011, DJE 28/10/2011.

2) No crime de receptação, se o bem houver sido apreendido em poder do acusado, caberá à defesa apresentar prova acerca da origem lícita da res ou de sua conduta culposa (art. 156 do CPP), sem que se possa falar em inversão do ônus da prova.
HC 388640/SP, Rel. Ministro RIBEIRO DANTAS, QUINTA TURMA, julgado em 13/06/2017, DJE 22/06/2017; HC 392201/SC, Rel. Ministra MARIA THEREZA DE ASSIS MOURA, julgado em 06/06/2017, DJE 13/06/2017; HC 376964/SC, Rel. Ministro REYNALDO SOARES DA FONSECA, QUINTA TURMA, julgado em 23/05/2017, DJE 31/05/2017; HC 366639/SP, Rel. Ministro FELIX FISCHER, QUINTA TURMA, julgado em 28/03/2017, DJE 05/04/2017.

3) Talonário de cheques pode ser objeto material do crime de receptação, dada a existência de valor econômico do bem e a possibilidade de posterior utilização fraudulenta para obtenção de vantagem ilícita.
CC 112108/SP, Rel. Ministro MARCO AURÉLIO BELLIZZE, Rel. p/ Acórdão Ministro ROGERIO SCHIETTI CRUZ,TERCEIRA SEÇÃO, julgado em 12/02/2014, DJE 15/09/2014.

4) É inaplicável o princípio da consunção entre os crimes de receptação e porte ilegal de arma de fogo por serem delitos autônomos e de natureza jurídica distinta, devendo o agente responder por ambos os delitos em concurso material.

AgRg no REsp 1494204/RS, Rel. Ministro JORGE MUSSI, QUINTA TURMA, julgado em 07/03/2017, DJE 27/03/2017; HC 168171/RS, Rel. Ministro SEBASTIÃO REIS JÚNIOR, julgado em 04/10/2011, DJE 09/11/2011; AgRg no REsp 908826/RS, Rel. Ministra JANE SILVA (DESEMBARGADORA CONVOCADA DO TJ/MG), julgado em 30/10/2008, DJE 17/11/2008; HC 055469/RJ, Rel. Ministro ARNALDO ESTEVES LIMA, QUINTA TURMA, julgado em 15/04/2008, DJE 08/09/2008.

5) Justifica-se a opção do legislador pela imposição de pena mais grave ao delito de receptação qualificada em relação à figura simples pois a comercialização ou industrialização do produto de origem ilícita lesiona o mercado e os consumidores.

AgRg no REsp 1497836/SC, Rel. Ministro REYNALDO SOARES DA FONSECA, QUINTA TURMA, julgado em 20/09/2016, DJE 26/09/2016; EDcl no AgRg no AREsp 154449/SP, Rel. Ministro RIBEIRO DANTAS, QUINTA TURMA, julgado em 17/12/2015, DJE 02/02/2016; AgRg no REsp 1084458/RS, Rel. Ministro ROGERIO SCHIETTI CRUZ, julgado em 16/06/2015, DJE 26/06/2015; HC 222909/SP, Rel. Ministro NEWTON TRISOTTO (DESEMBARGADOR CONVOCADO DO TJ/SC), QUINTA TURMA, julgado em 05/05/2015, DJE 12/05/2015; AgRg no REsp 1423316/SP, Rel. Ministro MOURA RIBEIRO, QUINTA TURMA, julgado em 12/08/2014, DJE 15/08/2014; AgRg no REsp 1192010/RS, Rel. Ministra MARILZA MAYNARD (DESEMBARGADORA CONVOCADA DO TJ/SE), julgado em 19/11/2013, DJE 06/12/2013.

Capítulo 5

Crimes contra a fé pública

5.1 Introdução

Os crimes contra a fé pública constituem um campo do sistema penal de grande abrangência. Convém iniciar a abordagem do assunto prestigiando renomada fonte doutrinária:

> fé pública corresponde à confiabilidade imprescindível a determinados instrumentos de valor jurídico, que perpassa o âmbito particular (como ocorre, por exemplo, no delito de estelionato), para atingir interesse transindividual. Em outro dizer: a confiança de que tratam os delitos contra a fé pública afirma-se como um fenômeno coletivo e autônomo, que não se confunde com a quebra de confiança verificada em fraudes que afetam bens jurídicos individuais, como o patrimônio. (Prado, 2024, p. 1350)

Ainda,

> os crimes contra a fé ou fidúcia pública atingem e lesionam a confiança de que gozam certos símbolos, papéis ou identidade de pessoas. É justamente essa crença na veracidade de certos instrumentos do tráfego social, ou formas de identificação na vida social, que é imediatamente violada nos crimes contemplados no presente Título X da Parte Especial do Código Penal. (Souza; Japiassú, 2022)

Malgrado os dissensos doutrinários sobre a própria existência autônoma desse bem jurídico, acompanha-se aqui a conclusão de Busato (2022), apoiado em Hungria, de que se trata de "elemento essencial na organização social".

5.2 Falsidades

5.2.1 Moeda falsa

Base normativa no Código Penal

> **TÍTULO X**
> **DOS CRIMES CONTRA A FÉ PÚBLICA**
> **CAPÍTULO I**
> **DA MOEDA FALSA**
> **Moeda Falsa**
> Art. 289. Falsificar, fabricando-a ou alterando-a, moeda metálica ou papel-moeda de curso legal no país ou no estrangeiro:
> Pena – reclusão, de três a doze anos, e multa.

§ 1º Nas mesmas penas incorre quem, por conta própria ou alheia, importa ou exporta, adquire, vende, troca, cede, empresta, guarda ou introduz na circulação moeda falsa.

§ 2º Quem, tendo recebido de boa-fé, como verdadeira, moeda falsa ou alterada, a restitui à circulação, depois de conhecer a falsidade, é punido com detenção, de seis meses a dois anos, e multa.

§ 3º É punido com reclusão, de três a quinze anos, e multa, o funcionário público ou diretor, gerente, ou fiscal de banco de emissão que fabrica, emite ou autoriza a fabricação ou emissão:

I – de moeda com título ou peso inferior ao determinado em lei;

II – de papel-moeda em quantidade superior à autorizada.

§ 4º Nas mesmas penas incorre quem desvia e faz circular moeda, cuja circulação não estava ainda autorizada.

Crimes assimilados ao de moeda falsa

Art. 290. Formar cédula, nota ou bilhete representativo de moeda com fragmentos de cédulas, notas ou bilhetes verdadeiros; suprimir, em nota, cédula ou bilhete recolhidos, para o fim de restituí-los à circulação, sinal indicativo de sua inutilização; restituir à circulação cédula, nota ou bilhete em tais condições, ou já recolhidos para o fim de inutilização:

Pena – reclusão, de dois a oito anos, e multa.

Parágrafo único. O máximo da reclusão é elevado a doze anos e multa, se o crime é cometido por funcionário que trabalha na repartição onde o dinheiro se achava recolhido, ou nela tem fácil ingresso, em razão do cargo. (Vide Lei n. 7.209, de 11.7.1984)

Petrechos para falsificação de moeda

Art. 291. Fabricar, adquirir, fornecer, a título oneroso ou gratuito, possuir ou guardar maquinismo, aparelho, instrumento ou qualquer objeto especialmente destinado à falsificação de moeda:

Pena – reclusão, de dois a seis anos, e multa.

Emissão de título ao portador sem permissão legal

Art. 292. Emitir, sem permissão legal, nota, bilhete, ficha, vale ou título que contenha promessa de pagamento em dinheiro ao portador ou a que falte indicação do nome da pessoa a quem deva ser pago:

Pena – detenção, de um a seis meses, ou multa.

Parágrafo único. Quem recebe ou utiliza como dinheiro qualquer dos documentos referidos neste artigo incorre na pena de detenção, de quinze dias a três meses, ou multa.

Fonte: Brasil, 1940.

Inicialmente, cabe observar que, "embora os crimes pertinentes à falsificação de moeda tenham sido tradicionalmente incluídos entre os delitos de falsidade, apresentam, por sua gravidade e pela especificidade da circulação monetária, características que, em parte, distinguem-se das demais falsidades" (Prado, 2024, p. 1356).

De acordo com o Conselho Nacional de Justiça (CNJ), em trabalho específico sobre o tema, "A incidência do crime de moeda falsa é alta. De acordo com o Painel Justiça em Números, no ano de 2019, o crime de moeda falsa foi o 4° com maior número de proessos novos na Justiça Federal de todo o Brasil, apenas atrás de contrabando, estelionato e uso de documento falso" (CNJ, 2020, p. 8), sendo que "A média de tempo decorido do fato até a data de julgamento é de, aproximadamente, 5 anos e 3 meses" (CNJ, 2020, p. 11).

Quadro 5.1 Painel Justiça em Números - 2019

Contrabando ou descaminho	36.220
Estelionato Majorado	23.656
Uso de documento falso	9.441
Moeda Falsa/Assimilados	7.914

Fonte: CNJ, 2020, p. 12.

Ademais, o mesmo trabalho aponta que "anteriormente à vigência da Lei n. 13.964/2019: havia 66 casos de crimes de moeda falsa, sendo o 4° crime com maior incidência" (CNJ, 2020, p. 14).

Gráfico 5.1 Crimes anteriormente à vigência da Lei n. 13.964/2019 (até 22 de janeiro de 2020)

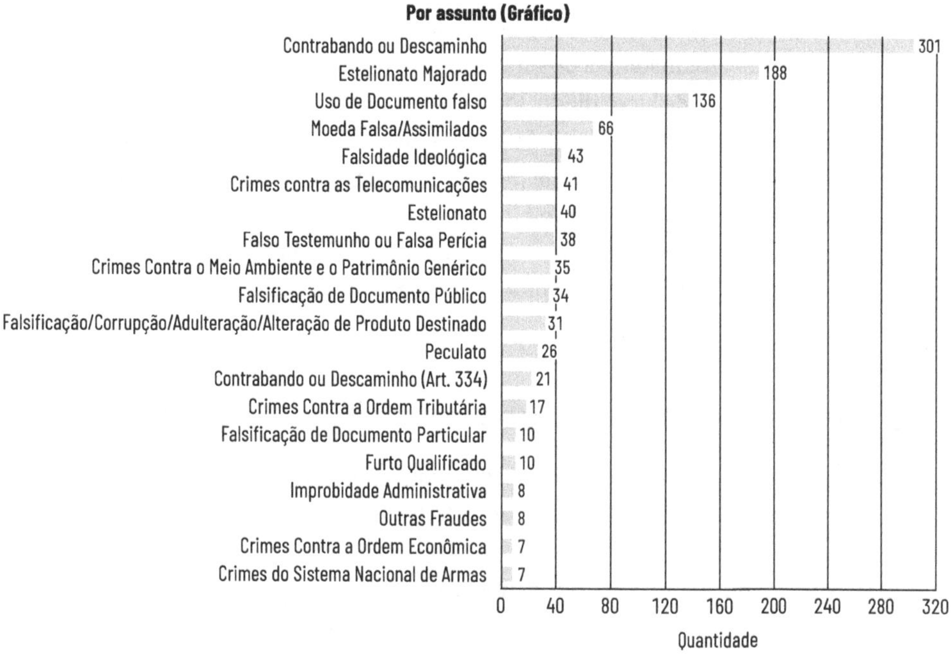

Fonte: CNJ, 2020, p. 14.

Tais dados ilustram bem a preocupação da abalizada doutrina quando afirma que

> há um interesse crucial e legítimo de parte do Estado na evitação da circulação de moeda falsificada no ambiente econômico, em proteção ao sistema monetário nacional, além do próprio e evidente interesse na proteção da crença geral das pessoas em que manipulam uma nota legítima. Naturalmente, somente com a circulação efetiva da moeda falsa no mercado e, ainda assim, a depender de um volume considerável, a economia poderia ser efetivamente lesionada, desestabilizada, por uma falta de credibilidade das pessoas em geral no valor de face do dinheiro, outrossim, representativamente, a existência de uma única nota falsa põe em cheque a credibilidade de todas as notas circulantes, ainda que verdadeiras, pelo que, resta abalada, de modo geral, a fé pública nesta classe de objeto. (Busato, 2022)

Crime doloso, comum, com ampla possibilidade da tentativa, exige um mínimo de potencial de engodo para que se caracterize que, se ausente, desnatura o crime potencialmente para a figura do estelionato, mesmo assim se tiver ainda potencial lesivo para ser entendido como uma fraude. A falsificação por demais grosseira torna a conduta crime impossível.

Destaca-se a forma privilegiada no espectro punitivo:

> Trata-se de tipo penal privilegiado *stricto sensu*. O tratamento mais brando decorre da circunstância de estar o agente tentando evitar prejuízo maior e não a obtenção de lucro ilícito. Cuidar-se-ia de um "criminoso de ocasião". De toda sorte, para o legislador, há um menor desvalor da ação. Isso porque houve um momento inicial de boa-fé (recebimento da moeda insciente da falsidade) e, subsequente, de má-fé, isto é, dolo de "passá-la para frente" depois de constatar a sua forjadura, na expectativa de reparar o prejuízo sofrido. Neste caso, a consumação se dá com a volta da moeda falsa ao meio circulante. (Souza; Japiassú, 2022)

Precedentes destacados no tema analisado

1) **Súmula n. 73 do STJ**: "A utilização de papel moeda grosseiramente falsificado configura, em tese, o crime de estelionato, da competência da Justiça Estadual" (STJ, 2024).

2) **Inaplicabilidade do arrependimento posterior ao crime de moeda falsa: "Não se aplica o instituto do arrependimento posterior ao crime de moeda falsa.** No crime de moeda falsa – cuja consumação se dá com a falsificação da moeda, sendo irrelevante eventual dano patrimonial imposto a terceiros –, a vítima é a coletividade como um todo, e o bem jurídico tutelado é a fé pública, que não é passível de reparação. Desse modo, os crimes contra a fé pública, semelhantes aos demais crimes não patrimoniais em geral, são incompatíveis com o instituto do arrependimento posterior, dada a impossibilidade material de haver reparação do dano causado ou a restituição da coisa subtraída." (REsp 1.242.294-PR, Rel. originário Min. Sebastião Reis Júnior, Rel. para acórdão Min. Rogerio Schietti Cruz, j. em 18/11/2014, DJe 3/2/2015)

3) "RECURSO ESPECIAL. MOEDA FALSA. DOSIMETRIA DA PENA. CONFISSÃO ESPONTÂNEA. DELAÇÃO PREMIADA. ARREPENDIMENTO POSTERIOR. RECURSO NÃO PROVIDO. 1. No crime de moeda falsa – cuja consumação se dá com a falsificação da moeda, sendo irrelevante eventual dano patrimonial imposto a terceiros – a vítima é a coletividade como um todo e o bem jurídico tutelado é a fé pública, que não é passível de reparação. 2. Os crimes contra a fé pública, assim como nos demais crimes não patrimoniais em geral, são incompatíveis com o instituto do arrependimento posterior, dada a impossibilidade material de haver reparação do dano causado ou a restituição da coisa subtraída. 3. As instâncias ordinárias, ao afastar a aplicação da delação premiada, consignaram, fundamentadamente, que "não se elucidou nenhum esquema criminoso; pelo contrário, o réu somente alegou

em seu interrogatório a participação de outras pessoas na atuação criminosa, o que não é suficiente para a concessão do beneficio da delação". 4. Recurso não provido." (REsp 1242294/PR, Rel. Ministro SEBASTIÃO REIS JÚNIOR, Rel. p/ Acórdão Ministro ROGERIO SCHIETTI CRUZ, SEXTA TURMA, julgado em 18/11/2014, DJe 3/2/2015)

4) "A redação do artigo 289 do Código Penal não ofende o princípio da proporcionalidade ao aplicar pena mais severa ao agente que promove a circulação de moeda falsa para obter vantagem financeira indevida, em comparação ao que, após receber uma cédula falsa de boa-fé, para não sofrer prejuízo, a repassa a terceiros". (AgRg no AREsp n. 815.155/SP, Sexta Turma, Rel. Min. Maria Thereza de Assis Moura, DJe de 1°/2/2016). (AgRg no HC n. 345.352/SP, relator Ministro Felix Fischer, Quinta Turma, j. em 2/8/2016, DJe de 23/8/2016)

5) "Ainda, trata-se de crime pluridimensional, pois, além de proteger preponderantemente a fé pública, de forma mediata, assegura o patrimônio particular e a celeridade das relações empresariais e civis." (HC n. 210.764/SP, relator Ministro Ribeiro Dantas, Quinta Turma, j. em 21/6/2016, DJe de 28/6/2016)

6) "Independentemente da quantidade e do valor das cédulas falsificadas, haverá ofensa ao bem jurídico tutelado, razão pela qual não há que se falar em mínima ofensividade da conduta do agente, o que afasta a incidência do princípio da insignificância." (AgRg no AREsp n. 509.765/SP, relator Ministro Nefi Cordeiro, Sexta Turma, j. em 5/3/2015, DJe de 17/3/2015)

5.2.2 Falsidade de títulos e outros papéis públicos

Base normativa no Código Penal

CAPÍTULO II

DA FALSIDADE DE TÍTULOS E OUTROS PAPÉIS PÚBLICOS

Falsificação de papéis públicos

Art. 293. Falsificar, fabricando-os ou alterando-os:

I – selo destinado a controle tributário, papel selado ou qualquer papel de emissão legal destinado à arrecadação de tributo; (Redação dada pela Lei n. 11.035, de 2004)

II – papel de crédito público que não seja moeda de curso legal;

III – vale postal;

IV – cautela de penhor, caderneta de depósito de caixa econômica ou de outro estabelecimento mantido por entidade de direito público;

V – talão, recibo, guia, alvará ou qualquer outro documento relativo a arrecadação de rendas públicas ou a depósito ou caução por que o poder público seja responsável;

VI – bilhete, passe ou conhecimento de empresa de transporte administrada pela União, por Estado ou por Município:

Pena – reclusão, de dois a oito anos, e multa.

§ 1º Incorre na mesma pena quem: (Redação dada pela Lei n. 11.035, de 2004)

I – usa, guarda, possui ou detém qualquer dos papéis falsificados a que se refere este artigo; (Incluído pela Lei n. 11.035, de 2004)

II – importa, exporta, adquire, vende, troca, cede, empresta, guarda, fornece ou restitui à circulação selo falsificado destinado a controle tributário; (Incluído pela Lei n. 11.035, de 2004)

III – importa, exporta, adquire, vende, expõe à venda, mantém em depósito, guarda, troca, cede, empresta, fornece, porta ou, de qualquer forma, utiliza em proveito próprio ou alheio, no exercício de atividade comercial ou industrial, produto ou mercadoria: (Incluído pela Lei n. 11.035, de 2004)

a) em que tenha sido aplicado selo que se destine a controle tributário, falsificado; (Incluído pela Lei n. 11.035, de 2004)

b) sem selo oficial, nos casos em que a legislação tributária determina a obrigatoriedade de sua aplicação. (Incluído pela Lei n. 11.035, de 2004)

§ 2º Suprimir, em qualquer desses papéis, quando legítimos, com o fim de torná-los novamente utilizáveis, carimbo ou sinal indicativo de sua inutilização:

Pena – reclusão, de um a quatro anos, e multa.

§ 3º Incorre na mesma pena quem usa, depois de alterado, qualquer dos papéis a que se refere o parágrafo anterior.

§ 4º Quem usa ou restitui à circulação, embora recebido de boa-fé, qualquer dos papéis falsificados ou alterados, a que se referem este artigo e o seu § 2º, depois de conhecer a falsidade ou alteração, incorre na pena de detenção, de seis meses a dois anos, ou multa.

§ 5º Equipara-se a atividade comercial, para os fins do inciso III do § 10, qualquer forma de comércio irregular ou clandestino, inclusive o exercido em vias, praças ou outros logradouros públicos e em residências. (Incluído pela Lei n. 11.035, de 2004)

Petrechos de falsificação

Art. 294. Fabricar, adquirir, fornecer, possuir ou guardar objeto especialmente destinado à falsificação de qualquer dos papéis referidos no artigo anterior:

Pena – reclusão, de um a três anos, e multa.

> Art. 295. Se o agente é funcionário público, e comete o crime prevalecendo-se do cargo, aumenta-se a pena de sexta parte.

Fonte: Brasil, 1940.

Destaque-se, inicialmente, que os crimes previstos nessa quadra do Código Penal integram o conceito mais abrangente de *documento público* tal como regido pelo art. 297. Neste sentido, Prado (2024, p. 1397), citando Hungria, afirma que

> tais falsificações se encontram em uma zona fronteiriça entre o falsum numário e o falsum documental, visto que alguns dos papéis contemplados guardam certa afinidade com a moeda (meio e prova de pagamento de tributos ou preços públicos), enquanto outros, assemelham-se aos documentos em geral, o que faz com que o legislador opte por discipliná-los de forma específica, autônoma e intermediária entre aquelas duas espécies de falso.

Em trabalho doutrinário de Moniz (1993, p. 72), afirma-se que

> O objeto da tutela jurídica é a fé pública no que concerne à garantia da autenticidade reservada a título e papéis públicos (representativos de valores ou respeitantes a valores de responsabilidades do Estado, ou a arrecadação de rendas de sua competência). Ainda a respeito do bem jurídico tutelado nos crimes envolvendo falsificação de documentos, registre-se o quanto afirmado por Helena Isabel Gonçalves Moniz: "Deste modo, podemos concluir que o interesse que se pretende proteger é o documento enquanto meio de prova; porém, como vimos, o bem jurídico-criminal não é um interesse, é um valor; ora, é precisamente a segurança e a credibilidade no tráfico jurídico o valor que foi erigido em bem jurídico-criminal, e que como tal é protegido.

No *caput* do art. 293, o verbo nuclear é *falsificar*,

> que significa imitar, fazer passar por verdadeiro o que não é. No caso, a falsificação se dá com o fabricar (que significa criar, fazer, produzir materialmente o objeto), ou o alterar (que significa modificar o objeto verdadeiro). Numa palavra, a fabricação é contrafação total, ao passo que a alteração é contrafação parcial. (Souza; Japiassú, 2022)

Trata-se de crime de "natureza formal e consuma-se independentemente de ulteriores consequências. [...] Como se trata de crime formal, desnecessária a ocorrência de qualquer dano para a consumação do delito ou, mesmo, seu uso. [...] A consumação se dá com a prática de cada uma das ações previstas no tipo" (Franco; Stoco, 2007, p. 1381, 1383). Ademais, a conduta se afigura como comum, dolosa e com possibilidade de ocorrência na forma tentada.

Precedentes destacados no tema analisado

DIREITO PENAL E PROCESSUAL PENAL. DESNECESSIDADE DE CONSTITUIÇÃO DEFINITIVA DO CRÉDITO TRIBUTÁRIO PARA A CONSUMAÇÃO DO CRIME PREVISTO NO ART. 293, § 1°, III, B, DO CP. É dispensável a constituição definitiva do crédito tributário para que esteja consumado o crime previsto no art. 293, § 1º, III, "b", do CP. Isso porque o referido delito possui natureza formal, de modo que já estará consumado quando o agente importar, exportar, adquirir, vender, expuser à venda, mantiver em depósito, guardar, trocar, ceder, emprestar, fornecer, portar ou, de qualquer forma, utilizar em proveito próprio ou alheio, no exercício de atividade comercial ou industrial, produto ou mercadoria sem selo oficial. Não incide na hipótese, portanto, a Súmula Vinculante 24 do STF, segundo a qual "Não se tipifica crime material contra a ordem tributária, previsto no art. 1º, incisos I a IV, da Lei nº 8.137/90, antes do lançamento definitivo do tributo". Com efeito, conforme já pacificado pela jurisprudência do STJ, nos crimes tributários de natureza formal é desnecessário que o crédito tributário tenha sido definitivamente constituído para a instauração da persecução penal. Essa providência é imprescindível apenas para os crimes materiais contra a ordem tributária, pois, nestes, a supressão ou redução do tributo é elementar do tipo penal. (REsp 1.332.401-ES, Rel. Min. Maria Thereza de Assis Moura, j. em 19/8/2014)

5.2.3 Falsidade documental

Base normativa no Código Penal

CAPÍTULO III

DA FALSIDADE DOCUMENTAL

Falsificação do selo ou sinal público

Art. 296. Falsificar, fabricando-os ou alterando-os:

I – selo público destinado a autenticar atos oficiais da União, de Estado ou de Município;

II – selo ou sinal atribuído por lei a entidade de direito público, ou a autoridade, ou sinal público de tabelião:

Pena – reclusão, de dois a seis anos, e multa.

§ 1º Incorre nas mesmas penas:

I – quem faz uso do selo ou sinal falsificado;

II – quem utiliza indevidamente o selo ou sinal verdadeiro em prejuízo de outrem ou em proveito próprio ou alheio;

III – quem altera, falsifica ou faz uso indevido de marcas, logotipos, siglas ou quaisquer outros símbolos utilizados ou identificadores de órgãos ou entidades da Administração Pública. (Incluído pela Lei n. 9.983, de 2000)

§ 2° Se o agente é funcionário público, e comete o crime prevalecendo-se do cargo, aumenta-se a pena de sexta parte.

Falsificação de documento público

Art. 297. Falsificar, no todo ou em parte, documento público, ou alterar documento público verdadeiro:

Pena – reclusão, de dois a seis anos, e multa.

§ 1° Se o agente é funcionário público, e comete o crime prevalecendo-se do cargo, aumenta-se a pena de sexta parte.

§ 2° Para os efeitos penais, equiparam-se a documento público o emanado de entidade paraestatal, o título ao portador ou transmissível por endosso, as ações de sociedade comercial, os livros mercantis e o testamento particular.

§ 3° Nas mesmas penas incorre quem insere ou faz inserir: (Incluído pela Lei n. 9.983, de 2000)

I – na folha de pagamento ou em documento de informações que seja destinado a fazer prova perante a previdência social, pessoa que não possua a qualidade de segurado obrigatório; (Incluído pela Lei n. 9.983, de 2000)

II – na Carteira de Trabalho e Previdência Social do empregado ou em documento que deva produzir efeito perante a previdência social, declaração falsa ou diversa da que deveria ter sido escrita; (Incluído pela Lei n. 9.983, de 2000)

III – em documento contábil ou em qualquer outro documento relacionado com as obrigações da empresa perante a previdência social, declaração falsa ou diversa da que deveria ter constado. (Incluído pela Lei n. 9.983, de 2000)

§ 4° Nas mesmas penas incorre quem omite, nos documentos mencionados no § 3°, nome do segurado e seus dados pessoais, a remuneração, a vigência do contrato de trabalho ou de prestação de serviços.(Incluído pela Lei n. 9.983, de 2000)

Fonte: Brasil, 1940.

Segundo Fragoso (2003, p. 341), há a necessária distinção entre os documentos públicos e aqueles particulares porque "é mais grave a ofensa à fé pública quando a falsificação tem por objeto documento emanado de autoridade ou funcionário, no exercício regular de sua função, o que por si só constitui normalmente uma garantia exterior de autenticidade".

Tipo doloso, comum, que permite tentativa no que diz respeito ao *caput*, distingue-se nas condutas previstas de modo que "A diferença entre falsificar e alterar, portanto, consiste na base da qual se parte. Na alteração, parte-se de um documento verdadeiro, na falsificação a composição já é de um documento falso" (Busato, 2022).

Aqui, a tutela penal do *caput* do art. 297 se volta para a formação do documento, diferindo-o do art. 299, que se destina à falsificação do conteúdo (ideológica). Contudo, as formas equiparadas previstas nos parágrafos 3° e 4° fizeram com que se inserissem nessa quadra do Código crimes de falsidade ideológica, em desatenção à melhor técnica legislativa, que seria alocá-los no art. 299.

Cumpre registrar significativa observação doutrinária acerca do conceito de *documento* diante da possível ausência de definição no Código Penal. Com efeito, o *Dicionário brasileiro de terminologia arquivística* define que *documento* é qualquer registro de informações, independentemente do formato ou suporte utilizado para registrá-las, e, na mesma linha, "a Lei de Acesso à informação (Lei n. 12.527/2011), dispõe, em seu art. 4° , inc. II, que documento é a unidade de registro de informações, qualquer que seja o suporte ou formato" (Souza; Japiassú, 2022).

Merece destaque também no campo doutrinário a distinção entre

> os formal e substancialmente públicos e os formalmente públicos e substancialmente privados. Incluem-se entre os primeiros, ad exemplum, as certidões negativas de débito fiscal, as cédulas de identidade oficiais, os editais de concurso, os ofícios de comunicação entre órgãos públicos ou destes com os particulares etc. Entre os últimos se encontram as manifestações de vontade feitas pelos particulares (para a lavratura de escritura em tabelião, o assento do Registro Civil estribado em afirmação do particular etc.). (Prado, 2024, p. 1462)

Certo que, ao se tratar de documento público, além de suas qualidades intrínsecas, este deve, para ser considerado como tal, ter sido produzido por funcionário público no exercício regular de suas funções.

PRECEDENTES DESTACADOS NO TEMA ANALISADO

1) Quando o falso se exaure no estelionato, sem mais potencialidade lesiva, é por este absorvido. (Súmula n. 17/STJ)

Julgados: AgRg no REsp 1566224/ES, Rel. Ministro JORGE MUSSI, QUINTA TURMA, Julgado em 06/04/2017,DJE 17/04/2017; AgInt no AREsp 738842/DF, Rel. Ministro NEFI CORDEIRO, julgado em 13/12/2016, DJE 19/12/2016; CC 139914/SE, Rel. Ministro REYNALDO SOARES DA FONSECA, TERCEIRA SEÇÃO, julgado em 14/10/2015, DJE 21/10/2015; AgRg no REsp 1389405/RS, Rel. Ministro LEOPOLDO DE ARRUDA RAPOSO (DESEMBARGADOR CONVOCADO DO TJ/PE), QUINTA TURMA, julgado em 30/06/2015, DJE 07/08/2015;

HC 270416/SP, Rel. Ministro NEWTON TRISOTTO (DESEMBARGADOR CONVOCADO DO TJ/SC), QUINTA TURMA, julgado em 04/11/2014, DJE 12/11/2014; HC 209554/SP, Rel. Ministra LAURITA VAZ, QUINTA TURMA, julgado em 05/09/2013, DJE 11/09/2013.

2) Compete à Justiça Comum Estadual processar e julgar crime de estelionato praticado mediante falsificação das guias de recolhimento das contribuições previdenciárias, quando não ocorrente lesão à autarquia federal. (Súmula n. 107/STJ)

Julgados: AgRg no CC 146725/SP, Rel. Ministro ROGERIO SCHIETTI CRUZ, TERCEIRA SEÇÃO, julgado em 08/06/2016, DJE 17/06/2016; CC 143782/SP, Rel. Ministra MARIA THEREZA DE ASSIS MOURA, TERCEIRA SEÇÃO, julgado em 09/12/2015, DJE 15/12/2015; HC 239081/SC, Rel. Ministro JORGE MUSSI, QUINTA TURMA, julgado em 11/02/2014, DJE 19/02/2014; EDcl no AgRg no CC 098778/SP, Rel. Ministro SEBASTIÃO REIS JÚNIOR, TERCEIRA SEÇÃO, julgado em 24/08/2011, DJE 02/09/2011.

5.2.4 Outras falsidades

Base normativa no Código Penal

Falsidade ideológica

Art. 299. Omitir, em documento público ou particular, declaração que dele devia constar, ou nele inserir ou fazer inserir declaração falsa ou diversa da que devia ser escrita, com o fim de prejudicar direito, criar obrigação ou alterar a verdade sobre fato juridicamente relevante:

Pena – reclusão, de um a cinco anos, e multa, se o documento é público, e reclusão de um a três anos, e multa, de quinhentos mil réis a cinco contos de réis, se o documento é particular. (Vide Lei n. 7.209, de 1984)

Parágrafo único. Se o agente é funcionário público, e comete o crime prevalecendo-se do cargo, ou se a falsificação ou alteração é de assentamento de registro civil, aumenta-se a pena de sexta parte.

Falso reconhecimento de firma ou letra

Art. 300. Reconhecer, como verdadeira, no exercício de função pública, firma ou letra que o não seja:

Pena – reclusão, de um a cinco anos, e multa, se o documento é público; e de um a três anos, e multa, se o documento é particular.

Certidão ou atestado ideologicamente falso

Art. 301. Atestar ou certificar falsamente, em razão de função pública, fato ou circunstância que habilite alguém a obter cargo público, isenção de ônus ou de serviço de caráter público, ou qualquer outra vantagem:

Pena – detenção, de dois meses a um ano.

Falsidade material de atestado ou certidão

§ 1º Falsificar, no todo ou em parte, atestado ou certidão, ou alterar o teor de certidão ou de atestado verdadeiro, para prova de fato ou circunstância que habilite alguém a obter cargo público, isenção de ônus ou de serviço de caráter público, ou qualquer outra vantagem:

Pena – detenção, de três meses a dois anos.

§ 2º Se o crime é praticado com o fim de lucro, aplica-se, além da pena privativa de liberdade, a de multa.

Falsidade de atestado médico

Art. 302. Dar o médico, no exercício da sua profissão, atestado falso:

Pena – detenção, de um mês a um ano.

Parágrafo único. Se o crime é cometido com o fim de lucro, aplica-se também multa.

Reprodução ou adulteração de selo ou peça filatélica

Art. 303. Reproduzir ou alterar selo ou peça filatélica que tenha valor para coleção, salvo quando a reprodução ou a alteração está visivelmente anotada na face ou no verso do selo ou peça:

Pena – detenção, de um a três anos, e multa.

Parágrafo único. Na mesma pena incorre quem, para fins de comércio, faz uso do selo ou peça filatélica.

Uso de documento falso

Art. 304. Fazer uso de qualquer dos papéis falsificados ou alterados, a que se referem os arts. 297 a 302:

Pena – a cominada à falsificação ou à alteração.

Supressão de documento

Art. 305. Destruir, suprimir ou ocultar, em benefício próprio ou de outrem, ou em prejuízo alheio, documento público ou particular verdadeiro, de que não podia dispor:

Pena – reclusão, de dois a seis anos, e multa, se o documento é público, e reclusão, de um a cinco anos, e multa, se o documento é particular.

Fonte: Brasil, 1940.

Observe-se, inicialmente, que

Do mesmo modo que um documento materialmente falsificado põe em cheque a credibilidade de todo e qualquer documento circulante em sociedade,

> a falsificação de ideia contida em documento verdadeiro provoca idênticos efeitos. O legislador, no entanto, castiga com pena maior o falso material do que o ideológico. A razão para tanto somente pode ser ter considerado o desvalor de conduta do falso material superior ao falso ideológico. (Busato, 2022)

Conforme consolidada doutrina, "Na falsidade ideológica não há rasura, emenda, acréscimo ou subtração de letra ou algarismo. Há, apenas, uma mentira reduzida a escrito, por meio de documento que, sob o aspecto material, é de todo verdadeiro, isto é, realmente escrito por quem seu teor indica" (Amaral, 2000, p. 53).

Acrescente-se que

> a exemplo do que ocorre em todos os demais crimes de falso, a falsidade ideológica há também que apresentar relevância jurídica. A falsidade feita com exclusivo animus jocandi, ou sem qualquer interesse jurídico, não configura o delito. Não é a simples mentira que se pune, mas a ofensa à veracidade naquilo que a lei entende necessário ao correto tráfego jurídico, o que se depreende da própria exigência legal de que se trate de falsidade relativa a fato juridicamente relevante. (Prado, 2024, p. 1491)

Na mesma linha de entendimento,

> é indispensável que a falsidade seja capaz de enganar, e tenha por objeto fato juridicamente relevante, ou seja, "é mister que a declaração falsa constitua elemento substanciado do ato ou documento", pois "uma simples mentira, mera irregularidade, simples preterição de formalidade etc., não constituirão" (MAGALHÃES NORONHA, Direito Penal, 1995, V. IV, p. 163). Assim é que a alteração da verdade dever ser juridicamente relevante e ter potencialidade para prejudicar direito; caso contrário, será "um dado supérfluo, inóquo, indiferente" (MIGUEL REALE JÚNIOR, in RT 667/250). (Delmanto et al., 2007, p. 751)

Ademais, trata-se de crime comum, formal e instantâneo, cujos efeitos podem vir a se protrair no tempo. A despeito dos efeitos que possa, ou não, vir a gerar, ele se consuma no momento em que é praticada a conduta[1], sendo possível sua ocorrência tanto em documentos públicos como nos particulares.

Há as formas omissa (omitir) e comissiva (inserir ou fazer inserir declaração falsa ou diversa da que devia ser escrita), destacando-se que "A conduta – seja ela comissiva ou omissiva – deve ser orientada por um especial fim de agir, consistente em um de três propósitos: prejudicar direito, criar obrigação ou alterar a

---

1 STJ, RvCr 5.233-DF, Rel. Min. Reynaldo Soares da Fonseca, Terceira Seção, por unanimidade, j. em 13/5/2020, DJe 25/5/2020.

verdade sobre fato juridicamente relevante" (Busato, 2022). No modo omissivo, não se pode falar em tentativa, restando essa possibilidade nas demais condutas.

PRECEDENTES DESTACADOS NO TEMA ANALISADO

1) Compete à Justiça Federal julgar o crime de falsidade ideológica praticado por indígena, consubstanciado no fornecimento de informação inverídica a servidor da FUNAI para emissão de Registro Administrativo de Nascimento de Indígena (RANI).
CC 193369/PR, Rel. Ministro SEBASTIÃO REIS JÚNIOR, TERCEIRA SEÇÃO, j. em 2/3/2023, DJe 7/3/2023.

Capítulo 6

Crimes contra a administração da justiça

Base normativa no Código Penal

CAPÍTULO III

DOS CRIMES CONTRA A ADMINISTRAÇÃO DA JUSTIÇA

Reingresso de estrangeiro expulso

Art. 338. Reingressar no território nacional o estrangeiro que dele foi expulso:

Pena – reclusão, de um a quatro anos, sem prejuízo de nova expulsão após o cumprimento da pena.

Denunciação caluniosa

Art. 339. Dar causa à instauração de inquérito policial, de procedimento investigatório criminal, de processo judicial, de processo administrativo disciplinar, de inquérito civil ou de ação de improbidade administrativa contra alguém, imputando-lhe crime, infração ético-disciplinar ou ato ímprobo de que o sabe inocente: (Redação dada pela Lei n. 14.110, de 2020)

Pena – reclusão, de dois a oito anos, e multa.

§ 1° A pena é aumentada de sexta parte, se o agente se serve de anonimato ou de nome suposto.

§ 2° A pena é diminuída de metade, se a imputação é de prática de contravenção.

Comunicação falsa de crime ou de contravenção

Art. 340. Provocar a ação de autoridade, comunicando-lhe a ocorrência de crime ou de contravenção que sabe não se ter verificado:

Pena – detenção, de um a seis meses, ou multa.

Auto-acusação falsa

Art. 341. Acusar-se, perante a autoridade, de crime inexistente ou praticado por outrem:

Pena – detenção, de três meses a dois anos, ou multa.

Falso testemunho ou falsa perícia

Art. 342. Fazer afirmação falsa, ou negar ou calar a verdade como testemunha, perito, contador, tradutor ou intérprete em processo judicial, ou administrativo, inquérito policial, ou em juízo arbitral: (Redação dada pela Lei n. 10.268, de 28.8.2001)

Pena – reclusão, de 2 (dois) a 4 (quatro) anos, e multa. (Redação dada pela Lei n. 12.850, de 2013)

§ 1° As penas aumentam-se de um sexto a um terço, se o crime é praticado mediante suborno ou se cometido com o fim de obter prova destinada a produzir efeito em processo penal, ou em processo civil em que for parte entidade da administração pública direta ou indireta. (Redação dada pela Lei n. 10.268, de 28.8.2001)

§ 2º O fato deixa de ser punível se, antes da sentença no processo em que ocorreu o ilícito, o agente se retrata ou declara a verdade. (Redação dada pela Lei n. 10.268, de 28.8.2001)

Art. 343. Dar, oferecer ou prometer dinheiro ou qualquer outra vantagem a testemunha, perito, contador, tradutor ou intérprete, para fazer afirmação falsa, negar ou calar a verdade em depoimento, perícia, cálculos, tradução ou interpretação: (Redação dada pela Lei n. 10.268, de 28.8.2001)

Pena – reclusão, de três a quatro anos, e multa.(Redação dada pela Lei n. 10.268, de 28.8.2001)

Parágrafo único. As penas aumentam-se de um sexto a um terço, se o crime é cometido com o fim de obter prova destinada a produzir efeito em processo penal ou em processo civil em que for parte entidade da administração pública direta ou indireta. (Redação dada pela Lei n. 10.268, de 28.8.2001)

Coação no curso do processo

Art. 344. Usar de violência ou grave ameaça, com o fim de favorecer interesse próprio ou alheio, contra autoridade, parte, ou qualquer outra pessoa que funciona ou é chamada a intervir em processo judicial, policial ou administrativo, ou em juízo arbitral:

Pena – reclusão, de um a quatro anos, e multa, além da pena correspondente à violência.

Parágrafo único. A pena aumenta-se de 1/3 (um terço) até a metade se o processo envolver crime contra a dignidade sexual. (Incluído pela Lei n. 14.245, de 2021)

Exercício arbitrário das próprias razões

Art. 345. Fazer justiça pelas próprias mãos, para satisfazer pretensão, embora legítima, salvo quando a lei o permite:

Pena – detenção, de quinze dias a um mês, ou multa, além da pena correspondente à violência.

Parágrafo único. Se não há emprego de violência, somente se procede mediante queixa.

Art. 346. Tirar, suprimir, destruir ou danificar coisa própria, que se acha em poder de terceiro por determinação judicial ou convenção:

Pena – detenção, de seis meses a dois anos, e multa.

Fraude processual

Art. 347. Inovar artificiosamente, na pendência de processo civil ou administrativo, o estado de lugar, de coisa ou de pessoa, com o fim de induzir a erro o juiz ou o perito:

Pena – detenção, de três meses a dois anos, e multa.

Parágrafo único. Se a inovação se destina a produzir efeito em processo penal, ainda que não iniciado, as penas aplicam-se em dobro.

Favorecimento pessoal

Art. 348. Auxiliar a subtrair-se à ação de autoridade pública autor de crime a que é cominada pena de reclusão:

Pena – detenção, de um a seis meses, e multa.

§ 1º Se ao crime não é cominada pena de reclusão:

Pena – detenção, de quinze dias a três meses, e multa.

§ 2º Se quem presta o auxílio é ascendente, descendente, cônjuge ou irmão do criminoso, fica isento de pena.

Favorecimento real

Art. 349. Prestar a criminoso, fora dos casos de co-autoria ou de receptação, auxílio destinado a tornar seguro o proveito do crime:

Pena – detenção, de um a seis meses, e multa.

Art. 349-A. Ingressar, promover, intermediar, auxiliar ou facilitar a entrada de aparelho telefônico de comunicação móvel, de rádio ou similar, sem autorização legal, em estabelecimento prisional. (Incluído pela Lei n. 12.012, de 2009).

Pena – detenção, de 3 (três) meses a 1 (um) ano. (Incluído pela Lei n. 12.012, de 2009).

Exercício arbitrário ou abuso de poder

Art. 350. (Revogado pela Lei n. 13.869, de 2019)

Fuga de pessoa presa ou submetida a medida de segurança

Art. 351. Promover ou facilitar a fuga de pessoa legalmente presa ou submetida a medida de segurança detentiva:

Pena – detenção, de seis meses a dois anos.

§ 1º Se o crime é praticado a mão armada, ou por mais de uma pessoa, ou mediante arrombamento, a pena é de reclusão, de dois a seis anos.

§ 2º Se há emprego de violência contra pessoa, aplica-se também a pena correspondente à violência.

§ 3º A pena é de reclusão, de um a quatro anos, se o crime é praticado por pessoa sob cuja custódia ou guarda está o preso ou o internado.

§ 4º No caso de culpa do funcionário incumbido da custódia ou guarda, aplica-se a pena de detenção, de três meses a um ano, ou multa.

Evasão mediante violência contra a pessoa

Art. 352. Evadir-se ou tentar evadir-se o preso ou o indivíduo submetido a medida de segurança detentiva, usando de violência contra a pessoa:

Pena – detenção, de três meses a um ano, além da pena correspondente à violência.

Arrebatamento de preso

Art. 353. Arrebatar preso, a fim de maltratá-lo, do poder de quem o tenha sob custódia ou guarda:

Pena – reclusão, de um a quatro anos, além da pena correspondente à violência.

Motim de presos

Art. 354. Amotinarem-se presos, perturbando a ordem ou disciplina da prisão:

Pena – detenção, de seis meses a dois anos, além da pena correspondente à violência.

Patrocínio infiel

Art. 355. Trair, na qualidade de advogado ou procurador, o dever profissional, prejudicando interesse, cujo patrocínio, em juízo, lhe é confiado:

Pena – detenção, de seis meses a três anos, e multa.

Patrocínio simultâneo ou tergiversação

Parágrafo único. Incorre na pena deste artigo o advogado ou procurador judicial que defende na mesma causa, simultânea ou sucessivamente, partes contrárias.

Sonegação de papel ou objeto de valor probatório

Art. 356. Inutilizar, total ou parcialmente, ou deixar de restituir autos, documento ou objeto de valor probatório, que recebeu na qualidade de advogado ou procurador:

Pena – detenção, de seis meses a três anos, e multa.

Exploração de prestígio

Art. 357. Solicitar ou receber dinheiro ou qualquer outra utilidade, a pretexto de influir em juiz, jurado, órgão do Ministério Público, funcionário de justiça, perito, tradutor, intérprete ou testemunha:

Pena – reclusão, de um a cinco anos, e multa.

Parágrafo único. As penas aumentam-se de um terço, se o agente alega ou insinua que o dinheiro ou utilidade também se destina a qualquer das pessoas referidas neste artigo.

Violência ou fraude em arrematação judicial

Art. 358. Impedir, perturbar ou fraudar arrematação judicial; afastar ou procurar afastar concorrente ou licitante, por meio de violência, grave ameaça, fraude ou oferecimento de vantagem:

Pena – detenção, de dois meses a um ano, ou multa, além da pena correspondente à violência.

Desobediência a decisão judicial sobre perda ou suspensão de direito

Art. 359. Exercer função, atividade, direito, autoridade ou múnus, de que foi suspenso ou privado por decisão judicial:

Pena – detenção, de três meses a dois anos, ou multa.

Precedentes destacados no tema analisado

1) A competência para o processo e julgamento por crime de contrabando ou descaminho define-se pela prevenção do juízo federal do lugar da apreensão dos bens.

No descaminho, o agente busca iludir, mediante artifício, ardil ou qualquer outro meio fraudulento, o pagamento de direito ou imposto devido em face da entrada ou saída da mercadoria não proibida. O crime se aperfeiçoa com a liberação pela alfândega sem o pagamento dos impostos inerentes.

Já o tipo do contrabando pune a clandestina importação ou exportação de mercadorias cuja entrada no país, ou saída dele, seja absoluta ou relativamente proibida. Na execução do contrabando, o agente, por qualquer meio, importa ou exporta mercadoria (coisa móvel), absoluta ou relativamente proibida (o que não abrange produtos de importação temporariamente suspensa). Na importação ou exportação de mercadoria proibida com passagem pelos órgãos alfandegários, o delito de contrabando se consuma quando transposta a barreira fiscal (liberada pela autoridade competente), mesmo que a mercadoria não tenha chegado ao seu destino. Já na hipótese de ingressar ou sair por meios ocultos (clandestinos), a consumação depende da transposição das fronteiras do país. Se vier por navio, é necessário que este atraque em território nacional. De igual maneira, se transportada a mercadoria por avião, exige-se o pouso.

A competência para o processo e julgamento de ambos os crimes se define pela prevenção do juízo federal do lugar da apreensão dos bens, como dispõe a súmula n. 151 do STJ, que vem sendo regularmente aplicada pelo tribunal. Note-se, contudo, que o próprio tribunal tem decisões que, considerando o caso concreto, retiram a competência do local de apreensão dos bens: "1. Nos termos dos artigos 78, inciso II, alínea "c", e 83, ambos do Código de Processo Penal, em caso de concurso de jurisdições da mesma categoria, a competência será firmada pela prevenção. 2. No caso dos autos, embora as mercadorias tenham sido apreendidas no Estado do Rio Grande do Sul, tal fato decorreu de decisões proferidas em processo que já tramitava perante a Justiça Federal de São Paulo que, por tal motivo, é a competente para processar e julgar o paciente. Inaplicabilidade do verbete 151 da Súmula do Superior Tribunal de Justiça".

2) Configura crime de contrabando (art. 334-A, CP) a importação não autorizada de arma de pressão por ação de gás comprimido ou por ação de mola, independentemente do calibre.

O Decreto n. 3.665/00 – que regulamenta a fiscalização de produtos controlados – estabelece, no art. 3º, inciso XV, que arma de pressão é aquela "cujo princípio de funcionamento implica o emprego de gases comprimidos para impulsão do projétil, os quais podem estar previamente armazenados em um reservatório ou ser produzidos por ação de um mecanismo, tal como um êmbolo solidário a uma mola, no momento do disparo".

Assim como ocorre com as armas de fogo, as de pressão podem ser de uso restrito ou permitido. As de uso restrito são aquelas com calibre superior a seis milímetros que disparem projéteis de qualquer natureza. São de uso permitido as armas de pressão com calibre igual ou inferior a seis milímetros e suas munições de uso permitido (arts. 16, inciso VIII e 17, inciso IV, do mesmo Decreto).

Em decorrência dessa diferença que faz o Decreto n. 3.665/00 entre as armas de pressão de uso restrito e de uso permitido, surgiu a tese de que a importação de arma de pressão com calibre igual ou inferior a seis milímetros não caracterizaria o crime de contrabando, pois não há proibição envolvendo esses artefatos.

A tese, no entanto, não vingou, pois não obstante o uso de armas de pressão com calibre igual ou inferior a seis milímetros não seja proibido, a importação dessas armas é regulamentada, condicionada a autorização do Exército. Por isso, aquele que importa uma arma com essas características sem submeter o procedimento de entrada no território nacional ao órgão competente comete o crime. É o que vem decidindo o STJ: "A jurisprudência deste Superior Tribunal tem-se posicionado no sentido de que, a importação não autorizada de arma de pressão, ainda que de calibre inferior a 6 (seis) mm, configura crime de contrabando, cuja prática impede a aplicação do princípio da insignificância".

3) A importação não autorizada de cigarros ou de gasolina constitui crime de contrabando, insuscetível de aplicação do princípio da insignificância.

Para análise adequada do princípio da insignificância, alguns apontamentos acerca da tipicidade penal devem ser efetuados.

Deve-se ter em consideração que a doutrina entendia a tipicidade como sendo a subsunção da conduta empreendida pelo agente à norma abstratamente prevista. Essa adequação conduta-norma é denominada de "tipicidade formal". A tendência atual, todavia, é a de conceituar a tipicidade penal pelo seu aspecto formal aliado à tipicidade conglobante. A tipicidade conglobante, por sua vez, deve ser analisada sob dois aspectos: (A) se a conduta representa relevante lesão ou perigo de lesão ao bem jurídico (tipicidade material) e (B) se a conduta é determinada ou fomentada pelo direito penal (antinormatividade). Assim, não basta a existência de previsão abstrata a que a conduta empreendida se amolde perfeitamente, sendo necessário que essa conduta não seja fomentada e que atente de fato contra o bem jurídico tutelado. Deverá ser feito um juízo entre as consequências do crime praticado e a reprimenda a ser imposta ao agente. O princípio da insignificância tem lugar justamente neste primeiro aspecto da tipicidade conglobante, a tipicidade material.

O STF tem decidido que a incidência do princípio da insignificância depende de alguns requisitos concomitantes: conduta minimamente ofensiva, ausência de periculosidade social da ação, reduzido grau de reprovabilidade do comportamento e lesão jurídica inexpressiva. Os mesmos requisitos são impostos pelo STJ.

Considerando esses requisitos, tem-se decidido, no geral, contrariamente à atipicidade material no crime de contrabando, que, diferentemente do descaminho, não envolve simplesmente o não pagamento de tributo. O contrabando pune a importação ilegal de produtos normalmente por razões de ordem econômica ou de saúde pública, o que não se coaduna com ausência de periculosidade social. Nessa esteira, a importação ilegal de cigarros e de combustível é recorrentemente julgada típica pelo STJ:

"O Superior Tribunal de Justiça firmou o entendimento de que a introdução clandestina de cigarros, em território nacional, em desconformidade com as normas de regência, configura o delito de contrabando, ao qual não se aplica o princípio da insignificância, por tutelar interesses que transbordam a mera elisão fiscal. Precedentes".

"Inaplicável o princípio da insignificância ao crime de contrabando de gasolina, uma vez que a importação desse combustível, por ser monopólio da União, sujeita-se à prévia e expressa autorização da Agência Nacional de Petróleo, sendo concedida apenas aos produtores ou importadores, de modo que sua introdução, por particulares, em território nacional, é conduta proibida. Precedentes".

4) A importação clandestina de medicamentos configura crime de contrabando, aplicando-se, excepcionalmente, o princípio da insignificância aos casos de importação não autorizada de pequena quantidade para uso próprio.

Complementando os comentários à tese n. 3, destacamos que um dos produtos de importação proibida – absoluta ou relativamente – que normalmente impede a incidência do princípio da insignificância são os medicamentos. O STJ considera que a potencial lesão à saúde pública não permite que a conduta seja menosprezada. Se, no entanto, o medicamento importado for para uso pessoal e em pequena quantidade, o próprio tribunal tem excepcionado sua orientação:

"1. Esta Corte de Justiça vem entendendo, em regra, que a importação de cigarros, gasolina e medicamentos (mercadorias de proibição relativa) configura crime de contrabando. 2. Todavia, a importação de pequena quantidade de medicamento destinada a uso próprio denota a mínima ofensividade da conduta do agente, a ausência de periculosidade social da ação, o reduzidíssimo grau de reprovabilidade do comportamento e a inexpressividade da lesão jurídica provocada, tudo a autorizar a excepcional aplicação do princípio da insignificância (ut, REsp 1346413/PR, Rel. p/ Acórdão Ministra MARILZA MAYNARD – Desembargadora convocada do TJ/SE –, Quinta Turma, DJe 23/05/2013). No mesmo diapasão: REsp 1341470/RS, Rel. Ministra MARIA THEREZA DE ASSIS MOURA, SEXTA TURMA, julgado em 07/08/2014, DJe 21/08/2014. 3. De outra parte, é certo que o art. 334, primeira parte, do Código Penal, deve ser aplicado aos casos em que suficientemente caracterizado o dolo do agente em introduzir no território nacional mercadoria que sabe ser de proibição absoluta ou relativa. Não se pode olvidar, ainda, o princípio da proporcionalidade quando se constatar que a importação do produto se destina ao uso próprio (pelas características de quantidade e qualidade) e não é capaz de causar lesividade suficiente aos bens jurídicos tutelados como um todo. A análise de tais questões, contudo, compete às instâncias ordinárias, soberanas no exame do conjunto fático-probatória, e não ao Superior Tribunal de Justiça, órgão destinado exclusivamente à uniformização da interpretação da legislação federal. (REsp 1428628/RS, Rel. Ministro GURGEL DE FARIA, QUINTA TURMA, julgado em 28/04/2015, DJe 12/05/2015). 4. Na espécie, as instâncias ordinárias reconheceram a inexpressiva lesão de duas caixas de medicamentos (uma para emagrecimento – 15mg – e uma para potência sexual – 50 mg), avaliadas em R$ 30,00. Ausência de dolo. Princípios da proporcionalidade e, excepcionalmente, da insignificância".

5) Para a caracterização do delito de contrabando de máquinas programadas para exploração de jogos de azar, é necessária a demonstração de fortes indícios (e/ou provas) da origem estrangeira das máquinas ou dos seus componentes eletrônicos e a entrada, ilegalmente, desses equipamentos no país.
De acordo com o art. 1º da Instrução Normativa n. 309 da Receita Federal, "As máquinas de videopôquer, videobingo e caçaníqueis, bem assim quaisquer outras máquinas eletrônicas programadas para exploração de jogos de azar, procedentes do exterior, devem ser apreendidas para fins de aplicação da pena de perdimento".

A pena de perdimento é decretada, dentre diversas situações, em virtude da importação de mercadorias proibidas, conduta esta que se subsume ao tipo do contrabando (art. 334-A, caput, do CP). Além disso, o tipo do art. 334-A traz no § 1º, inciso IV uma figura equiparada ao caput que veicula uma modalidade especial de receptação, isto é, a conduta do comerciante (ou industriário) que vende, expõe à venda, mantém em depósito ou, de qualquer forma, utiliza em proveito próprio ou alheio mercadorias de importação proibida.

É claro que a origem proibida das mercadorias deve ser do conhecimento daquele que pratica as ações equiparadas, pois do contrário haveria responsabilidade penal objetiva. Daí porque, para o STJ, à caracterização do crime não basta a apreensão da máquina em determinado local, ainda que o produto apreendido seja montado com componentes de origem estrangeira. É imprescindível a demonstração de indícios de que se trata de produto estrangeiro e de importação ilegal, com o conhecimento de quem pratica uma das condutas indicadas. Caso as circunstâncias a respeito da importação ilegal da máquina ou dos equipamentos não estejam bem estabelecidas, aquele que estiver, por exemplo, utilizando a máquina em um estabelecimento comercial deve responder apenas pela contravenção de exploração de jogo de azar.

6) É desnecessária a constituição definitiva do crédito tributário na esfera administrativa para a configuração dos crimes de contrabando e de descaminho.

Sabe-se que o STF consolidou o entendimento de que a constituição definitiva do crédito tributário, nos crimes materiais contra a ordem tributária, é condição para a tipicidade (súmula vinculante n. 24). Daí surge a questão: isso se estende ao descaminho? A resposta pressupõe a solução de outra indagação: o descaminho é crime formal ou material?

O STF tem decidido que se trata de crime formal e, portanto, não se exige efetivo prejuízo ao erário para a consumação; basta a ilusão de direito ou imposto. Em decorrência desse entendimento, a orientação do tribunal se dá na direção de que o esgotamento da via administrativa é dispensável.

Nessa mesma posição, merece ser lembrada a sempre pertinente lição de Hungria: "Haja, ou não, prisão em flagrante dos agentes do crime ou apreensão das mercadorias dentro ou fora da zona fiscal, ou instauração de processo administrativo, nada disso importa a existência do contrabando ou descaminho como ilícito penal e à proponibilidade da ação penal".

O STJ segue a mesma linha:

"No julgamento do HC 218.961/SP, a Quinta Turma do Superior Tribunal de Justiça consolidou entendimento no sentido de que o crime de descaminho é de natureza formal e se aperfeiçoa mediante o não pagamento do imposto devido em razão da entrada de mercadoria no país, sendo prescindível o exaurimento da esfera administrativa com o lançamento do débito fiscal como condição para a persecução penal".

Se o esgotamento da via administrativa não é pressuposto para o descaminho, com maior razão deve ser afastado do contrabando, que não envolve a ilusão de tributo, mas a importação de mercadoria proibida.

7) Aplica-se o princípio da insignificância ao crime de descaminho (art. 334, CP) quando o valor do débito tributário não ultrapasse o

limite de R$ 10.000,00 (dez mil reais), a teor do disposto no art. 20 da Lei n. 10.522/2002, ressalvados os casos de habitualidade delitiva.

Os tribunais superiores admitem a aplicação do princípio da insignificância àquelas situações de descaminho em que as mercadorias apreendidas são em pequena quantidade, com valores ínfimos e ausência de destinação comercial. Isto porque, em virtude do baixo valor dos tributos incidentes sobre tais bens, o fisco não promove a execução de seus créditos, utilizando-se do já conhecido argumento de que a instauração de um processo executivo fiscal, diante de um valor irrelevante a ser recebido, não será compensada no momento do pagamento. Existe, no entanto, divergência a respeito do valor da insignificância.

O valor mínimo para a execução fiscal está descrito no art. 20 da Lei n. 10.522/2002, no qual se estabelece que a Fazenda Pública não ajuizará execução fiscal para cobrar menos de R$ 10 mil. Sempre foi esse o patamar utilizado pelo Judiciário na análise do princípio da insignificância no descaminho.

Ocorre que a Portaria n. 75/2012 do Ministério da Fazenda, com base em estudos do Instituto de Pesquisa Econômica Aplicada, recalculou o valor mínimo para o ajuizamento de execução fiscal para R$ 20 mil. Instalou-se então a dúvida: a análise da insignificância deve considerar a Lei 10.522/02 (R$ 10.000,00) ou a Portaria 75/12 (R$ 20.000,00)?

O STF tem considerado o valor de R$ 20.000,00: "Nos termos da jurisprudência deste Tribunal, o princípio da insignificância deve ser aplicado ao delito de descaminho quando o valor sonegado for inferior ao estabelecido no art. 20 da Lei 10.522/2002, com as atualizações feitas pelas Portarias 75 e 130, ambas do Ministério da Fazenda. Precedentes. II – Mesmo que o suposto delito tenha sido praticado antes das referidas Portarias, conforme assenta a doutrina e jurisprudência, norma posterior mais benéfica retroage em favor do acusado. III – Ordem concedida para trancar a ação penal".

A Terceira Seção do Superior Tribunal de Justiça, por sua vez, no julgamento do Recurso Especial n. 1.393.317/PR, decidiu que o princípio da insignificância só se aplica em casos de crime de descaminho se o valor questionado for igual ou inferior a R$ 10 mil. Em síntese, concluiu que o Judiciário deve seguir os parâmetros descritos em lei federal, e não em portaria administrativa da Fazenda Federal:

"Soa imponderável, contrária à razão e avessa ao senso comum tese jurídica que, apoiada em mera opção de política administrativo-fiscal, movida por interesses estatais conectados à conveniência, à economicidade e à eficiência administrativas, acaba por subordinar o exercício da jurisdição penal à iniciativa da autoridade fazendária. Sobrelevam, assim, as conveniências administrativo-fiscais do Procurador da Fazenda Nacional, que, ao promover o arquivamento, sem baixa na distribuição, dos autos das execuções fiscais de débitos inscritos como Dívida Ativa da União, de valor consolidado igual ou inferior a R$ 10.000,00, impõe, mercê da elástica interpretação dada pela jurisprudência dos tribunais superiores, o que a Polícia deve investigar, o que o Ministério Público deve acusar e, o que é mais grave, o que – e como – o Judiciário deve julgar.

(...)

A partir da Lei n. 10.522/2002, o Ministro da Fazenda não tem mais autorização para, por meio de simples portaria, alterar o valor definido como teto para o arquivamento de execução fiscal sem baixa na distribuição. E a Portaria MF n. 75/2012, que fixa, para aquele fim, o novo valor de R$ 20.000,00 – o qual acentua ainda mais a absurdidade da incidência do princípio da insignificância penal, mormente se considerados os critérios usualmente invocados pela jurisprudência do STF para regular hipóteses de crimes contra o patrimônio – não retroage para alcançar delitos de descaminho praticados em data anterior à vigência da referida portaria, porquanto não é esta equiparada a lei penal, em sentido estrito, que pudesse, sob tal natureza, reclamar a retroatividade benéfica, conforme disposto no art. 2°, parágrafo único, do CPP".

E o tribunal vem aplicando essa mesma tese, ressalvando ainda o afastamento do princípio da insignificância no caso de reiteração delitiva.

8) O pagamento ou o parcelamento dos débitos tributários não extingue a punibilidade do crime de descaminho, tendo em vista a natureza formal do delito.

Uma sucessão de normas sobre o assunto, além de causar o cancelamento da Súmula 560 do STF ("a extinção da punibilidade, pelo pagamento do tributo devido, estende-se ao crime de contrabando ou descaminho, por força do art. 18, § 2°, do Decreto-lei 157/67"), provocou séria dúvida na doutrina e na jurisprudência: será que o recolhimento oportuno do tributo sonegado extingue a punibilidade do delito de descaminho? Rui Stoco, por exemplo, sustenta: "Conclua-se que, embora a Lei 9.249/95 tenha restaurado a possibilidade de extinção da punibilidade pelo pagamento do tributo apenas com relação aos crimes contra a ordem tributária, previstos na Lei 8.137/90, nada justifica, nem se encontra razão lógica ou jurídica, à luz do princípio constitucional da igualdade, que tal benefício não se estenda também ao autor do crime de descaminho, dada a sua natureza de delito contra a ordem tributária em que se objetiva impedir a importação e exportação de bens e produtos sem o pagamento dos impostos e taxas devidos".

Parece-nos, todavia, que a resposta está estritamente relacionada à (des)necessidade de constituição definitiva do crédito tributário, de que já tratamos acima, o que pressupõe a análise da natureza (formal ou material) do crime de descaminho. A extinção da punibilidade pelo pagamento do tributo iludido só se justifica se a conclusão for no sentido de que se trata de delito material, tipificando-se somente após o lançamento definitivo; do contrário, se basta a importação fraudulenta, tornando-se irrelevante apurar o valor do prejuízo ao erário, também não há relevância na reparação eventualmente promovida. Para o STJ, que, como vimos, considera formal o crime, o pagamento é irrelevante: "2. O Supremo Tribunal Federal e o Superior Tribunal de Justiça firmaram compreensão no sentido de que a consumação do crime de descaminho independe da constituição definitiva do crédito tributário, haja vista se tratar de crime formal, diversamente dos crimes tributários listados na Súmula Vinculante n. 24 do Pretório Excelso. 3. Cuidando-se de crime formal, mostra-se irrelevante o parcelamento e pagamento do tributo, não se inserindo, ademais, o crime de descaminho entre as hipóteses de extinção da punibilidade listadas na Lei n. 10.684/2003. De fato, referida lei se aplica apenas aos delitos de sonegação fiscal, apropriação indébita previdenciária e sonegação de contribuição previdenciária. Dessa forma, cuidando-se de crime de descaminho, não há se falar em extinção da punibilidade pelo pagamento".

9) Quando o falso se exaure no descaminho, sem mais potencialidade lesiva, é por este absorvido, como crime-fim, condição que não se altera por ser menor a pena a este cominada.

Vimos que a ação típica do descaminho consiste em iludir, mediante artifício, ardil ou qualquer outro meio fraudulento, o pagamento de direito ou imposto devido em face da entrada ou saída da mercadoria não proibida. A ação de iludir o tributo pode ser precedida de delito contra a fé pública, como a declaração de valor inverídico (falsidade ideológica) ou a apresentação de documentos falsificados, como guias de recolhimento de tributo (uso de documento falso).

O STJ tem decidido que a falsidade ideológica que precede o descaminho e nele se esgota é absorvida: "1. Constatado que a falsidade ideológica foi o meio pelo qual a ré buscou iludir o pagamento de tributos incidentes nas importações, mostra-se patente a relação de causalidade com o crime de descaminho, o que atrai a incidência da consunção. 2. A jurisprudência desta Corte admite que um crime de maior gravidade, assim considerado pela pena abstratamente cominada, pode ser absorvido, por força do princípio da consunção, por um crime menos grave, quando, repita-se, utilizado como mero instrumento para consecução de um objetivo final único". Da mesma forma, o tribunal considera que, não obstante tenha pena mais grave, o crime de uso de documento falso pode ser absorvido pelo descaminho, desde que se trate de etapa executória deste último, nele exaurindo-se a potencialidade lesiva do falso.

10) O crime de sonegação de contribuição previdenciária, previsto no art. 337-A do CP, não exige dolo específico para a sua configuração.

O tipo subjetivo do crime de sonegação de contribuição previdenciária se consubstancia no dolo, consistente na vontade consciente de não incluir dados necessários nos lançamentos previstos visando à sonegação de contribuições ou acessórios devidos. Cezar Roberto Bitencourt entende indispensável a presença do fim especial do agente: "Acreditamos ser indispensável o elemento subjetivo especial do injusto, representado pelo especial fim de fraudar a previdência social". No mesmo sentido, Antonio Lopes Monteiro lembra: "Toda a tradição de nosso Direito, em termos de sonegação fiscal, exige que a conduta tenha a finalidade específica de sonegação, e não outra".

O STF e o STJ, no entanto, firmaram o entendimento de que basta o dolo de reduzir ou suprimir o tributo, dispensando-se qualquer tipo de finalidade especial:

STF: "O crime de apropriação indébita previdenciária exige apenas "a demonstração do dolo genérico, sendo dispensável um especial fim de agir, conhecido como animus rem sibi habendi (a intenção de ter a coisa para si). Assim como ocorre quanto ao delito de apropriação indébita previdenciária, o elemento subjetivo animador da conduta típica do crime de sonegação de contribuição previdenciária é o dolo genérico, consistente na intenção de concretizar a evasão tributária (AP 516, Plenário, Relator o Ministro Ayres Britto, DJe de 20.09.11)".

STJ: "Em crimes de sonegação fiscal e de apropriação indébita de contribuição previdenciária, este Superior Tribunal de Justiça pacificou a orientação no sentido de que sua comprovação prescinde de dolo específico sendo suficiente, para a sua caracterização, a presença do dolo genérico consistente na omissão voluntária do recolhimento, no prazo legal, dos valores devidos".

11) O crime de sonegação de contribuição previdenciária é de natureza material e exige a constituição definitiva do débito tributário perante o âmbito administrativo para configurar-se como conduta típica.

O Direito Penal só deve ser aplicado quando estritamente necessário, de modo que a sua intervenção fica condicionada ao fracasso das demais esferas de controle (caráter subsidiário), observando somente os casos de relevante lesão ou perigo de lesão ao bem juridicamente tutelado (caráter fragmentário). Daí a importância do princípio da intervenção mínima, segundo o qual o Direito Penal só deve ser aplicado quando estritamente necessário (ultima ratio), mantendo-se subsidiário. Deve servir como a derradeira trincheira no combate aos comportamentos indesejados, aplicando-se de forma subsidiária e racional à preservação daqueles bens de maior significação e relevo.

No caso dos crimes materiais contra a ordem tributária, questionava-se amplamente a possibilidade de ajuizamento da ação penal sem que o órgão fazendário pudesse exigir o tributo pela via da execução fiscal. Argumentava-se que se no âmbito fiscal não se havia esgotado o procedimento de cobrança do tributo, impedindo portanto que o Estado o exigisse (art. 151, III, do Código Tributário), não seria possível utilizá-lo como fundamento da pretensão punitiva criminal. Além disso, lançar mão precocemente da via criminal significava ignorar a eficácia da fiscalização e da execução das dívidas tributárias pelos órgãos estatais, invertendo as prioridades de atuação entre o Direito Tributário e o Direito Penal.

Não bastasse isso, uma das vertentes que sustentavam a tese da impossibilidade de instauração da ação penal antes do esgotamento da via administrativa argumentava que, sem o pronunciamento formal de que o tributo era devido, não havia sequer a possibilidade de tipificação, pois o crime objeto do debate consistia em "suprimir ou reduzir" tributo ou contribuição social (art. 1º da Lei n. 8.137/90). Se não havia se estabelecido formalmente a existência do tributo suprimido ou reduzido, o tipo penal não poderia ser considerado perfeito.

Foram reiteradas as decisões do STF a respeito da impossibilidade de deflagrar a ação penal sem a constituição definitiva do tributo, até que o tribunal editou a súmula vinculante n. 24, segundo a qual "Não se tipifica crime material contra a ordem tributária, previsto no art. 1º, incisos I a IV, da Lei n. 8.137/90, antes do lançamento definitivo do tributo".

Embora a súmula faça menção expressa somente ao art. 1º, incisos I a IV, da Lei n. 8.137/90, este dispositivo não é o único que corresponde a crime material contra a ordem tributária. Há, no Código Penal, a apropriação indébita previdenciária e a sonegação de contribuição previdenciária, que têm a mesma natureza. Provocados, os tribunais superiores estenderam os efeitos da súmula a esses dois delitos:

STF: "Apropriação indébita previdenciária e sonegação de contribuição previdenciária. Condenação. 3. Reconhecimento da prescrição. Impossibilidade. Necessidade de esgotamento da via administrativa para deflagração da ação penal e início da contagem do prazo prescricional. Não ocorrência da alegada prescrição. 4. Aplicação do princípio da insignificância. Impossibilidade. Elevado grau de reprovabilidade da conduta. Precedentes. 5. Dosimetria da pena. Reprimenda aplicada de forma proporcional e suficientemente fundamentada. 6. Agravo regimental a que se nega provimento".

STJ: "Nos termos dos precedentes da Corte, os crimes de apropriação indébita previdenciária e sonegação de contribuição previdenciária são delitos materiais, exigindo portanto a constituição definitiva do débito tributário perante o âmbito administrativo para configurar-se como conduta típica".

12) Aplica-se o princípio da insignificância ao crime de sonegação de contribuição previdenciária quando o valor do tributo ilidido não ultrapassa o patamar de R$ 10.000,00 (dez mil reais) previsto no art. 20 da Lei n. 10.522/2002.

O art. 337-A, § 2º, II, do Código Penal dispõe ser facultado ao juiz deixar de aplicar a pena ou aplicar somente a de multa se o agente for primário e de bons antecedentes, desde que o valor das contribuições devidas, inclusive acessórios, seja igual ou inferior àquele estabelecido pela previdência social, administrativamente, como sendo o mínimo para o ajuizamento de suas execuções fiscais.

Discute a doutrina se a intenção do legislador foi excluir da esfera dos crimes contra a previdência social a aplicação do princípio da insignificância. Para Damásio de Jesus, o legislador optou expressamente pelo afastamento do princípio, seja qual for o valor do débito, até o limite mínimo para execução fiscal.

Não foi essa, todavia, a conclusão a que chegou o STJ. Ora, se o valor é insignificante para o fim de ajuizamento da execução fiscal, com muito mais razão é irrelevante para fins penais.

A dúvida, no entanto, estava em saber qual o valor máximo para a dívida ser etiquetada como irrelevante, tal como ocorria no crime de descaminho (tese 7). O Superior Tribunal de Justiça firmou o entendimento de que o reconhecimento da atipicidade material da conduta deve se basear no valor previsto na lei (R$ 10.000,00): “Como o valor apurado a título de contribuições previdenciárias sonegadas (R$ 1.547,84) fica aquém do mínimo previsto na Lei n. 10.522/2002, com a redação dada pela Lei n. 11.033/2004, é de ser reconhecida a incidência do princípio da insignificância. Ressalva do relator”.

13) O delito de sonegação de contribuição previdenciária não exige qualidade especial do sujeito ativo, podendo ser cometido por qualquer pessoa, particular ou agente público, inclusive prefeitos.

Há quem sustente que o crime de sonegação de contribuição previdenciária é próprio porque só pode ser cometido pelo responsável pelo lançamento das informações nos documentos relacionados com os deveres e obrigações para com a Previdência Social.

O STJ, no entanto, tem se orientado em sentido contrário, concluindo que qualquer pessoa pode figurar como autor do delito, até mesmo prefeitos municipais: “Pode qualquer pessoa, particular ou agente público, inclusive prefeitos, praticar o crime do art. 337-A do Código Penal, consistente na omissão de valores na guia de recolhimento do fundo de garantia por tempo de serviço e informação à Previdência Social – GFIP”.

14) O crime de falso, quando cometido única e exclusivamente para viabilizar a prática do crime de sonegação de contribuição previdenciária, é por este absorvido, consoante diretrizes do princípio penal da consunção. Tal como ocorre com o descaminho (tese 9), a sonegação de contribuição previdenciária pode ser precedida de falsificação de documento, como as modalidades do art. 297, §§ 3° e 4°. Nesses casos – como vem ocorrendo em diversas outras situações em que a potencialidade lesiva do falso se exaure no crime-fim –, o STJ firmou o entendimento de que a sonegação absorve o crime contra a fé pública: "Esta Corte vem enfatizando, em sucessivos julgados, que o crime de falso, quando cometido única e exclusivamente para consumar a sonegação de tributos, é absorvido pelo segundo delito, consoante diretrizes do princípio penal da consunção".

Fonte: Cunha, 2017a.

Capítulo 7

Crimes contra o Estado democrático de direito

7.1 Introdução

A necessidade de um núcleo de tipos voltados para a defesa do Estado de direito é reconhecida na doutrina brasileira[1] mesmo entre aqueles que, com razão, criticavam duramente a história político-jurídica brasileira que permeia o tema. Exemplo claro dessa posição é a fala de Fragoso (1983), para quem

> cumpre insistir na proposta que já fizemos, no sentido de que esses crimes voltem ao CP, constituindo o último título da Parte Especial. A experiência demonstra que a formulação de leis especiais nessa matéria é sempre inspirada pelo propósito de submeter a repressão desses crimes a critérios de particular severidade; que não corresponde a uma visão liberal.

Com isso, voltava-se a um padrão legislativo, conforme recorda Dal Ri Júnior (2006, p. 264-265):

> Desde a proclamação da República até 1935, os crimes contra a segurança do Estado eram regulamentados no ordenamento penal brasileiro do mesmo modo que os crimes comuns. Constavam nos Títulos I e II do Código Penal emanado pelo governo republicano em 1890. O Título I era dedicado aos 'crimes contra a existência política da República', enquanto o Título II dispunha sobre os 'crimes contra a segurança interna da República'. No primeiro, encontravam-se os crimes contra a independência, a integridade e a dignidade da Pátria (artigos 87 a 106), os crimes contra a constituição da República e a forma de seu governo (artigo 107 e 108) e os crimes contra o livre exercício dos poderes políticos (artigos 109 a 114). No segundo, estavam previstos os crimes de conspiração (artigos 115 a 117), de sedição e de ajuntamento ilícito (artigo 118). Em nenhum caso eram previstas as penas de morte ou de prisão perpétua.

Base normativa no Código Penal

> **TÍTULO XII** (Incluído pela Lei n. 14.197, de 2021)
> **DOS CRIMES CONTRA O ESTADO DEMOCRÁTICO DE DIREITO**
> **CAPÍTULO I** (Incluído pela Lei n. 14.197, de 2021)
> **DOS CRIMES CONTRA A SOBERANIA NACIONAL**
> **Atentado à soberania** (Incluído pela Lei n. 14.197, de 2021)
> Art. 359-I. Negociar com governo ou grupo estrangeiro, ou seus agentes, com o fim de provocar atos típicos de guerra contra o País ou invadi-lo: (Incluído pela Lei n. 14.197, de 2021)
> Pena – reclusão, de 3 (três) a 8 (oito) anos. (Incluído pela Lei n. 14.197, de 2021)

1 Por todos, ver: Wunderlich, 2020; Barroso, 2003.

§ 1º Aumenta-se a pena de metade até o dobro, se declarada guerra em decorrência das condutas previstas no caput deste artigo. (Incluído pela Lei n. 14.197, de 2021)

§ 2º Se o agente participa de operação bélica com o fim de submeter o território nacional, ou parte dele, ao domínio ou à soberania de outro país: (Incluído pela Lei n. 14.197, de 2021)

Pena – reclusão, de 4 (quatro) a 12 (doze) anos. (Incluído pela Lei n. 14.197, de 2021)

Atentado à integridade nacional (Incluído pela Lei n. 14.197, de 2021)

Art. 359-J. Praticar violência ou grave ameaça com a finalidade de desmembrar parte do território nacional para constituir país independente: (Incluído pela Lei n. 14.197, de 2021)

Pena – reclusão, de 2 (dois) a 6 (seis) anos, além da pena correspondente à violência. (Incluído pela Lei n. 14.197, de 2021)

Espionagem (Incluído pela Lei n. 14.197, de 2021)

Art. 359-K. Entregar a governo estrangeiro, a seus agentes, ou a organização criminosa estrangeira, em desacordo com determinação legal ou regulamentar, documento ou informação classificados como secretos ou ultrassecretos nos termos da lei, cuja revelação possa colocar em perigo a preservação da ordem constitucional ou a soberania nacional: (Incluído pela Lei n. 14.197, de 2021)

Pena – reclusão, de 3 (três) a 12 (doze) anos. (Incluído pela Lei n. 14.197, de 2021)

§ 1º Incorre na mesma pena quem presta auxílio a espião, conhecendo essa circunstância, para subtraí-lo à ação da autoridade pública. (Incluído pela Lei n. 14.197, de 2021)

§ 2º Se o documento, dado ou informação é transmitido ou revelado com violação do dever de sigilo: (Incluído pela Lei n. 14.197, de 2021)

Pena – reclusão, de 6 (seis) a 15 (quinze) anos. (Incluído pela Lei n. 14.197, de 2021)

§ 3º Facilitar a prática de qualquer dos crimes previstos neste artigo mediante atribuição, fornecimento ou empréstimo de senha, ou de qualquer outra forma de acesso de pessoas não autorizadas a sistemas de informações: (Incluído pela Lei n. 14.197, de 2021)

Pena – detenção, de 1 (um) a 4 (quatro) anos. (Incluído pela Lei n. 14.197, de 2021)

§ 4º Não constitui crime a comunicação, a entrega ou a publicação de informações ou de documentos com o fim de expor a prática de crime ou a violação de direitos humanos. (Incluído pela Lei n. 14.197, de 2021)

CAPÍTULO II (Incluído pela Lei n. 14.197, de 2021)

DOS CRIMES CONTRA AS INSTITUIÇÕES DEMOCRÁTICAS

Abolição violenta do Estado Democrático de Direito (Incluído pela Lei n. 14.197, de 2021)

Art. 359-L. Tentar, com emprego de violência ou grave ameaça, abolir o Estado Democrático de Direito, impedindo ou restringindo o exercício dos poderes constitucionais: (Incluído pela Lei n. 14.197, de 2021)

Pena – reclusão, de 4 (quatro) a 8 (oito) anos, além da pena correspondente à violência. (Incluído pela Lei n. 14.197, de 2021)

Golpe de Estado (Incluído pela Lei n. 14.197, de 2021)

Art. 359-M. Tentar depor, por meio de violência ou grave ameaça, o governo legitimamente constituído: (Incluído pela Lei n. 14.197, de 2021)

Pena – reclusão, de 4 (quatro) a 12 (doze) anos, além da pena correspondente à violência. (Incluído pela Lei n. 14.197, de 2021)

CAPÍTULO III (Incluído pela Lei n. 14.197, de 2021)

DOS CRIMES CONTRA O FUNCIONAMENTO DAS INSTITUIÇÕES DEMOCRÁTICAS NO PROCESSO ELEITORAL

Interrupção do processo eleitoral (Incluído pela Lei n. 14.197, de 2021)

Art. 359-N. Impedir ou perturbar a eleição ou a aferição de seu resultado, mediante violação indevida de mecanismos de segurança do sistema eletrônico de votação estabelecido pela Justiça Eleitoral: (Incluído pela Lei n. 14.197, de 2021)

Pena – reclusão, de 3 (três) a 6 (seis) anos, e multa. (Incluído pela Lei n. 14.197, de 2021)

Art. 359-O. (VETADO). (Incluído pela Lei n. 14.197, de 2021)

Violência política (Incluído pela Lei n. 14.197, de 2021)

Art. 359-P. Restringir, impedir ou dificultar, com emprego de violência física, sexual ou psicológica, o exercício de direitos políticos a qualquer pessoa em razão de seu sexo, raça, cor, etnia, religião ou procedência nacional: (Incluído pela Lei n. 14.197, de 2021)

Pena – reclusão, de 3 (três) a 6 (seis) anos, e multa, além da pena correspondente à violência. (Incluído pela Lei n. 14.197, de 2021)

Art. 359-Q. (VETADO). (Incluído pela Lei n. 14.197, de 2021)

CAPÍTULO IV (Incluído pela Lei n. 14.197, de 2021)

DOS CRIMES CONTRA O FUNCIONAMENTO DOS SERVIÇOS ESSENCIAIS

Sabotagem (Incluído pela Lei n. 14.197, de 2021)

Art. 359-R. Destruir ou inutilizar meios de comunicação ao público, estabelecimentos, instalações ou serviços destinados à defesa nacional, com o fim de abolir o Estado Democrático de Direito: (Incluído pela Lei n. 14.197, de 2021)

Pena – reclusão, de 2 (dois) a 8 (oito) anos. (Incluído pela Lei n. 14.197, de 2021)

CAPÍTULO V (Incluído pela Lei n. 14.197, de 2021)

(VETADO) (Incluído pela Lei n. 14.197, de 2021)
CAPÍTULO VI (Incluído pela Lei n. 14.197, de 2021)
DISPOSIÇÕES COMUNS
Art. 359-T. Não constitui crime previsto neste Título a manifestação crítica aos poderes constitucionais nem a atividade jornalística ou a reivindicação de direitos e garantias constitucionais por meio de passeatas, de reuniões, de greves, de aglomerações ou de qualquer outra forma de manifestação política com propósitos sociais. (Incluído pela Lei n. 14.197, de 2021)
Art. 359-U. (VETADO)." (Incluído pela Lei n. 14.197, de 2021)
DISPOSIÇÕES FINAIS
Art. 360. Ressalvada a legislação especial sobre os crimes contra a existência, a segurança e a integridade do Estado e contra a guarda e o emprego da economia popular, os crimes de imprensa e os de falência, os de responsabilidade do Presidente da República e dos Governadores ou Interventores, e os crimes militares, revogam-se as disposições em contrário.

7.2 O eixo da tutela política: a proteção do Estado de direito

> Pelas razões expostas, o ponto de vista da Comissão é o de que se impõe a elaboração de uma nova lei, não mais inspirada pela ideologia da segurança nacional, mas voltada para a defesa do Estado Democrático de Direito. (Brasil, 2021)

Os crimes em questão visam proteger a Democracia e, assim, afastam-se da tutela de direitos fundamentais e não podem ser interpretados como instrumentos de perseguição política e de direitos fundamentais que animaram muitos juristas – ou políticos com formação jurídica –, como se observa nas referências a seguir:

> Os direitos fundamentais [...] impõem sérias e rigorosas limitações ao poder estatal. Essas limitações, na verdade, só podem ser respeitadas em período de normalidade, pois nos momentos de crise, embaraçariam de tal modo a ação do governo que este seria presa fácil para os inimigos da ordem. (Ferreira Filho, 1978, p. 301, citado por Del Negri, 2022, p. 326)

> A defesa da pátria, a preservação das instituições, a proteção do cidadão e da coletividade é direito e dever do Estado. Nenhuma nação pode sobreviver com independência, se não lhe for reconhecida a prerrogativa de defender, com

o Poder e pela força, se necessária, o seu território, o seu povo, o seu regime político e o seu sistema constitucional, contra a violência das minorias inconformadas e o ataque das ideologias contrárias à ordem jurídica. (Meirelles, 1972, p. 295, citado por Del Negri, 2022, p. 327)

Assim, como bem pontuam Fragoso, Munhoz Netto e Reale Júnior (citados por Reale Júnior; Wunderlich, 2020, p. 38),

> No Estado de Direito, a segurança nacional constitui meio de garantir as liberdades públicas. Protege-se o Estado, para que este possa garantir os direitos individuais. A legitimidade da incriminação de atentados à segurança nacional repousa no princípio de que só pelos meios jurídicos podem ser alteradas as instituições estabelecidas pelo povo, através de representantes livremente escolhidos.
>
> Para que a segurança nacional se enquadre no Estado de Direito, garantindo a inviolabilidade dos direitos do homem, o crime só pode ser definido mediante a tipicidade de fatos externos, ofensivos a bens ou interesses jurídicos. O ilícito penal não compreende, a título de ilícito político, restrições a ideias dissidentes do regime, nem no mero exercício de meios para formá-las.

A promulgação da Lei n. 14.197, de 1º de setembro de 2021, marca um importante avanço no ordenamento jurídico brasileiro na proteção do Estado de direito e da democracia. A nova legislação surgiu como resposta à necessidade de adequação das normas penais ao contexto atual, revogando a antiquada Lei de Segurança Nacional de 1983, cuja aplicação muitas vezes se mostrou incompatível com os princípios democráticos consagrados na Constituição Federal de 1988.

O direito brasileiro conhece uma longa história de "leis de segurança nacional". A criação e a evolução das leis de segurança nacional no Brasil refletem momentos-chave da história política do país, com frequência em resposta a desafios específicos que o Estado enfrentava. Desde a promulgação da Constituição de 1824, já se delineava a importância da segurança interna e externa do Estado, mas sem a criação de leis especificamente voltadas para tal fim.

Durante o Império, o Brasil seguia um padrão liberal no tratamento das questões de segurança do Estado, sem a necessidade de leis dedicadas exclusivamente a esse tema. As forças armadas eram destinadas à defesa da pátria e à garantia dos poderes constitucionais.

Com a Proclamação da República em 1889, os militares assumiram um papel mais evidente na política brasileira. Foi nesse contexto que o governo promulgou o "decreto-rolha" em 1889[2], que instituiu a censura à imprensa e criou a

2 Para o emprego dessa expressão, ver, entre outros: Santos, 2012; Araujo, I. A., 2022.

Comissão Mista Militar de Sindicâncias e Julgamentos, responsável por julgar civis e militares envolvidos em ações consideradas comprometedoras para a nova ordem política.

A Constituição de 1934 introduziu um título dedicado à segurança nacional, estabelecendo que os militares e pessoas assemelhadas teriam foro especial nos delitos militares. O Tribunal Militar tornou-se responsável pelo julgamento de crimes definidos como contrários à segurança nacional, mesmo que praticados por civis.

A Lei de Segurança Nacional de 1935, apesar de não conter o termo *segurança nacional*, tratou de crimes contra a ordem política e social, restringindo a ação de sindicatos, greves e organizações políticas. Essa lei foi resultado da reação política e jurídica do governo Vargas contra movimentos grevistas e ideológicos que estavam se organizando no país.

A criação e a evolução da Escola Superior de Guerra no Brasil, em 1949, sob a Lei n. 785, representaram um marco na formulação de estratégias de segurança nacional, contando com o apoio de conselheiros franceses e americanos. Essa instituição desempenhou um papel crucial na formação de líderes capacitados para planejar e dirigir a segurança nacional, incorporando a análise de fatores políticos, econômicos e militares em seu currículo. A doutrina da segurança nacional, no entanto, não pode ser simplesmente atribuída ao autoritarismo importado, sendo resultado das condições sociais e políticas específicas do Brasil.

Durante o regime militar, entre 1964 e 1985, houve uma escalada na criação de textos legais relacionados à segurança nacional. A Lei de Segurança Nacional de 1967 e a de 1969 endureceram as regras para definir e punir crimes contra a segurança nacional. Nesse contexto, a pena de morte foi reintroduzida.

A última revisão na Lei de Segurança Nacional havia ocorrido em 1983[3], durante o governo de João Figueiredo, e surgiu em um contexto de crescente pressão da sociedade por abertura política e democratização (Guerra; Machado Filho, 2023). Ela representou uma flexibilização dos princípios da doutrina da segurança nacional, ao reinterpretar o conceito de nação e passar a tutelar não apenas as instituições do governo, mas a própria existência, independência e soberania do Estado. A Lei de Segurança Nacional tornou-se objeto de críticas e controvérsias, especialmente por parte de movimentos que demandavam a abertura política.

A Igreja Católica, por exemplo, intensificou suas críticas à Lei de Segurança Nacional em 1983, após o conflito envolvendo a expulsão de padres franceses acusados de crime contra a segurança nacional. Além disso, a lei foi alvo de debate no Congresso, com a proposição de vários projetos de lei com vistas à sua reforma. A Câmara dos Deputados aprovou um projeto parcialmente bem-sucedido

3 Por todos, ver: Fragoso, 1983.

em 1983, que propunha modificações pontuais na lei anterior, como a aplicação subsidiária do Código Penal e a exclusão de certos tipos de crimes.

É importante ressaltar que a discussão em torno da Lei de Segurança Nacional reflete não apenas uma mudança nas políticas de segurança nacional, mas também a transformação do próprio contexto político e social do Brasil. À medida que o regime militar perdia legitimidade, abria-se espaço para a formulação de novas propostas político-jurídicas para o país. A promulgação da Lei de Segurança Nacional de 1983, marcada por uma tendência mais liberal e democrática, foi um reflexo desse processo de transição política e da busca por um Estado de direito mais consolidado e respeitador dos direitos fundamentais.

A questão essencial que se coloca é a permanência dessa legislação já na redemocratização. Com efeito, segundo acurada observação de Guerra e Machado Filho (2023, p. 218),

> O processo de redemocratização tomou novo rumo com a ampliação da participação social na Assembleia Nacional Constituinte (VERSIANI, 2010). A literatura sobre segurança, no entanto, indica um cenário de grande continuidade (MACHADO, 2006; MONTEIRO, 2013; ZAVERUCHA, 2010), em ao menos dois sentidos. Primeiro, quanto às permanências na lógica de controle social, na medida em que os constituintes optaram pela distinção entre crime comum e crime político e mantiveram, assim, intocável o modelo de controle policial e penal (SILVA, 2020). Segundo, quanto às permanências institucionais, pois as medidas de desmonte tardariam sobremaneira, ao menos até a criação do Ministério da Defesa e da Agência Brasileira de Inteligência, ou até além no que se refere à organização das forças armadas (ZAVERUCHA, 2008).

7.3 Interfaces entre as bases gerais do direito penal e a tutela política

Com a Lei n. 14.197/2021, o Código Penal passou a contar com um Título XII específico, intitulado "Dos Crimes contra o Estado Democrático de Direito", e consolidou os tipos penais voltados à proteção da soberania nacional e das instituições democráticas, tipificando os ilícitos contra a soberania nacional (atentado à soberania – art. 359-I; atentado à integridade nacional – art. 359-J; e espionagem – art. 359-K); os crimes contra as instituições democráticas (abolição violenta do Estado democrático de direito – art. 359-L; e golpe de Estado – art. 359-M); os crimes contra o funcionamento das instituições democráticas no processo eleitoral (interrupção do processo eleitoral – art. 359-N; violência política – art. 359-P); e os crimes contra o funcionamento dos serviços essenciais (sabotagem – art. 359-R).

Vale a pena recordar o longo itinerário de projetos de lei que buscaram superar a antiga Lei de Segurança Nacional até que se chegasse à promulgação desse diploma legal, a partir do Relatório da Deputada Margarete Coelho:

> O **Projeto de Lei n. 2462/1991**, de autoria do Deputado Hélio Bicudo, busca revogar a Lei n. 7.170, de 14 de dezembro de 1983 (Lei de Segurança Nacional) e estabelecer, em seu lugar, nova legislação especial, agora voltada à tipificação dos crimes contra o Estado Democrático de Direito e a Humanidade.
>
> A proposição, composta por 25 artigos, sugere os seguintes tipos penais: atentado contra a soberania; traição; atentado separatista; espionagem; serviço de espionagem; aerofotogrametria e sensoriamento ilícitos; auxílio a espião; revelação; divulgação de segredo de estado; insurreição; organização paramilitar; armamento militar; invasão de um estado por outro; genocídio; terrorismo; desaparecimento de pessoas; e informação falsa.
>
> Ao Projeto principal foram apensados os Projetos de Lei n. 6764/2002, 3064/2015, 5480/2019, 6165/2019, 2464/2020, 3550/2020, 3430/2020, 3864/2020, 954/2021, 3054/2000, 3163/2000, 3381/2020, 3697/2020 e 506/2021.
>
> O Projeto de Lei n. **6764/2002**, de autoria do Poder Executivo, foi fruto dos trabalhos da Comissão de Alto Nível coordenada pelo então Ministro do Superior Tribunal de Justiça Luiz Vicente Cernicchiaro, e com participação do hoje Ministro do Supremo Tribunal Federal Luís Roberto Barroso, do Dr. Luiz Alberto Araújo e do Dr. José Bonifácio Borges de Andrada. Essa proposição busca revogar a Lei n. 7.170, de 14 de dezembro de 1983 (Lei de Segurança Nacional) e inserir, no Código Penal, Título relacionado aos crimes contra o Estado Democrático de Direito.
>
> O Projeto de Lei n. **3064/2015**, de autoria do Deputado Moroni Torgan, por sua vez, também busca revogar da Lei de Segurança Nacional e estabelecer uma nova legislação especial, que denomina de "estatuto cidadão de segurança nacional".
>
> Já o Projeto de Lei n. **5480/2019**, de autoria do Deputado Luiz Philippe de Orleans e Bragança, tem o objetivo de positivar o que o autor denomina de "crime de subversão empresarial".
>
> O Projeto de Lei n. **6165/2019**, de autoria do Deputado Reginaldo Lopes, por sua vez, busca conferir ao Supremo Tribunal Federal a competência para o processamento e julgamento dos crimes previstos na Lei de Segurança Nacional,

além de revogar o art. 26 dessa lei (que prevê o crime de calúnia ou difamação contra autoridades).

A proposição de n. **2464/2020**, de autoria do Deputado André Figueiredo, tem o objetivo de criar um novo tipo penal na Lei de Segurança Nacional, relacionado à promoção ou participação de ato ou manifestação pública contra os temas que compõem as cláusulas pétreas de nossa Constituição, assim como tipificar o ato de incitar dissolução do Congresso Nacional ou o impedimento da reunião ou do funcionamento de qualquer de suas Casas, a oposição ao livre exercício do Poder Judiciário e a atuação das Forças Armadas fora de suas atribuições previstas em lei.

O Projeto de Lei n. **3550/2020**, de autoria do Deputado Gustavo Fruet, busca criar o crime de atentado à estabilidade do regime democrático, tipificando diversas condutas na Lei de Segurança Nacional.

O Projeto de Lei n. **3430/2020**, de autoria do Deputado José Medeiros, por sua vez, tem o intuito de criar causa de aumento de pena no art. 28 da Lei de Segurança Nacional, para o caso de ameaça à vida do Presidente da República, do Senado Federal, da Câmara dos Deputados ou do Supremo Tribunal Federal.

O Projeto de Lei n. 3864/2020, de autoria do Deputado Paulo Teixeira, institui a "Lei de defesa do Estado Democrático de Direito" e também sugere a revogação da Lei de Segurança Nacional.

O Projeto de Lei n. **954/2021**, de autoria da Deputada Chris Tonietto e do Deputado Luiz Philippe de Orleans e Bragança, busca alterar a Lei de Segurança Nacional para definir alguns termos que ali se encontram, como "atos de hostilidade", "grave ameaça", "atos de terrorismo", dentre outros.

Os Projetos de Lei n. **3054/2000**, de autoria dos Deputado Milton Temer e José Genoíno, **3163/2000**, de autoria do Deputado Vivaldo Barbosa, e **3697/2020**, de autoria do Deputado Daniel Coelho, buscam, apenas, revogar a Lei de Segurança Nacional.

Já o Projeto de Lei n. **3381/2020**, de autoria do Deputado Paulo Eduardo Martins, busca revogar os artigos 22, 23 e 26 da Lei de Segurança Nacional.

Por fim, o Projeto de Lei n. **506/2021**, da Deputada Tabata Amaral, tem o objetivo de inserir na Lei de Segurança Nacional o crime de "fazer apologia ao retorno da ditadura militar em território brasileiro. (Brasil, 2021, p. 1-3, grifo do original)

No âmbito das condutas contra a soberania nacional, a nova legislação prevê punições para atividades como atentado à integridade nacional e espionagem, garantindo, assim, a proteção dos interesses nacionais diante de ameaças internas e externas. Além disso, a lei aborda crimes contra o funcionamento adequado das instituições democráticas no processo eleitoral, prevenindo a interrupção do processo eleitoral e a violência política, de modo a fomentar um ambiente eleitoral justo e livre de interferências indevidas.

A Lei n. 14.197/2021 também contempla a proteção dos serviços essenciais, criminalizando a sabotagem que possa prejudicar seu funcionamento regular. Com isso, busca-se assegurar a estabilidade e o pleno exercício dos serviços indispensáveis à população, garantindo o funcionamento eficiente do Estado democrático.

Precedente destacado no tema analisado

20/04/2022 PLENÁRIO
AÇÃO PENAL 1.044 DISTRITO FEDERAL
RELATOR: MIN. ALEXANDRE DE MORAES
REVISOR: MIN. NUNES MARQUES AUTOR(A/S)(ES): MINISTÉRIO PÚBLICO FEDERAL
PROC.(A/S)(ES): PROCURADOR-GERAL DA REPÚBLICA RÉU(É)(S)
RÉU(É)(S): DANIEL LÚCIO DA SILVEIRA
ADV.(A/S): PAULO CÉSAR RODRIGUES DE FARIA
ADV.(A/S): PAOLA DA SILVA DANIEL
ADV.(A/S): MARIANE ANDREIA CARDOSO DOS SANTOS
AUT. POL.: POLÍCIA FEDERAL

Ementa: AÇÃO PENAL ORIGINÁRIA. DEPUTADO FEDERAL. NÃO INCIDÊNCIA DE LIBERDADE DE EXPRESSÃO OU DE IMUNIDADE PARLAMENTAR (ART. 53, CAPUT, DA CONSTITUIÇÃO FEDERAL) NAS HIPÓTESES DE PROPAGAÇÃO DE DISCURSOS DE ÓDIO, IDÉIAS CONTRÁRIAS À ORDEM CONSTITUCIONAL E AO ESTADO DE DIREITO. INEXISTÊNCIA DE ABOLITIO CRIMINIS. DEMONSTRAÇÃO INEQUÍVOCA DA MATERIALIDADE E DA AUTORIA DELITIVAS. CONDENAÇÃO PELOS DELITOS PREVISTOS NO ART. 18 DA LEI 7.170/83 (ULTRATIVIDADE BENÉFICA) – CONTINUIDADE NORMATIVO-TÍPICA COM O ART. 359-L DO CÓDIGO PENAL – E ART. 344 DO CÓDIGO PENAL. PRELIMINARES AFASTADAS. AÇÃO PENAL JULGADA PARCIALMENTE PROCEDENTE. SUSPENSÃO DOS DIREITOS POLÍTICOS ENQUANTO DURAREM OS EFEITOS DA CONDENAÇÃO (ART. 15, III, DA CF/88). PERDA DO MANDATO PARLAMENTAR (ART. 55, VI E § 2°, DA CF/88 E ART. 92 DO CÓDIGO PENAL).

1. Absoluta impertinência das diligências requeridas, bem como a ausência de impugnação específica do Agravo Regimental apresentado contra a decisão que as indeferiu. Indeferimento de questão prejudicial de mérito apresentada pela defesa e, consequentemente, pela PERDA DE OBJETO do agravo regimental.
2. Indeferimento de questão preliminar sobre a não proposição do acordo de não persecução penal. Discricionariedade mitigada da Procuradoria-Geral da República. Matéria anteriormente analisada pela CORTE no momento do recebimento da denúncia. Preclusão.
3. Inexistência do exercício do direito à liberdade de expressão e não incidência da imunidade parlamentar prevista no art. 53, caput, da Constituição Federal. Matérias anteriormente analisadas pela CORTE no momento do recebimento da denúncia. Preclusão.
4. A liberdade de expressão não permite a propagação de discursos de ódio e ideias contrárias à ordem constitucional e ao Estado de Direito. Precedentes.
5. A garantia constitucional da imunidade parlamentar material somente incide no caso de as manifestações guardarem conexão com o desempenho da função legislativa ou que sejam proferidas em razão desta, não sendo possível utilizá-la como verdadeiro escudo protetivo para a prática de atividades ilícitas. Precedentes.
6. Inexistência de abolitio criminis das figuras típicas previstas na Lei 7.170/83, pois a evolução legislativa produzida pelo Congresso Nacional em defesa da Democracia, do Estado de Direito e de suas Instituições efetuou o fenômeno jurídico conhecido como "continuidade normativo-típica", estabelecendo na nova lei as elementares dos tipos penais utilizados pelo Ministério Público no momento do oferecimento da denúncia; mantendo, dessa forma, as condutas descritas no campo da ilicitude penal.
7. TIPICIDADE E CONTINUIDADE NORMATIVO-TÍPICA. Inexistente alteração substancial na descrição da conduta anteriormente narrada pelo novo tipo penal, que mantém a estrita correlação com as elementares anteriormente previstas pela lei revogada entre os crimes previstos: (a) nos antigos arts. 18 e 23, IV, da Lei 7.170/83 e no atual art. 359-L do Código Penal; e (b) no antigo art. 23, II, da Lei 7.170/83 e no delito previsto no art. 286, parágrafo único, do Código Penal.
8. "Incitar a animosidade entre as Forças Armadas ou entre estas e as classes sociais ou as instituições civis" (art. 23, II, da Lei 7.170/83). Continuidade normativo-típica para o atual art. 286, parágrafo único, do Código Penal, em face da Lei 14.197/2021. RETROATIVIDADE DA LEI PENAL MAIS BENÉFICA, em virtude do preceito secundário (pena). ABSOLVIÇÃO do réu DANIEL SILVEIRA da prática do crime previsto no art. 286, parágrafo único do Código Penal.

9. "Incitar a prática do crime de tentar impedir, com emprego de violência ou grave ameaça, o livre exercício de qualquer dos Poderes da União ou dos Estados". Art. 23, IV, combinado com o art. 18, ambos da Lei 7.170/83. Autoria e materialidade comprovadas. Continuidade normativo-típica para o atual art. 359-L do Código Penal, em face da Lei 14.197/2021. IRRETROATIVIDADE IN PEJUS. Ultratividade da lei anterior no tocante ao preceito secundário do tipo penal (sanção). CONDENAÇÃO do réu DANIEL SILVEIRA nas penas do art. 18 da LSN, por duas vezes, em face do previsto no art. 5º, XL, da Constituição Federal, na forma do art. 71 do Código Penal.
10. Coação no curso do processo. Crime contra a Administração Pública (Título XI). Autoria e materialidade comprovadas. CONDENAÇÃO do réu DANIEL SILVEIRA nas penas do art. 344 do Código Penal, por três vezes, na forma do art. 71 do Código Penal.
11. AÇÃO PENAL PARCIALMENTE PROCEDENTE, com a condenação do réu como incurso nas penas do art. 18 da Lei 7.170/83 e art. 344 do Código Penal.
12. As circunstâncias judiciais – culpabilidade, conduta social, circunstâncias do crime e motivos para a prática delituosa – previstas no art. 59 do Código Penal são desfavoráveis ao réu, justificando o estabelecimento da pena acima do mínimo legal. Precedentes.
13. Fixação de pena privativa de liberdade em 8 (oito) anos e 9 (nove) meses de reclusão, em regime inicial fechado, e 35 (trinta e cinco) dias- multa, o valor do dia-multa equivalente a 5 (cinco) salários mínimos, considerado o patamar vigente à época do fato, que deve ser atualizado até a data do efetivo pagamento (arts. 49, §§ 1º e 2º; e 60, caput, do CP), por força da acentuada culpabilidade do réu, da conduta social do réu, das circunstâncias em que cometidos os crimes e dos motivos para a prática delituosa.
14. Suspensão dos direitos políticos do condenado, enquanto durarem os efeitos da condenação, nos termos do art. 15, III da Constituição Federal. Perda do mandato parlamentar, em relação ao réu, nos termos do artigo 55, III, VI e VI, combinado com o § 3º, da Constituição Federal e art. 92 do Código Penal.
[...]

VOTO
[...]
A previsão constitucional do Estado Democrático de Direito consagra a obrigatoriedade do País ser regido por normas democráticas, com observância da Separação de Poderes, bem como vincula a todos, especialmente as autoridades públicas, ao absoluto respeito aos direitos e garantias fundamentais, com a finalidade de afastamento de qualquer tendência ao autoritarismo e concentração de poder.

A Constituição Federal não permite a propagação de ideias contrárias à ordem constitucional e ao Estado Democrático (CF, arts. 5º, XLIV; 34, III e IV), nem tampouco a realização de manifestações nas redes sociais visando o rompimento do Estado de Direito, com a extinção das cláusulas pétreas constitucionais Separação de Poderes (CF, art. 60, §4º), com a consequente, instalação do arbítrio.
A liberdade de expressão e o pluralismo de ideias são valores estruturantes do sistema democrático. A livre discussão, a ampla participação política e o princípio democrático estão interligados com a liberdade de expressão tendo por objeto não somente a proteção de pensamentos e ideias, mas também opiniões, crenças, realização de juízo de valor e críticas a agentes públicos, no sentido de garantir a real participação dos cidadãos na vida coletiva.
Dessa maneira, tanto são inconstitucionais as condutas e manifestações que tenham a nítida finalidade de controlar ou mesmo aniquilar a força do pensamento crítico, indispensável ao regime democrático; quanto aquelas que pretendam destruí-lo, juntamente com suas instituições republicanas; pregando a violência, o arbítrio, o desrespeito à Separação de Poderes e aos direitos fundamentais, em suma, pleiteando a tirania, o arbítrio, a violência e a quebra dos princípios republicanos, como se verifica pelas manifestações criminosas e inconsequentes do réu DANIEL SILVEIRA.
[...]

4. Inexistência de abolitio criminis em relação aos delitos previstos na Lei de Segurança Nacional (Lei 7.170/83).
A defesa requer o reconhecimento da extinção da punibilidade em relação aos crimes da Lei de Segurança Nacional diante da ocorrência da abolitio criminis e pela aplicabilidade do princípio constitucional da retroatividade benéfica, afirmando, ainda, que a novatio legis in mellius pode produzir efeitos inclusive durante seu período de vacatio legis.
Neste ponto, ressalto que, em decisão de 15/9/2021, indeferi requerimento formulado pela Defesa do réu, que, ao alegar a ocorrência de abolitio criminis, pedia a "extinção de tipicidade e punibilidade".
Na ocasião, ressaltei que o conteúdo do pedido se confundia com a própria matéria de mérito desta Ação Penal. Contra essa decisão, a Defesa interpôs agravo regimental.
Efetivamente, o período de vacatio legis da Lei 14.197/2021 já transcorreu, tendo a norma entrado em pleno vigor em 2/12/2021. Assim sendo, desde a referida data, ela possui o condão de produzir os seus efeitos, retroagindo, se o caso, para atingir fatos pretéritos, quando verificado se tratar de previsão mais benéfica ao denunciado.

Ocorre, porém, que INEXISTIU ABOLITIO CRIMINIS, pois a evolução legislativa produzida pelo Congresso Nacional em defesa da Democracia e de suas Instituições efetuou o fenômeno jurídico conhecido como CONTINUIDADE NORMATIVO-TÍPICA, estabelecendo – na nova lei – as elementares dos tipos penais utilizados pelo Ministério Público no momento do oferecimento da denúncia; mantendo, dessa forma, as condutas descritas no campo da ilicitude penal.

A revogação de uma lei penal não implica, necessariamente, na descriminalização de todas as condutas nela tipificadas, haja vista que pelo princípio da continuidade normativo-típica haverá possibilidade de que certas condutas previstas na norma penal revogada tenham sido objeto da norma revogadora, tal como ocorreu na espécie, como bem ressaltado em vários julgados desta SUPREMA CORTE:

> RECURSO ORDINÁRIO EM HABEAS CORPUS. PENAL E PROCESSUAL PENAL. CRIME DE DECLARAÇÃO FALSA EM PEDIDO DE RESIDÊNCIA PROVISÓRIA. ARTIGO 125, XIII, DA LEI 6.815/80. **PRETENSÃO DE RECONHECIMENTO DA ABOLITIO CRIMINIS. PRINCÍPIO DA CONTINUIDADE NORMATIVO-TÍPICA.** SUBSUNÇÃO AO ARTIGO 299 DO CÓDIGO PENAL. INEXISTÊNCIA DE CONSTRANGIMENTO ILEGAL. FUNDAMENTAÇÃO IDÔNEA PELAS INSTÂNCIAS ORDINÁRIAS. – Seguimento negado, com fundamento no artigo 21, §1º do RISTF. Prejudicado o exame do pedido de liminar. (RHC 187.360/SP, Rel. Min. LUIZ FUX, decisão monocrática, DJe de 24/06/2020);
>
> HABEAS CORPUS. PENAL. DESCABIMENTO DE IMPETRAÇÃO CONTRA DECISÃO MONOCRÁTICA. CRIMES FALIMENTARES. PRESCRIÇÃO DA PRETENSÃO PUNITIVA NÃO EVIDENCIADA. **INEXISTÊNCIA DE ABOLITIO CRIMINIS. CONTINUIDADE TÍPICO NORMATIVA DAS CONDUTAS IMPUTADAS. DECISÃO DE RECEBIMENTO DA DENÚNCIA QUE PRESCINDE DE FUNDAMENTAÇÃO EXAUSTIVA.** PEDIDO MANIFESTAMENTE IMPROCEDENTE E CONTRÁRIO À JURISPRUDÊNCIA DO SUPREMO TRIBUNAL FEDERAL. HABEAS CORPUS AO QUAL SE NEGA SEGUIMENTO. (HC 184.625/DF, Rel. Min. CÁRMEN LÚCIA, decisão monocrática, DJe de 05/05/2020);
>
> AGRAVO REGIMENTAL NO AGRAVO DE INSTRUMENTO. MATÉRIA CRIMINAL. APROPRIAÇÃO INDÉBITA PREVIDENCIÁRIA. LEI N. 9.983/2000. **ABOLITIO CRIMINIS. INOCORRÊNCIA. PRINCÍPIO DA CONTINUIDADE NORMATIVO-TÍPICA.** PRECEDENTES. PRESCRIÇÃO DA PRETENSÃO PUNITIVA ESTATAL. AUSÊNCIA DE ELEMENTOS NOS AUTOS PARA ANÁLISE. PRECEDENTES.

> 1. A jurisprudência desta Suprema Corte alinhou-se no sentido de que, nos moldes do princípio da continuidade normativo-típica, o art. 3º da Lei n. 9.983/2000 apenas transmudou a base legal de imputação do crime de apropriação indébita previdenciária para o Código Penal (art. 168-A), não tendo havido alteração na descrição da conduta anteriormente incriminada na Lei n. 8.212/90.
> 2. Inviável analisar eventual extinção da punibilidade frente a ocorrência da prescrição em razão da insuficiência elementos nos autos para tanto. 3. Agravo regimental não provido. (AI 804.466 AgR/SP, Rel. Min. DIAS TOFFOLI, Primeira Turma DJe de 14/02/2012);
>
> PENAL. CRIME TIPIFICADO NO ART. 12, §2º, INCISO III, DA LEI 6.368/76 (CONTRIBUIÇÃO PARA O TRÁFICO, COMO "FOGUETEIRO"). REVOGAÇÃO DA LEI 6.368/76 PELA LEI 11.343/06. **ABOLITIO CRIMINIS. INEXISTÊNCIA. CONTINUIDADE NORMATIVO-TÍPICA.** CONDUTA TIPIFICADA NO ART. 37 DA LEI REVOGADORA. LEX MITIOR. RETROAÇÃO. ART. 5º, INC. XL, DA CF.
> 1. A conduta do 'fogueteiro do tráfico', antes tipificada no art. 12, §2º, da Lei 6.368/76, encontra correspondente no art. 37 da Lei que a revogou, a Lei 11.343/06, não cabendo falar em abolitio criminis. [...]
> 4. **A revogação da lei penal não implica, necessariamente, descriminalização de condutas.** Necessária se faz a observância ao princípio da continuidade normativo- típica, a impor a manutenção de condenações dos que infringiram tipos penais da lei revogada quando há, como in casu, correspondência na lei revogadora. [...] (HC 106.155/RJ, Rel. Min. MARCO AURÉLIO, Redator p/ acórdão Min. LUIZ FUX, Primeira Turma, DJe de 17/11/2011).

A CONTINUIDADE NORMATIVO-TÍPICA não se confunde com a abolitio criminis, pois, como destaca ROGÉRIO SANCHES CUNHA,

> A abolitio criminis representa supressão formal e material da figura criminosa, expressando o desejo do legislador em não considerar determinada conduta como criminosa. É o que aconteceu com o crime de sedução, revogado, formal e materialmente, pela Lei n. 11.106/2005", ao passo que "o princípio da continuidade normativo-típica, por sua vez, significa a manutenção do caráter proibido da conduta, porém com o deslocamento do conteúdo criminoso para outro tipo penal. A intenção do legislador, nesse caso, é que a conduta permaneça criminosa" (Manual de Direito Penal: Parte Geral, Editora JusPODIVM, 2013, p. 106).

É evidente, portanto, que houve continuidade típico-normativa, conforme será detalhado nos itens seguintes, entre os crimes previstos:

> **a] Nos antigos arts. 18 e 23, IV, da Lei 7.170/83 e no atual art. 359-L do Código Penal; e**
> **(b) No antigo art. 23, II, da Lei 7.170/83 e no delito previsto no art. 286, parágrafo único, do Código Penal.**

No que diz respeito aos delitos dos arts. 18 e 23, IV da antiga Lei de Segurança Nacional e no atual art. 359-L, do Código Penal, a maioria **absoluta** do Plenário do SUPREMO TRIBUNAL FEDERAL já reconheceu a inexistência de abolitio criminis em relação aos crimes mencionados, no julgamento da Pet 9.844 (Rel. Min. ALEXANDRE DE MORAES), em julgamento ocorrido na Sessão Virtual de 18 a 25/2/2022, e suspenso em razão de pedido de vista formulado pelo Min. NUNES MARQUES.

Na ocasião, já haviam acompanhado o entendimento apontado em meu Voto, na condição de Relator, no sentido da configuração da continuidade normativo-típica em relação aos crimes ora em análise os eminentes Ministros GILMAR MENDES, EDSON FACHIN, ROBERTO BARROSO, DIAS TOFFOLI e CÁRMEN LÚCIA.

Como se vê, não assiste qualquer razão ao réu, pois, como acima assentado, **INEXISTIU ABOLITIO CRIMINIS em relação aos crimes a ele imputados, em razão da ocorrência da continuidade normativo- típica, restando analisar, no mérito, a pertinência da acusação apresentada pela Procuradoria-Geral da República.**

Afastadas as questões preliminares, passo à análise do mérito.

5. MÉRITO.

5.1 Incitar a animosidade entre as Forças Armadas ou entre estas e as classes sociais ou as instituições civis (art. 23, II, da Lei 7.170/83).

> **(a) art. 23, II, da Lei 7.170/83 – CONTINUIDADE NORMATIVO-TÍPICA para o atual art. 286, parágrafo único, do Código Penal, em face da Lei 14.197/2021;**
> **(b) RETROATIVIDADE DA LEI PENAL MAIS BENÉFICA, em virtude do preceito secundário (pena).**

Em relação ao crime previsto no art. 23, II, da Lei 7.170/83 (Lei de Segurança Nacional), a denúncia narrou que o réu incitou, no dia 15 de fevereiro de 2021, a animosidade entre as Forças Armadas e o SUPREMO TRIBUNAL FEDERAL, nos termos que seguem (em destaque os trechos mais relevantes):

12. Neste último vídeo, **não só há uma escalada em relação ao número de insultos, ameaças e impropérios dirigidos aos ministros do Supremo, mas também uma incitação à animosidade entre as Forças Armadas e o Tribunal, quando o denunciado, fazendo alusão às nefastas consequências que advieram do Ato Institucional n. 5, de 13 de dezembro de 1968, entre as quais cita expressamente a cassação de Ministros do Supremo, instiga os membros da Corte a prenderem o general Eduardo Villas Boas, de modo a provocar uma ruptura institucional pelos "homenzinhos de botão dourado", expressão que utiliza para aludir aos comandantes militares.** Tendo em conta a gravidade da manifestação, dá-se destaque à sua integralidade:

[00:00:01] Fala pessoal [00:00:02]

[00:00:02] Boa tarde. Ministro Fachin começou a chorar. Decidiu chorar. Fachin, seu moleque seu menino mimado, mau caráter, marginal da lei. Esse menininho aí, militante da esquerda, lecionava em uma faculdade, sempre militando pelo PT, pelos partidos narco-ditadores, nações narco-ditadoras, mas foi elevado ao cargo de ministro porque um presidente socialista resolveu colocá-lo na Suprema Corte para que ele proteja o arcabouço do crime do Brasil, que é a Suprema Corte, a nossa Suprema, que de suprema nada tem. Fachin, sabe, às vezes eu fico olhando as tuas babaquices, tuas bobeirinhas que você vai à mídia para chorar. **Olha o artigo 142 da Constituição está muito claro lá que as Forças Armadas são reguladas na hierarquia e disciplina e blá blá blá, vide o que aconteceu no Capitólio, porque no Capitólio** quando tentaram dar um golpe, aquilo não foi golpe não filhinho, aquilo foi parte da população revoltada que na minha opinião foram infiltrados do Black Lives Matter, dos antifas, blackblocs, coisa que você e a sua trupe que a integra defendem. Defendem a todo custo, esse bando de terrorista. Esse bando de vagabundo. E vagabundo protege vagabundo, mas não é essa história que a gente vai discutir. **Agora você fala que o general Villas Boas lá em 2018 quando fez um tuíte afirmando que deveria ser consultado a população e também as instituições se deveria ou não utilizar um "modus operandi" para o processo de Lula, hoje você se sente ofendidinho dizendo que isso é pressão sobre o Judiciário, é inaceitável, intolerável... Vá lá prende o Villas Boas, pô, seja um homem uma vez na tua vida, vá lá e prende o Villas Boas. Fala para o Alexandre de Moraes homenzão, né, o fodão, vai lá e manda ele prender o Villas Boas... manda, vá lá e prende o general do Exército, quero ver, eu quero ver Fachin, você, Alexandre de Moraes, Marco Aurélio Mello, Gilmar Mendes...** o que solta os bandidos o tempo todo, né, toda hora dá um habeas corpus, toda hora, vende um habeas corpus, vende sentenças, né? Compra, né? O cliente, opa, foi preso por narcotráfico, opa, manda pra mim, eu vou ser o relator. Tendo ou não a suspeição, desrespeitando o seu regimento interno dessa Supreminha aí, que de Supremo nada tem, né? Previsto lá, no artigo 101 da Constituição, os requisitos para que você se torne ministro, né? Totalmente esvaziados, totalmente inócuos, totalmente oligofrênicos, né? Ignóbeis, é o que vocês são, principalmente você Fachin. Você integra tipo assim, a nata da bosta [00:02:49]

[...]

[00:04:00] Que eu seja o quê? Que eu tenha um tipo de comportamento adequado para tratar Vossa Excelência? É claro que eu não vou ter, eu sei que você está vendo esse vídeo aí, e daqui a pouco seus assessores, o Alexandre de Moraes e o Toffoli e assim por diante. Mas eu tô cagando e andando pra vocês. **O que eu quero saber é quando que vocês vão lá prender o general Villas Bôas. Eu queria saber o que é que você vai fazer com os generais. Os homenzinhos de botão dourado, lembra? Você lembra do AI-5, você lembra... para. Eu sei que você lembra. O Ato Institucional n. 5. De um total de dezessete atos institucionais... você lembra. Você era militante lá do PT. Partido Comunista. Você era da aliança comunista do Brasil. Militante idiotizado, lobotomizado... é? Que atacava militares junto com a Dilma, aquela ladra, vagabunda. Multi-criminoso Luiz Inácio Lula da Silva, nove dedos, vagabundo, cretino, canalha. O que acontece, Fachin, é que todo mundo tá cansado dessa tua cara de filha da puta que tu tem, essa cara de vagabundo, né?** Decidindo aqui no Rio de Janeiro que a polícia não pode operar, enquanto o crime vai se expandindo cada vez mais. Me desculpe ministro se eu tô um pouquinho alterado, realmente eu tô. Por várias e várias vezes já te imaginei levando uma surra, com quantas vezes eu imaginei você e todos os integrantes dessa corte aí. Quantas vezes eu imaginei você... na rua levando uma surra. Que que você vai falar? Que eu tô fomentando a violência? Não, só imaginei. Ainda, ainda que... eu premeditasse, ainda assim não seria crime, você sabe disso. Você é um jurista pífio, mas sabe que esse mínimo... é previsível. Então qualquer cidadão que conjecturar uma surra bem dada nessa sua cara com gato morto até miar, de preferência após cada refeição... [00:05:54]

[...]

[00:09:37] [...] Você desrespeita a tripartição do poder escolhido, a tripartição do Estado. Você vai lá e interfere, né? Comete uma ingerência na decisão do presidente por exemplo e pensa que pode ficar por isso mesmo. Aí quando um general, das Forças Armadas, do Exército pra ser preciso, faz um tuíte, fala sobre alguma coisa, né? A "Conversa com o general". É o livro que você tá falando? "Conversa com o comandante", salvo engano. E você fica nervosinho, ô Fachin. **É porque ele tem as razões dele, lá em 64... na**

> **verdade em 35, quando eles perceberam eles perceberam uma manobra comunista de vagabundos da estirpe, da sua estirpe. 64 foi dado então um contra golpe militar. É que teve lá, até que os dezessete atos institucionais, o Al-5, que é o mais duro de todos, como vocês insistem em dizer. Aquele, que cassou três ministros da Suprema Corte, você lembra? Cassou senadores, deputados federais, estaduais. Foi uma depuração, com recadinho muito claro: se fizer besteirinha, a gente volta.** Mas o povo àquela época ignorante, acreditando na Rede Globo, disse: queremos democracia, presidencialismo, Estados Unidos, somos iguais, não sei o quê. E, os ditadores, que vocês chamam, entregaram então o poder ao povo. Que ditadura é essa, né? Que ao invés de combater a resistência, né? Com ferro e fogo, não... eu entrego o poder de volta. Aí vocês rapidamente, né? A Assembleia Nacional Constituinte, nova Constituição, 85, depois 88... pum, fecha, sacramenta, se blinda, e aí cresce um bando de vagabundos no poder que se eternizam. Dança das cadeiras, eu vou pro TSE agora não, sou do STF, agora eu vou presidir, quem preside esse ano? Cada dois anos, aquela... sempre será no TSE, o presidente, um ministro do STF, ou seja, perpetuação do poder... E a fraude nas urnas? Não, vai estar sempre aqui na nossa cúpula, sempre iremos dominar. Tá sempre, tá tudo tranquilo, tá tudo favorável. É sempre o toma lá, toma lá... não é nem toma lá, dá cá. Realmente, vocês são impressionantes, Fachin. **Um conselho para você: vai lá e prende o Villas Bôas. Rapidão. Só para a gente ver um negocinho. Se tu não tem coragem, que tu não tem tu não tem colhão roxo para isso... Principalmente o Barroso, aí que não tem mesmo.** [...]

O Acórdão do Plenário desta SUPREMA CORTE que recebeu a denúncia, por unanimidade, ao analisar os fatos acima narrados, deixou claro que:

> A reiteração dessas condutas por parte do denunciado revela-se gravíssima e, ao menos nesta análise preliminar, corresponde ao preceito primário do art. 23, II, da Lei n. 7.170/83, sendo atentatória ao Estado Democrático de Direito brasileiro e suas Instituições republicanas, pois, conforme descrito na denúncia, pretendeu incitar a animosidade entre as Forças Armadas e a SUPREMA CORTE do País, ao fazer alusão às nefastas consequências que advieram do Ato Institucional n. 5, de 13 de dezembro de 1968, entre as quais cita expressamente a cassação de Ministros da CORTE, além de ter instigado que membros da CORTE prendessem o General Eduardo Villas Bôas, ex-Comandante Geral do Exército, de modo a provocar uma ruptura institucional pelos "homenzinhos de botão dourado", expressão que utiliza para aludir aos comandantes militares.

A denúncia, portanto, deve ser recebida contra DANIEL LÚCIO DA SILVEIRA, pela prática do crime previsto no art. 23, II, da Lei n. 7.170/83, em razão de fato ocorrido no dia 15 de fevereiro de 2021.

A análise das elementares do tipo previsto no art. 23, II, da Lei 7.170/83, cujos fatos descritos na denúncia indica que "o denunciado incitou, no dia 15 de fevereiro de 2021, a animosidade entre as Forças Armadas e o SUPREMO TRIBUNAL FEDERAL", caracterizando clássica **continuidade normativo-típica** deste crime em relação à nova conduta prevista no parágrafo único, do art. 286, do Código Penal, inserida pela Lei 14.197/2021.
Note-se que as elementares do tipo penal continuam, essencialmente, as mesmas, apenas com a mudanças em relação às penas, ou seja, ao preceito secundário do tipo penal:

> **Crime previstos na Lei de Segurança Nacional:**
> Art. 23: Incitar:
> [...]
> II – à animosidade entre as Forças Armadas ou entre estas e as classes sociais ou as instituições civis;
> Pena: reclusão, de 1 a 4 anos.
> **Crime previsto no Código Penal**
> Art. 286 – Incitar, publicamente, a prática de crime: Pena–detenção, de três a seis meses, ou multa.
> Parágrafo único. Incorre na mesma pena quem incita, publicamente, **animosidade entre as Forças Armadas, ou delas contra os poderes constitucionais, as instituições civis** ou a sociedade.

Nessas hipóteses, a jurisprudência desta CORTE SUPREMA é pacífica e consolidada no sentido da plena aplicação deste instituto processual (CONTINUIDADE NORMATIVO-TÍPICA), quando inexistir alteração na descrição da conduta anteriormente narrada pelo novo tipo penal, que mantém a estrita correlação com as elementares anteriormente previstas pela lei revogada:

> Ementa: Agravo regimental no agravo de instrumento. Matéria criminal. Apropriação indébita previdenciária. Lei n. 9.983/2000. **Abolitio Criminis. Inocorrência. Princípio da continuidade normativo-típica. Precedentes.** Prescrição da pretensão punitiva estatal. Ausência de elementos nos autos para análise. Precedentes.
> 1. A jurisprudência desta Suprema Corte alinhou-se no sentido de que, nos moldes do princípio da continuidade normativo-típica, o art. 3º da Lei n. 9.983/2000 apenas transmudou a base legal de imputação do crime de

apropriação indébita previdenciária para o Código Penal (art. 168-A), não tendo havido alteração na descrição da conduta anteriormente incriminada na Lei n. 8.212/90.
2. Inviável analisar eventual extinção da punibilidade frente a ocorrência da prescrição em razão da insuficiência elementos nos autos para tanto. 3. Agravo regimental não provido. (AI 804.466 AgR, Relator(a): DIAS TOFFOLI, Primeira Turma, DJe de 14/2/2012)

Ementa: PENAL. CRIME TIPIFICADO NO ART. 12, § 2º, INCISO III, DA LEI 6.368/76 (CONTRIBUIÇÃO PARA O TRÁFICO, COMO "FOGUETEIRO"). REVOGAÇÃO DA LEI 6.368/76 PELA LEI 11.343/06. ABOLITIO CRIMINIS. INEXISTÊNCIA. CONTINUIDADE NORMATIVO-TÍPICA. CONDUTA TIPIFICADA NO ART. 37 DA LEI REVOGADORA. LEX MITIOR. RETROAÇÃO. ART. 5º, INC. XL, DA CF.
1. A conduta do "fogueteiro do tráfico", antes tipificada no art. 12, § 2º, da Lei 6.368/76, encontra correspondente no art. 37 da Lei que a revogou, a Lei 11.343/06, não cabendo falar em abolitio criminis.
2. O informante, na sistemática anterior, era penalmente responsável como coautor ou partícipe do crime para o qual colaborava, em sintonia com a teoria monística do art. 29 do Código Penal: "Quem, de qualquer modo, concorre para o crime incide nas penas a este cominadas, na medida de sua culpabilidade".
3. A nova Lei de Entorpecentes abandonou a teoria monística, ao tipificar no art. 37, como autônoma, a conduta do colaborador, aludindo ao informante (o "fogueteiro", sem dúvida, é informante), e cominou, em seu preceito secundário, pena de 2 (dois) a 6 (seis) anos de reclusão, e o pagamento de 300 (trezentos) a 700 (setecentos) dias-multa, que é inferior à pena cominada no art. 12 da Lei 6.368/76, expressando a mens lege que a conduta a ser punida mais severamente é a do verdadeiro traficante, e não as periféricas.
4. A revogação da lei penal não implica, necessariamente, descriminalização de condutas. Necessária se faz a observância ao princípio da continuidade normativo-típica, a impor a manutenção de condenações dos que infringiram tipos penais da lei revogada quando há, como in casu, correspondência na lei revogadora.
5. Reconhecida a dupla tipicidade, é imperioso que se faça a dosimetria da pena tendo como parâmetro o quantum cominado abstratamente no preceito secundário do art. 37 da Lei 11.343/06, de 2 (dois) a 6 (seis) anos de reclusão, lex mitior retroativa por força do art. 5º, XL, da Constituição Federal, e não a pena in abstrato cominada no art. 12 da Lei 6.368/76, de 3 (três) a 15 (quinze) anos de reclusão. 6. Ordem denegada nos termos em que

requerida, mas concedida, de ofício, para determinar ao juízo da execução que proceda à nova dosimetria, tendo como baliza a pena abstratamente cominada no art. 37 da Lei 11.343/06, observando-se os consectários da execução decorrentes da pena redimensionada, como progressão de regime, livramento condicional etc.
(HC 106.155, Relator(a): MARCO AURÉLIO, Relator(a) p/ Acórdão: LUIZ FUX, Primeira Turma, DJe de 17/11/2011)

Ementa: RECURSO ORDINÁRIO EM HABEAS CORPUS. APROPRIAÇÃO INDÉBITA PREVIDENCIÁRIA. LEI 9.983/2000. ACRÉSCIMO DO ART. 168-A AO CÓDIGO PENAL. RETROAÇÃO DA LEI PENAL MAIS GRAVE. INOCORRÊNCIA. A Lei 9.983/2000, que incluiu o art. 168-A ao Código Penal, não descriminalizou o tipo penal do art. 95, alínea d, da Lei 8.212/1991, nem tampouco promoveu qualquer solução de continuidade na incriminação da conduta, mantida a essência da figura típica antes existente. Precedentes. Recurso ordinário em habeas corpus a que se nega provimento. (RHC 87.303, Relator(a): JOAQUIM BARBOSA, Segunda Turma, DJ de 19/12/2006)

Dessa maneira, não há dúvidas sobre a continuidade normativo- típica entre o art. 23, II da Lei 7.170/83 e o atual art. 286, parágrafo único do Código Penal. Não é possível falar em atipicidade no que diz respeito à incitação ao crime, conduta que, naturalmente, permanece ilícita de acordo com a legislação brasileira.

Fixada essa importante premissa, entretanto, entendeu a Procuradoria-Geral da República pela inocorrência da infração penal, conforme se verifica em sua manifestação:

132. Nas incitações cintilam alusões a elementos de ocupação pela força ("quero que o povo entre dentro" ou Podem intervir") que, transformados numa realidade, tornariam impraticável o regular funcionamento do Supremo Tribunal Federal.
133. Fundamental ressaltar que as mensagens transcritas acima apelam à prática de fatos e infrações penais determinados, de modo que o conteúdo das incitações permite identificar e tornar reconhecíveis os fatos a partir do ponto de vista do seu conteúdo essencial, ainda que os respectivos tipos incriminadores não exijam um grau tão elevado de determinação.
134. Importa principalmente para a configuração típica que essas expressões não tenham sido dirigidas a destinatários específicos.
135. É precisamente a difusividade a característica que as diferencia das declarações contidas do grupo de n. 3, que, conforme se pode concluir da matéria de fato, tinha como destinatário uma pessoa concreta, o ministro

Edson Fachin, ou, quando muito, um conjunto restrito e definido de pessoas, os ministros do Supremo Tribunal Federal:

O denunciado, no minuto 00:04:00 do vídeo "Fachin chora a respeito da fala do General", faz alusão às nefastas consequências que advieram do Ato Institucional nº 5, de 13 de dezembro de 1968, entre as quais cita expressamente a cassação de ministros do Supremo Tribunal Federal, instiga os magistrados, e em especial o ministro Edson Fachin, a prenderem o general Eduardo Villas Bôas, de modo a provocar uma ruptura institucional pelos "homenzinhos de botão dourado"; expressão que utiliza para aludir aos comandantes militares.

136. Sem que o ato revele um apelo à adoção de um comportamento por parte de um terceiro, surge inviável a configuração do delito de incitação, sob pena de criar urna figura afim da comparticipação criminosa, conforme destaca a doutrina:

"o simples fato de o apelo ao crime ter ocorrido num lugar público e perante uma vasta audiência [...] não significa, sem mais, que o tipo de crime de instigação pública a um crime se deva dar como preenchido. Pois uma coisa é o cenário ambiente em que a provocação ou o incitamento ocorrem — v. g., uma reunião pública, para usar a terminologia legal — e coisa, bem diferente, é a pessoa ou o círculo determinado de pessoas a quem a mensagem é efetivamente dirigida. Na realidade, pode bem suceder que, não obstante o incentivo ao crime ter lugar numa reunião pública, o seu direto destinatário seja apenas unia de entre muitas pessoas que nesse local se encontrem e escutem as palavras para esse efeito proferidas. Ora, quando assim seja não é realizado o tipo objetivo de ilícito do crime de instigação pública a um crime, mesmo que outras pessoas, que não apenas o seu concreto destinatário, se sintam sugestionadas à prática do crime em causa.'

(...)

140. De outra sorte, a despeito do encarniçamento, a sanha, a obstinação, a insistência em espicaçar um episódio delicado, que foi definido pela mídia, nada mais, nada menos, como "a maior crise militar no Brasil em 40 anos" cumpre absolver o denunciado da acusação referente à prática do crime previsto no art. 23, inciso II, da Lei n. 7.170/1983, posto que a incitação dirigida a pessoa determinada ou a um conjunto restrito e definido de pessoas não constitui conduta punida com este tipo penal.

Diante do exposto, nos termos da manifestação do Ministério Público, ABSOLVO o réu DANIEL SILVEIRA da prática do crime previsto no art. 286, parágrafo único do Código Penal.

5.2. Incitar a prática do crime de tentar impedir, com emprego de violência ou grave ameaça, o livre exercício de qualquer dos Poderes da União ou dos Estados:

> **(a) art. 23, IV, combinado com o art. 18, ambos da Lei 7.170/83 - CONTINUIDADE NORMATIVO-TÍPICA para o atual art. 359-L do Código Penal, em face da Lei 14.197/2021;**
> **(b) IRRETROATIVIDADE IN PEJUS. Ultratividade da lei anterior no tocante ao preceito secundário do tipo penal (sanção).**

A Lei 7.170/83 (Lei de Segurança Nacional), como também inseriu inúmeros crimes no Código Penal, dentre eles o crime previsto no art. 359-L, do Código Penal.

A conduta descrita no art. 23, IV, combinado com art. 18, ambos da LSN, que dizia respeito à incitação a crimes previstos na referida lei, permanece tipificada, no crime previsto no art. 359-L Código Penal, trazido pelo Lei 14.197/2021, Os tipos penais objeto desta análise permanecem absolutamente equivalentes, pois apresentam as mesmas elementares essenciais para a caracterização da infração penal, mantendo estrita correlação com as condutas descritas na denúncia, conforme se verifica pela leitura dos tipos penais:

> **Crime previsto na Lei de Segurança Nacional:**
> Art. 23 – Incitar:
> [...]
> IV – à prática de qualquer dos crimes previstos nesta Lei. Pena: reclusão, de 1 a 4 anos.
> Art. 18 – Tentar impedir, com emprego de violência ou grave ameaça, o livre exercício de qualquer dos Poderes da União ou dos Estados.
> Pena: reclusão, de 2 a 6 anos.
> **Crime equivalente no Código Penal:**
> Art. 359-L. Tentar, com emprego de violência ou grave ameaça, abolir o Estado Democrático de Direito, impedindo ou restringindo o exercício dos poderes constitucionais.
> Pena: reclusão, de 4 a 8 anos, além da pena correspondente à violência.

Como se vê, as elementares dos tipos penais dos antigos artigos 18 e 23, IV da Lei de Segurança Nacional e do art. 359-L do Código Penal também guardam absoluta relação de identidade, circunstância que permite reconhecer a continuidade normativo-típica entre os delitos mencionados.

No art. 18 da LSN, as elementares e os elementos normativos do tipo são "tentar", "impedir", "emprego de violência" ou "grave ameaça", "livre exercício" e "Poderes da União ou dos Estados".

Já o art. 359-L do Código Penal, no mesmo sentido, utiliza-se das elementares "tentar", "emprego de violência" ou "grave ameaça", "abolir", " Estado Democrático de Direito", "impedindo", "restringindo", "exercício" e "poderes constitucionais".

Ora, aquele que tenta, com **emprego de violência ou grave ameaça, impedir o exercício dos poderes da União ou dos Estados** (tipo anterior), logicamente, está **tentando impedir ou restringir o exercício dos poderes constitucionais** e com isso pretendendo abolir o Estado de Direito como consagrado pelo texto constitucional.

Trata-se, portanto, conforme analisado anteriormente, do fenômeno da continuidade normativo-típica, inexistindo abolitio criminis.

A autoria criminosa e a materialidade delitiva se encontram amplamente provadas pelos seguintes documentos:

> **(a)** transcrições das intervenções proferidas pelo denunciado nas mídias digitais, cujo conteúdo foi extraído dos vídeos que foram publicados na plataforma digital "YouTube";
> **(b)** registros da ata da Sessão Deliberativa Extraordinária da Câmara dos Deputados, realizada em 19/2/2021; e
> **(c)** registros contidos no termo da audiência de instrução (eDoc. 485).

Sobre o crime previsto no art. 23, IV c/c o art. 18 da Lei 7.170/83 (Lei de Segurança Nacional), a denúncia narrou que o réu incitou, nos dias 17 de novembro de 2020 e 15 de fevereiro de 2021, a prática do crime de tentar impedir, com emprego de violência ou grave ameaça, o livre exercício de qualquer dos Poderes da União ou dos Estados, especialmente, contra o Poder Judiciário, nos termos que seguem:

> **8. Em vídeo intitulado "Na ditadura você é livre, na democracia é preso!", publicado no YouTube, em 17 de novembro de 2020, o denunciado refere-se ao relator daquele expediente como "advogado do PCC". Escudando-se no que entende por liberdade de pensamento, instiga que "o povo entre dentro do STF, agarre o Alexandre de Moraes pelo colarinho dele e sacuda a cabeça de ovo dele e o jogue dentro de uma lixeira". Sustenta que o ministro Roberto Barroso "fraudou" as eleições de 2020, que o Supremo Tribunal Federal é uma "associação de merda", e que os respectivos ministros são "cretinos".** A transcrição da passagem abaixo materializa a coação e a incitação:
> [00:06:24] Eu quero que o povo entre dentro do STF, agarre o Alexandre de Moraes pelo colarinho dele, sacuda aquela cabeça de ovo dele e jogue dentro de uma lixeira. [00:06:34]

> [00:06:36] Eu posso dizer isso e você também pode dizer isso. O que não pode acontecer. [00:06:40]
> [00:06:41] ministro Alexandre de Moraes, é que você determine a prisão do jornalista por ter informado as pessoas, por ter investigado crime, por ter falado a verdade. O que não cabe, ministro Alexandre de Mordes, é que o senhor vá lá e coloque nele uma tornozeleira eletrônica. E peça a prisão domiciliar dele, e vá lá e depois junto com o Gilmar Mendes e seus asseclas, Marco Aurélio Mello e solte centenas de milhares de estupradores, latrocínios, homicidas. Isso é que não cabe, ministro. [00:07:13]
> **10. Essa percepção advém lendo-se, a seguir, a totalidade da transcrição da gravação, com destaque para a passagem registrada no momento 00:11:23, na qual o denunciado instiga, mais uma vez, a prática do delito capitulado no art. 18 da Lei n. 7.170/1983, que diz respeito à tentativa de impedir, com emprego de violência ou grave ameaça, o livre exercício do Poder Judiciário.**
> [...]

Quanto ao ponto, LUIZ REGIS PRADO, em artigo divulgado no site www.genjuridico.com.br (acesso em 7/4/2022, às 23h06min), também se posicionou no mesmo sentido, ao afirmar que:

> "Tutela-se o Estado democrático de Direito, especialmente as instituições democráticas que exercem os poderes constitucionais (União, Estado, Distrito Federal e Município, no âmbito do Poder Executivo, Poderes Legislativo e Judiciário).
> A concepção de Estado democrático de Direito não contempla a simples reunião formal das características do Estado de Direito, com os elementos de legitimação democrática, mas, ao contrário, inaugura um conceito novo, que busca materializar o respeito aos princípios fundamentais do Estado de Direito, ou seja, de realização material dos direitos e liberdades fundamentais".

Da mesma forma se posiciona RICARDO ANTÔNIO ANDREUCCI: "a objetividade jurídica do delito é a tutela do chamado Estado Democrático de Direito" (https://emporiododireito.com.br/leitura/abolicao-violenta-do- estado-democratico-de-direito; acesso em 7/4/2022, às 23h06min).

As graves ameaças feitas pelo réu consistiram em severas tentativas de intimidação dos membros desta SUPREMA CORTE, buscando a restrição do exercício do Poder Judiciário e consequente abolição do Estado de Direito, ao defender que "o povo entre dentro do STF, agarre o Alexandre de Moraes pelo colarinho dele e sacuda a cabeça de ovo dele e o jogue dentro de uma lixeira" e que [ao se referir sobre o Min. EDSON FACHIN], [...]

[...]

A gravidade das intimidações, inclusive, ganhou relevante potencial danoso, especialmente pelo alcance das suas palavras, que foram disseminadas em ambiente virtual, amplamente divulgado pela mídia e entre os seus seguidores, tudo a potencializar a concretização das ameaças, inclusive por meio de agressão física aos Ministros da SUPREMA CORTE.

Neste caso, DANIEL SILVEIRA citou, de modo expresso a cassação de Ministros da CORTE e instigou que membros dela prendessem o ex- Comandante Geral do Exército, para o fim de provocar uma ruptura institucional pelos comandantes militares, ou, em suas próprias palavras, pelos "homenzinhos de botão dourado".

Efetivamente, o réu, ao se pronunciar em suas redes sociais, detinha plena consciência acerca das consequências de sua conduta, valendo-se de momento histórico ditatorial (AI-5) para atentar contra o livre exercício do Poder Judiciário e contra o próprio Estado Democrático de Direito.

Essa conduta é dotada de altíssima gravidade e o réu, mesmo ciente do significado histórico do Ato Institucional n. 5, **REAFIRMOU** em seu interrogatório o discurso observado no vídeo (eDoc. 485, fls. 132/13):

> "MINISTÉRIO PÚBLICO – Queria aproveitar, Deputado, apenas esse trecho do seu depoimento, para, na sequência, aproveitar para fazer uma outra pergunta. O **senhor disse, usando inclusive o exemplo, o senhor disse, agora há pouco, me corrija se eu tiver errado: eu quero um novo AI n. 5.**
> RÉU: Aham, sim.

[...]

Por fim, para efeito de aplicação da pena, importante a análise da sucessão de leis penais no tempo e sua possível retroatividade, nos termos do art. 5º, XL, da Constituição Federal.

O art. 18 da antiga Lei de Segurança Nacional previa a pena de reclusão de 2 (dois) a 6 (seis) anos. O atual art. 359-L do Código Penal prevê a pena de reclusão de 4 (quatro) a 8 (oito) anos. Assim, a condenação do réu deverá levar em conta a pena prevista do artigo revogado, considerada a ULTRATIVIDADE DA LEI PENAL MAIS BENÉFICA.

No termos do art. 5º, XL, da Constituição Federal, a lei penal não retroagirá, salvo para beneficiar o réu.

A presente norma penal, conforme já salientei doutrinariamente (Constituição do Brasil interpretada e legislação constitucional. 8. ed. atualizada até a EC n. 67/10 – São Paulo: Atlas, 2011), prevê dois princípios que regem eventuais conflitos de leis penais no tempo: irretroatividade da lei mais severa (lex gravior) e retroatividade da lei mais benigna (lex mitior).

A regra geral em matéria de direito penal é a irretroatividade da lei penal, sem a qual, como salienta DAMÁSIO E. JESUS, "não haveria segurança nem liberdade na sociedade, uma vez que se poderia punir fatos lícitos após sua realização, com a abolição do postulado consagrado no art. 1º do CP", e igualmente, com total desrespeito ao art. 5º, XXXIX, da Constituição Federal. Como afirma MIRABETE, "'essa regra é um dos princípios maiores, mais importantes, do Estado de Direito, pois proíbe que as normas que regulam um fato criminoso sejam modificadas posteriormente em prejuízo da situação jurídica". Semelhante observação foi registrada por GUILHERME DE SOUZA NUCCI, lembrando que, "nas palavras de Baumann, a parte especial do Código Penal se converte em uma Carta Magna do delinquente (Von Liszt) unicamente quando se proíbe ao legislador a criação de um direito penal retroativo e ao juiz sua aplicação".

Admite-se, porém, constitucionalmente, sempre a favor do agente da prática do fato delituoso, a retroatividade da lei penal mais benigna.

O princípio da irretroatividade da lei penal, salvo se benigna, possui diversas características: (...) **a lei penal mais benéfica possui extra- atividade, uma vez que poderá ser ultra-ativa, aplicando-se aos fatos praticados durante sua vigência, mesmo que haja posterior revogação, desde que a lei revogadora seja mais severa**".

Dessa maneira, deve ser aplicada a **LEI PENAL MAIS BENÉFICA AO RÉU** (art. 23, IV, combinado com o art. 18, ambos da Lei 7.170/83), que possuirá **ULTRATIVIDADE**, aplicando-se aos fatos praticados durante sua vigência, **uma vez que o preceito secundário da norma revogadora (atual art. 359-L, do Código Penal) é mais severa e o texto constitucional VEDA A RETROATIVIDADE IN PEJUS.**

Por fim, ressalto que as tentativas de, com emprego de violência ou grave ameaça, abolir o Estado Democrático de Direito, impedindo ou restringindo o exercício dos poderes constitucionais, ao atingir a honorabilidade e ameaçar ilegalmente a segurança dos Ministros do SUPREMO TRIBUNAL FEDERAL, com claro intuito de impedir o exercício do poder constitucional da judicatura, em notória ameaça à independência do Poder Judiciário e à manutenção do Estado Democrático de Direito ocorreram, por meio de dois vídeos distintos ('Na ditadura você é livre, na democracia é preso'; e 'Fachin chora a respeito da fala do General'), nas datas de 17/11/2020 e 15/2/2021, valendo-se da mesma forma de execução e das mesmas plataformas para sua divulgação, sendo os crimes de mesma espécie.

Assim, tendo em vista a notória semelhança dos modos de execução e da ambiência em que praticados os crimes, a imputação delitiva deve considerar a incidência do art. 71, caput, do Código Penal, pois o réu, mediante mais de uma ação, praticou "dois ou mais crimes da mesma espécie".

Comprovadas a autoria e materialidade dos delitos, o réu DANIEL SILVEIRA deve ser condenado nas penas do art. 18 da LSN, por duas vezes, em face do previsto no art. 5°, XL, da Constituição Federal, na forma do art. 71 do Código Penal.

5.3) Coação no curso do processo (art. 344 do Código Penal).

O Ministério Público Federal acusa DANIEL LÚCIO DA SILVEIRA pela prática do crime previsto no art. 344 do Código Penal, por três vezes, em razão de fatos ocorridos nos dias 17 de novembro de 2020, 6 de dezembro de 2020 e 15 de fevereiro de 2021.

O grave crime contra a Administração Pública imputado ao denunciado está previsto no art. 344 do Código Penal, cuja redação é a seguinte:

> Art. 344. Usar de violência ou grave ameaça, com o fim de favorecer interesse próprio ou alheio, contra autoridade, parte, ou qualquer outra pessoa que funciona ou é chamada a intervir em processo judicial, policial ou administrativo, ou em juízo arbitral:
>
> Pena – reclusão, de 1 (um) a 4 (quatro) anos, e multa, além da pena correspondente à violência.

O tipo penal em análise protege a probidade da função judicial, a sua respeitabilidade, bem como a integridade de seus funcionários, tutelando o interesse de que a justiça não seja obstada ou desvirtuada por fatores estranhos ao seu regular desenvolvimento. Conforme leciona ROGÉRIO GRECO, "a Administração Pública é o bem juridicamente protegido pelo tipo penal que prevê o delito de coação no curso do processo ou, mais especificamente, a administração da Justiça" (Curso de Direito Penal: parte especial, volume III – 18ª ed. Niterói, RJ: Impetus, 2021, fl. 1.071).

DAMÁSIO E. DE JESUS ensina que:

> "A lei protege a administração da justiça, impondo sanção a quem, mediante violência física ou moral, vem a coagir, para a satisfação de um interesse particular ou de terceiro, a autoridade pública, a parte ou outra pessoa que intervém nas lides judiciais e administrativas. Visa o legislador a tutelar o normal andamento da atividade jurisdicional" (Direito Penal – São Paulo: Saraiva, 1988-1989. V-4. Parte especial: Dos crimes contra a fé pública a Dos crimes contra a administração pública. 2 ed).

A denúncia descreve detalhadamente as condutas do denunciado que teriam tipificado a infração penal:

[...]

O Inq. 4.828/DF foi arquivado, dando origem ao Inq. 4.874/DF, ainda em regular trâmite nesta SUPREMA CORTE, em virtude da presença de fortes indícios e significativas provas apontando a existência de uma verdadeira organização criminosa, de forte atuação digital e com núcleos de produção, publicação, financiamento e político absolutamente semelhantes àqueles identificados no Inq. 4.781/DF, com a nítida finalidade de atentar contra a Democracia e o Estado de Direito; o que, em tese, caracteriza os crimes previstos no art. 18, art. 22, I e IV e art. 23, I, II e IV, todos da Lei n. 7.170/1983; art. 2°, da Lei n. 12.850/2013; art. 1°, I e II, art. 2°, I, ambos da Lei n. 8.137/1990; art. 22, parágrafo único, da Lei n. 7.492/1986 e art. 1°, da Lei n. 9.613/1998.

Em seu interrogatório, o réu **confirma o teor das falas criminosas apontadas na denúncia**, reafirmando as ameaças efetivamente proferidas. Nesse sentido, confira-se o seguinte trecho da inquirição:

> **"Dentro de um contexto, não configura crime algum você falar, você falar sobre 'ucranizar', se tornou um termo comum quando – e o senhor deve conhecer – a história da Ucrânia, ali no movimento civil, em que eles pegavam políticos corruptos e literalmente jogavam nas lixeiras.** É um castigo popular. Esse tipo de opinião, dentro de um contexto, explicando, não configura crime" (eDoc. 485, fl. 119).
>
> (...)
>
> Qualquer pessoa que seja coibida de seus direitos e garantias, acaba ficando com raiva mesmo e vai falar. Talvez fale mais do que deveria e, depois, venha a pedir desculpas. Pode acontecer! Mas o que está acontecendo realmente é bem complicado. As ações estão complicadas" (eDoc. 485, fl. 119).

Houve, portanto, a realização de grave ameaça contra autoridades que funcionam no mencionado inquérito, tipificando o delito previsto no art. 344 do Código Penal (NELSON HUNGRIA. Comentários ao Código Penal, Vol. IX, Arts. 250 a 361, Edição Revisa Forense, 1958, p. 489-490; DAMÁSIO E. DE JESUS. Código Penal Anotado, 18 ed., Editora Saraiva, 2007, p. 1.091-1.092; LUIZ REGIS PRADO. Tratado de Direito Penal Brasileiro, Volume 7, Parte Especial, Editora Revista dos Tribunais, 2014, p. 513; CEZAR ROBERTO BITENCOURT. Tratado de Direito Penal, Parte Especial 5, 4ª edição, 2010, p. 350).

As condutas perpetradas pelo denunciado, todas elas descritas na denúncia, revelam a sua vontade livre e consciente de constranger, por meio de grave ameaça, Ministros desta CORTE a não fazer o que a lei manda, com o fim de favorecer interesse próprio. Isso porque, tratando-se de crime formal, que

se consuma independentemente da produção de resultado naturalístico, o crime encontra-se aperfeiçoado no momento em que é empregada ou usada a violência ou grave ameaça, não sendo necessário que o resultado finalístico pretendido seja alcançado.
No ponto, confira-se o ensinamento de ROGÉRIO GRECO:

> "[...]
> O delito se consuma quando o agente, efetivamente, utiliza a vis absoluta, ou seja, a violência física, ou a vis compulsiva, vale dizer, a grave ameaça, com a finalidade de favorecer interesse próprio ou alheio contra autoridade, parte, ou qualquer outra pessoa que funciona ou é chamada a intervir em processo judicial, policial ou administrativo, ou em juízo arbitral.
> Tratando-se de crime formal, de consumação antecipada, não há necessidade de que o agente, efetivamente, consiga o favorecimento de seu interesse que, se vier a ocorrer, deverá ser considerado como mero exaurimento do crime" (Código Penal Comentado - 9. ed.-Niterói: Impetus, 2015, fl. 344).

Da mesma forma, entende JOSÉ HENRIQUE PIERANGELLI:

> "O crime, que é de mera conduta, consuma-se com o emprego de violência ou da grave ameaça, independentemente do sucesso que venha a obter o agente. O sucesso liga-se ao exaurimento, fase posterior à consumação e que para nós é a última fase do iter criminis" (Manual de Direto Penal Brasileiro - Arts. 121 a 361. 2ª edição revista, atualizada, ampliada e complementada).

Portanto, não restam dúvidas sobre a consumação do delito em tela e que o réu agiu com dolo e com plena consciência de suas ações, as quais objetivaram, repito, favorecer interesse próprio, notadamente porque, na condição de investigado em Inquérito instaurado por esta CORTE, buscou evitar, a todo custo e de forma ilícita, a possibilidade de uma condenação, no caso da instauração de eventual ação penal e, consequentemente, evitar o risco de se tornar inelegível ante a determinação da perda de seu mandato.
Merece destaque, também, conforme muito bem pontuado pelo Ministério Público em suas alegações finais, que (a) basta a mera potencialidade das palavras/sinais, de modo que a não ocorrência da prática do ato coagido, efetivamente falando, é irrelevante para a configuração do delito; (b) é prescindível que os destinatários se sintam amedrontados ou receosos em virtude das condutas; e (c) basta a existência de uma hostilidade que seja apta a intimidar e constranger o sujeito passivo a atuar legitimamente.
A **materialidade** comprovou-se pelos mesmos elementos, isto é: **(a)** pelas transcrições das intervenções proferidas pelo denunciado nas mídias digitais, cujo conteúdo foi extraído dos vídeos que foram publicados na plataforma

digital Youtube; **(b)** pelos registros da ata da Sessão Deliberativa Extraordinária da Câmara dos Deputados, realizada em 19/2/2021; e (c) pelos registros contidos no termo da audiência de instrução (eDoc. 485).
[...]
Observa-se que o conjunto probatório é amplo e harmônico, não deixando nenhuma dúvida quanto à materialidade e autoria delitivas.
Por fim, ressalto que as agressões verbais e graves ameaças dirigidas aos Ministros desta SUPREMA CORTE ocorreram por meio de três vídeos distintos ("Na ditadura você é livre, na democracia é preso"; "Convoquei as Forças Armadas para intervir no STF' e 'Fachin chora a respeito da fala do General"), nas datas de 17/11/2020, 6/12/2020 e 15/2/2021, valendo-se da mesma forma de execução e das mesmas plataformas para sua divulgação, sendo os crimes de mesma espécie.
Tendo em vista a notória semelhança dos modos de execução e da ambiência em que praticados os crimes, a imputação delitiva deve considerar a incidência do art. 71, caput, do Código Penal, pois o réu, mediante mais de uma ação, praticou "dois ou mais crimes da mesma espécie.
Igualmente comprovadas a autoria e materialidade dos delitos, o réu DANIEL SLVEIRA deve ser condenado nas penas do art. 344 do Código Penal, por três vezes, na forma do art. 71 do Código Penal.

6. PARTE DISPOSITIVA DE MÉRITO.
Diante de todo o exposto, JULGO PARCIALMENTE PROCEDENTE A DENÚNCIA para:

> **(a) ABSOLVER O RÉU DANIEL LÚCIO DA SILVEIRA**
> **da imputação do art. 286, parágrafo único, do Código Penal, considerada a continuidade normativo-típica em relação ao art. 23, II, da Lei 7.170/83;**
> **(b) CONDENAR O RÉU DANIEL LÚCIO DA SILVEIRA:**
> **(b.1) como incurso nas penas do art. 18 da Lei 7.170/83, por 2 (duas) vezes, na forma do art. 71 do Código Penal, em virtude da ultra-atividade da lei penal mais benéfica em relação ao art. 359-L do Código Penal.**
> **(b.2) como incurso nas penas do art. 344 do Código Penal, por 3 (três) vezes, na forma do art. 71 do Código Penal.**

7. DOSIMETRIA DA PENA – Circunstâncias Judiciais do art. 59 do Código Penal.
Passo a dosar a pena a ser-lhe aplicada, de acordo com o critério trifásico descrito no art. 68 do Código Penal.
A dosimetria da pena deve levar em conta as circunstâncias judiciais previstas no art. 59 do Código Penal em relação a cada caso concreto, de acordo com

suas circunstâncias, pois encerra certa discricionariedade judicial para a sua efetivação, não havendo critérios matemáticos que vinculem o número de vetores positivos ou negativos previsto no referido artigo, com bem destacado pela eminente Min. ROSA WEBER:

> "A dosimetria da pena é matéria sujeita a certa discricionariedade judicial. O Código Penal não estabelece rígidos esquemas matemáticos ou regras absolutamente objetivas para a fixação da pena" (HC 132.475 AgR/SP, Primeira Turma, Rel. Min. ROSA WEBER, DJe de 23/8/2016).

A identificação de circunstância desfavorável ao réu, a depender de sua gravidade, pode ensejar um acréscimo mais intenso na pena do que a presença, em outro contexto, de duas ou mais vetoriais negativas, que, no entanto, inspiram, em seu conjunto, menor grau de censurabilidade. Nesse sentido, o Min. EDSON FACHIN, em voto proferido na AP 863/SP, julgada pela Primeira Turma em 23/5/2017, assinalou que:

> "(...) a jurisprudência desta Suprema Corte não agasalha posicionamentos voltados a identificar relação matemática entre o número de vetoriais negativas do art. 59 do Código Penal e um percentual de aumento a ser aplicado sobre o mínimo da pena para cada uma delas, quando da fixação da pena-base."

Nesse mesmo sentido: TPA 5, Rel. Min. Min. EDSON FACHIN, Tribunal Pleno, DJe. 21/03/2019; AP 971, Rel. Min. EDSON FACHIN, Primeira Turma, DJe. 11/10/2016; AP 644 ED-ED, Rel. Min. GILMAR MENDES, Segunda Turma, DJe. 21/02/2019; HC 99.270, Rel. Min. MARCO AURÉLIO, Primeira Turma, DJe. 09/10/2015; RHC 128.355, Rel. Min. MARCO AURÉLIO, Primeira Turma, DJe. 24/10/2017; RHC 152.050 AgR, Rel. Min. DIAS TOFFOLI, Segunda Turma, DJe. 28/05/2018; HC 107.409, Rel. Min. ROSA WEBER, Primeira Turma, DJe. 10/05/2012; HC 132.475 AgR, Rel. Min. ROSA WEBER, Primeira Turma, DJe. 23/08/2016.

Vejam-se, ainda, as seguintes decisões monocráticas: HC 166.548 MC, Rel. Min. EDSON FACHIN, DJe. 19/12/2018; HC 206.750, Rel. Min. GILMAR MENDES, DJe. 01/10/2021; RHC 152.036, Rel. Min. LUIZ FUX, DJe. 08/02/2018; ARE 1.224.175, Rel. Min. RICARDO LEWANDOWSKI, DJe. 2/9/2019; HC 208.353, Rel. Min. CÁRMEN LÚCIA, DJe. 17/11/2021; RHC 212.338, Rel. Min. ROSA WEBER, DJe. 9/3/2022.

Assim, para a fixação da pena-base, revela-se **acentuada a CULPABILIDADE DO RÉU**, pois nesta fase como juízo de reprovabilidade ou censurabilidade da conduta, percebe-se que houve enorme extrapolação daquela que é própria da prática da infração penal.

O réu, por diversas vezes, defendeu estar amparado pela imunidade parlamentar material, demonstrando inequivocamente a tentativa insistente de utilizar essa garantia constitucional como escudo protetivo para a prática de condutas ilícitas, como se possuísse alcance absoluto.

O réu, inclusive, chegou a utilizar o Parlamento como "esconderijo", em verdadeira fuga que fez do Rio de Janeiro para Brasília no intuito de descumprir – novamente – medida judicial determinada pelo juízo em face de anterior descumprimento de medidas cautelares.

Nesse mesmo contexto, há de se ponderar as **CIRCUNSTÂNCIAS em que o CRIME foi praticado pelo réu**: a Internet, que, sabidamente possui um poder replicador de alta magnitude, conferindo aos vídeos por ele publicados um enorme alcance.

Inclusive, o Ministério Público, em suas alegações finais, registrou que:

> "As condutas incriminadas foram consumadas com a propagação, para centenas de milhares de pessoas, de duas mensagens com potencial — porquanto divulgadas por meios de comunicação eletrônica, acessíveis pela internet —, para provocar uma tentativa de impedir o livre exercício de um poder constitucional constituído" (eDoc. 574, fl. 30).

A vetorial dos antecedentes não apresenta energia para agir em desfavor do réu, razão pela qual é tida como neutra.

A **CONDUTA SOCIAL** por outro lado, também reclama um incremento na reprimenda penal, pois totalmente desajustada ao meio em que vive, sendo certo que, na condição de Deputado Federal e, portanto, representante do povo, eleito democraticamente, deveria, ao contrário do que fez, zelar pelo equilíbrio e harmonia entre os Poderes e pelo Estado Democrático de Direito.

Na condição de representantes eleitos pelo povo, os parlamentares devem nortear suas atividades visando o melhor interesse da coletividade, e nunca utilizar o cargo que ocupam para fins criminosos, perigosos e atentatórios à própria Democracia brasileira.

Ainda por ocasião da denúncia, a Procuradoria-Geral da República citou diversos fatos que indicam a **reprovabilidade da conduta social do réu.**

Na ocasião, assim se pronunciou o Parquet:

> "O denunciado é um ex-soldado da Polícia Militar do Estado do Rio de Janeiro, instituição na qual se notabilizou pelo mau comportamento, faltas, atrasos e, sobretudo, a gravação e postagem de vídeos ofensivos na rede social Facebook 'com comentários ofensivos e depreciativos [...], em alguns deles durante a execução do serviço, fardado e no interior da viatura, erodindo preceitos éticos em vigor' e 'repercutindo negativamente a imagem

> da corporação', segundo consta da edição de n. 23 do Boletim Disciplinar Reservado (BDR) do órgão, datada de 2 de fevereiro de 2015.
>
> No mesmo documento, consta a informação de que durante os cinco anos, nove meses e dezessete dias em que esteve incorporado, o acusado praticou 'numerosas transgressões funcionais', que lhe renderam um total de vinte e seis dias de prisão, cinquenta e quatro dias de detenção, quatorze repreensões e duas advertências, bem como a abertura de um processo administrativo disciplinar pela Corregedoria que o levou à sua exclusão da Polícia Militar no dia 4 de outubro subsequente, data em que quebrou, ao lado de outros políticos, placa em homenagem a Marielle Franco, vereadora assassinada em 14 de março de 2018 na capital fluminense.
>
> Eleito no pleito de 2018 como deputado federal pelo Rio de Janeiro para a 56ª legislatura da Câmara dos Deputados, o denunciado tem confirmado, no curso do mandato, possuir personalidade voltada para o confronto, levando-se em consideração as inúmeras controvérsias com as quais esteve envolvido desde a posse.
>
> Em outubro de 2019, fez uma 'inspeção' não autorizada no Colégio Pedro II para monitorar o conteúdo dado aos alunos. Nesse mesmo mês, arremessou o aparelho celular de um jornalista no chão da Câmara dos Deputados após se descontrolar com uma pergunta. Causou estupor ao fazer um discurso no Plenário da Casa com teor supostamente racista, em novembro de 2019, às vésperas do Dia da Consciência Negra. Na oportunidade, negou haver no Brasil um genocídio da população negra e afirmou que se mais negros morrem é porque 'tem mais negros com armas, mais negros no crime e mais negros confrontando a polícia'. Em maio de 2020, postou um vídeo no Twitter no qual ameaçava 'descarregar' sua arma em opositores do governo. No fim desse mesmo mês, foi citado como disseminador de notícias falsas na internet e no inquérito n. 4.781, que apura a publicação de fake news no Supremo. Mais recentemente, foi impedido de embarcar em um voo por se recusar a usar máscara de proteção contra a covid-19, a qual se refere como 'focinheira ideológica'.

Acrescente-se o fato de o réu ser estudante do curso de Direito e, portanto, possuir compreensão técnica sobre a natureza das condutas perpetradas e entendimento jurídico suficiente para entender as consequências que delas poderia advir.

Além disso, mesmo após o oferecimento da denúncia e seu consequente recebimento pelo Pleno do SUPREMO TRIBUNAL FEDERAL, DANIEL SILVEIRA incorreu em diversos comportamentos incompatíveis com a vida em sociedade e que ecoaram, inclusive, nos crimes objetos desta Ação Penal.

[...]

(a) [...], aplicando-lhe a pena consistente no pagamento de multa no valor de R$ 20.177,91 (vinte mil, cento e setenta e sete reais, e noventa e um centavos);
(b) após a substituição de sua prisão em flagrante por crime inafiançável por medidas cautelares, o réu violou, por diversas vezes, o monitoramento eletrônico imposto por esta SUPREMA CORTE. Conforme apontou a Procuradoria-Geral da República, os relatórios de monitoramento eletrônico de DANIEL SILVEIRA, notadamente no período de 5/4/2021 a 24/5/2021, apresentaram mais de 30 (trinta) violações, relacionadas à carga do dispositivo de monitoramento, à área de inclusão, e ao rompimento da cinta/lacre. O Inq. 4.872/DF foi instaurado para apurar crime de desobediência a decisão judicial sobre perda ou suspensão de direito (art. 359, do Código Penal), diante das violações ao monitoramento eletrônico constatadas. Na referida investigação, há relatório da Polícia Federal, concluindo que "não foram justificadas, com lastro em elementos objetivos, 20 (vinte) ocorrências por fim de bateria e 2 (duas) ocorrências por violação de área de inclusão. Consequentemente, há justificativas para 10 violações, quais sejam, 3 (três) em razão do fim da bateria, 4 (quatro) por rompimento da cinta e 3 (três) por violação da área de inclusão";
(c) Nestes autos, por ocasião do restabelecimento da prisão de DANIEL SILVEIRA, foi elaborado relatório circunstanciado pela **Polícia Federal, onde ficou consignada a tentativa de fuga do parlamentar, nos seguintes termos:**
"Ao chegar no local os membros do Núcleo de Polícia Marítima do Grupo de Pronta Intervenção – NEPOM/GPI/RJ resguardaram o perímetro da residência do parlamentar, **ocasião na qual o policial federal PPF Renato, matrícula 12.980, conseguiu observar que este pulou o muro de sua residência e, ao se deparar com o policial, retornou prontamente.**
Questionado acerca da possível tentativa de evasão do local, o parlamentar indicou que sua intenção era prestar amparo à sua mãe que reside no sítio limítrofe à sua residência, uma vez que esta apresentava sensível quadro de saúde".
(d) Em despacho de 6/7/2021, determinei a intimação da Defesa de Federal DANIEL SILVEIRA para que esclarecesse, no prazo de 48 (quarenta e oito) horas, as notícias no sentido de que o parlamentar teria solicitado asilo diplomático a 4 (quatro) países (eDoc. 342). Naquela ocasião, em novo tumulto processual causado por inúmeros advogados habilitados, foram apresentadas respostas conflitantes:

Em petição protocolada às 11:05:16 de 7/7/2021, subscrita pelo advogado Túlio Marcelo Denig Bandeira, foi apresentada a justificativa de que (a) "os pedidos de asilo diplomático não foram levados adiante pelo réu, pois, este compreende a importância dos remédios constitucionais e acredita na justiça e imparcialidade por parte deste Ministro para julgar seu pedido de liberdade"; e (b) o réu, "em um momento de impulso e na iminência de ser cerceado de sua liberdade novamente o réu agiu sem pensar, contudo, reconhece que agiu no impulso e ultrapassou a barreira do lógico, bem como, se arrepende e quer reparar seu erro" (eDoc. 350).

Já em manifestação protocolada às 12:23:55 de 7/7/2021, subscrita pelo advogado Jean Cléber Garcia Farias, foi argumentado que (a) "em que pese a veiculação de matéria no sentido de que o Deputado Daniel tenha buscado algum tipo de asilo em Embaixadas e Representações Diplomáticas de países diversos, tal não pode ser debitado a este"; (b) "a despeito do noticiado, o Deputado não pode ser responsabilizado por 'pesquisas' nesse sentido, se ocorreram, levadas a termo por advogados ou qualquer do povo à sua revelia, o mesmo podendo se falar, a exemplo, dos infindáveis pedidos de HC, que abarrotaram esse Pretório Excelso, também, à revelia do Deputado"; (c) "Daniel Silveira não formalizou nenhum pedido de asilo diplomático a nenhuma embaixada" (eDoc. 352).

Em que pese as informações desencontradas dos advogados, em verdade, há prova da tentativa de obtenção de asilo para eventual tentativa de se furtar à aplicação da lei penal, com a fuga do território nacional;

(e) após nova substituição de sua prisão por medidas cautelares diversas, DANIEL SILVEIRA voltou a prestar declarações ofensivas direcionadas ao SUPREMO TRIBUNAL FEDERAL e a seus membros, em mais de uma ocasião, em nova violação às medidas cautelares impostas, nos seguintes termos:

(I) na data de 12/11/2021, concedeu entrevista ao Programa Os Pingos nos Is, da rede Jovem Pan, veiculado em diversas redes sociais, por meio da qual voltou a atacar o SUPREMO TRIBUNAL FEDERAL e seus Ministros, conforme se depreende das seguintes declarações:

(...) os Deputados que iriam votar para revogar a prisão mais sofreram pressões de outro Poder, o que é totalmente inadmissível... Evidentemente, uma vez parlamentar, você tem o foro privilegiado, que eu sou totalmente contra. O foro eu acho que deveria acabar, porque você ficar refém, na verdade, de um único Tribunal, que pode marionetar, assim por dizer, o parlamentar, dentro do seu processo (...). É uma sensação estranha: você saber que a pessoa queria votar para liberar, porque é inconstitucional o processo e a prisão, mas votaram pra manter sob pressão.

(...) Pra ser muito honesto, e sendo claro como sempre, tudo foi abuso! Tudo foi abuso de poder, abuso de autoridade, um ego exagerado... foi uma vaidade exagerada.

O Ministro do STF não é intocável... São pessoas ali... uns são inteligentes, outros nem tanto, mas tem um amigo que é amigo de não sei quem... E o outro conhece um amigo que toma café com o Presidente e é indicado porque escreveu um livro, aí isso o tornou brilhante (...)

(Youtube: https://www.youtube.com/watch? v=7_ykbEa9E3E; Twitter: https://twitter.com/jovempannews/status/1459284871 780585472?s=21; Instagram: https://www.instagram.com/tv/CWMb-5os8bk/?utm_medium=copy_link)

(II) na data de 12/3/2022, violando novamente as medidas cautelares, em um evento público denominado "Brasil Profundo", no município de Londrina/PR, voltou a proferir ataques direcionados ao SUPREMO TRIBUNAL FEDERAL e a seus membros, tendo discursado durante 6 (seis) minutos, dirigindo-se para cerca de 40.000 (quarenta mil) espectadores, nos seguintes termos:

"(...) nossa CORTE constitucional é deficitária de pessoas que tenham bússola moral (...).

O restante, sim, tinha que se aposentar com sessenta, cinquenta, talvez nem ter entrado, porque precisamos de pessoas sérias".

"Quem está disposto a enfrentar o sistema? Só isso? (...) A nossa Corte Constitucional é deficitária de pessoas que tenham bússola moral. (...) Vocês acham que eu fui preso? Vocês acham isso? Não. Vocês foram presos. E vai continuar essa história se nós dobrarmos os joelhos e aceitarmos essas imposições que vêm através do Judiciário, a via mais rara de tomada de poder. As pessoas ainda não perceberam o que nós enfrentamos. (...) O limite do país tá aqui, tá aqui e eles estão cruzando essa linha. E só tem uma pessoa capaz de deter isso que é o Presidente Jair Messias Bolsonaro. Mas ele precisa dessa base aqui."

(III) DANIEL SILVEIRA, em violação às medidas cautelares impostas nestes autos, concedeu entrevista ao canal "Parlatório Livre", no Youtube (https://www.youtube.com/watch?v=c1IXq_aU5Uk), na data de 17/3/2022 (eDoc. 761).

(IV) o Deputado Federal DANIEL SILVEIRA, desrespeitando as medidas cautelares, ao comparecer a evento onde se encontrou com OTÁVIO FAKHOURY (investigado nos Inqs. 4781/DF e 4.874/DF), voltou a proferir, em 20/3/2022, ofensas direcionadas aos membros do SUPREMO TRIBUNAL FEDERAL, nos seguintes termos:

"Ô Ministro, olha só, o senhor está cometendo muitas inconstitucionalidades. Eu acho que o senhor tem que pegar... agir dentro da Constituição. Sabe por quê? Senão o senhor está chateando toda a Federação, toda a República

Federativa do Brasil. Está ficando complicado aqui para o senhor continuar vivendo aqui, nem que seja juiz" (e-Docs. 760 e 762).

(V) Em 30/3/2022, violando pela enésima vez as medidas cautelares, em entrevista à Jovem Pan News, DANIEL SILVEIRA voltou a proferir ofensas ao SUPREMO TRIBUNAL FEDERAL e ao Relator desta Ação Penal, nos seguintes termos:

"Repórter: Como que o senhor vê essa nova posição do Min. ALEXANDRE DE MORAES?

DANIEL SILVEIRA: De um homem fraco. Uma pessoa fraca, frustrada. Não tem nenhum tipo de expediente pra poder vencer uma batalha dentro da legislação, dentro daquilo que é preconizado aqui... Isso aqui não é lixo, não é papel higiênico... Isso aqui é a Constituição da República Federativa do Brasil.

Ele pode não gostar, mas não foi ele que escreveu.

(...)

Você vê que ele não tem limite. Ele é um trem desembestado. E parece que abestado também. Parece que não conhece bem da legislação. Então fica lá, banca com a toga dele e desrespeita todos os Deputados.

Quer dizer: a gente está tentando proteger a prerrogativa do Deputado e ele desrespeitando sozinho, sozinho... Acelera processos, age de forma ideológica, de cunho ideológico. Tem a persecução política.

Pressiona Deputados. Pressiona Senadores e tudo fica por isso.

(...)

O Brasil só tem que entender que ele é o inimigo em comum da nação.

(...)

Na verdade cai muito bem talvez nele. Ele gosta tanto dessa tornozeleira que ele deveria pegar uma pra ele e botar"

(https://twitter.com/jovempannews/status/1509337455325061120?s=24&t=9ZK70JUjkwdH_SOm8F8fLw)

(f) após nova imposição da medida cautelar de monitoramento eletrônico (art. 319, IX, do Código de Processo Penal), em 25/3/2022, o **réu utilizou-se da Câmara dos Deputados para esconder-se da Polícia e da Justiça, ofendendo a própria dignidade do Parlamento, ao tratá-lo como covil de réus foragidos da Justiça.**

A estranha e esdrúxula situação resultou na fixação de multa diária de R$ 15.000,00 (quinze mil reais), no caso da continuidade de descumprimento de qualquer das medidas cautelares determinadas; que, nos termos do art. 3º do Código de Processo Penal e dos arts. 77, IV e 139, IV, ambos do Código de Processo Civil e na instauração de inquérito (Inq. 4.898/DF), para apuração do crime do art. 359 do Código Penal (Desobediência a decisão judicial sobre perda ou suspensão de direito), medidas referendadas pelo Plenário desta CORTE em Sessão Virtual extraordinária de 1°/4/2022.

(g) O réu, em pronunciamento no Plenário da Câmara dos Deputados, proferiu declarações no sentido de que não respeitaria as decisões proferidas pelo SUPREMO TRIBUNAL FEDERAL, nos seguintes termos:

"O que está acontecendo aqui é que a ordem judicial emanada pelo Ministro ALEXANDRE DE MORAES coloca em xeque todo o Parlamento, o Poder Legislativo. Uma vez que ele impõe medidas cautelares em um Deputado antes de ser analisado pela Casa, o julgamento da ADI 5.526 é muito claro: tem que passar pela Casa caso aconteça de atrapalhar, direta ou indiretamente, o livre exercício do mandato parlamentar.

"O que eu estou dizendo é que até aceito sim a imposição, quando os Deputados decidirem se vai ser ou não ser aplicada"

A **personalidade** não milita em desfavor do acusado, especialmente porque os elementos constantes dos autos não permitem aferi-la adequadamente.

Os **MOTIVOS PARA A PRÁTICA DELITUOSA**, igualmente, pesam em desfavor do acusado, pois atacou as Instituições e a própria Democracia no intuito de obter maior visibilidade eleitoral e seguidores nas redes sociais, demonstrando o fim mesquinho e vil pretendido.

As **CIRCUNSTÂNCIAS JUDICIAIS**, portanto, são amplamente prejudiciais ao réu.

As manifestações do réu revelam-se gravíssimas, pois não só atingem a honorabilidade e constituem ameaça ilegal à segurança dos Ministros do SUPREMO TRIBUNAL FEDERAL, como se revestem de claro intuito visando a impedir o exercício da judicatura, notadamente a independência do Poder Judiciário e a manutenção do Estado Democrático de Direito.

Tendo por parâmetro as circunstâncias judiciais acima balizadas, considerando que 4 (delas) delas são desfavoráveis ao réu (CULPABILIDADE, CONDUTA SOCIAL, CIRCUNSTÂNCIAS DO CRIME E MOTIVOS PARA A PRÁTICA DELITUOSA), justifica-se o estabelecimento da pena acima do mínimo legal, como, aliás, posiciona- se esta CORTE SUPREMA (AP 694 ED, Primeira Turma, Rel. Min. ROSA WEBER, DJe de 27/11/2017; AP 470 EDJ-sextos, PLENÁRIO, Rel. Min. JOAQUIM BARBOSA, DJe de 10/10/2013; AP 892, Primeira Turma, Rel. Min. LUIZ FUX, DJe de 20/5/2019; RHC 193.143, Primeira Turma, Rel. Min. MARCO AURÉLIO, DJe de 18/3/2021; HC 113.375, Segunda Turma, Rel. Min. GILMAR MENDES, DJe de 1°/8/2012; HC 203.309 AgR, Primeira Turma, Rel. Min. ROBERTO BARROSO, DJe de 4/10/2021; RHC 84.897, Primeira Turma, Rel. Min. EROS GRAU, DJe de 17/12/2004; HC 118.876, Segunda Turma, Rel. Min. RICARDO LEWANDOWSKI, DJe de 11/2/2014; HC 107.501,

Primeira Turma, Rel. Min. CÁRMEN LÚCIA, DJe de 19/5/2011; HC 8.284, Segunda Turma, Min. CEZAR PELUSO, DJ. De 24/4/2007; HC 76.196, Segunda Turma, Rel. Min. MAURÍCIO CORREA, DJ de 29/9/1998. Destaca-se, desse último julgamento, o seguinte trecho: "quando todos os critérios são favoráveis ao réu, a pena deve ser aplicada no mínimo cominado; entretanto, basta que um deles não seja favorável para que a pena não mais possa ficar no patamar mínimo".

Estabelecida as premissas de aplicação das circunstâncias judicias do art. 59 do Código Penal, passo à análise de cada infração penal.

7.1 Abolição violenta do Estado Democrático de Direito (art. 23, IV, c/c art. 18, ambos da Lei 7.170/83, por 2 (duas) vezes, na forma do art. 71 do Código Penal, considerada a continuidade normativo-típica para o art. 359-L do Código Penal e a ultra-atividade da lei penal mais benéfica.

Pena-base. O preceito secundário do tipo penal prevê, de forma abstrata, a pena de 02 (dois) a 06 (seis) anos de reclusão, conforme redação do art. 18 da Lei 7.170/83, pena a ser considerada, em razão da ultratividade da lei penal mais benéfica.

Com base nas circunstâncias judiciais do art. 59 do Código Penal, anteriormente analisadas, fixo a pena-base em 4 (quatro) anos e 6 (seis) meses de reclusão, para cada um dos dois crimes.

Pena definitiva. Ante a inexistência de circunstâncias agravantes, atenuantes ou causas de aumento ou de diminuição, para cada crime de abolição violenta do Estado Democrático de Direito, torno a pena definitiva em 4 (quatro) anos e 6 (seis) meses de reclusão.

Da continuidade delitiva. Nos termos do art. 71, caput, do Código Penal, deve ser reconhecida a continuidade delitiva em relação aos 2 (dois) crimes de abolição violenta do Estado Democrático de Direito, de modo que faço incidir à pena concretamente fixada para o primeiro dos crimes a fração de 1/6, estabelecendo-a em 5 (cinco) anos e 3 (três) meses de reclusão.

PENA DEFINITIVA: Assim, nos termos do art. 71 do Código Penal, tem-se a pena final total de 5 (cinco) anos e 3 (três) meses de reclusão.

7.2 Coação no curso do processo (art. 344 do Código Penal)

Pena-base. O preceito secundário do tipo penal prevê, de forma abstrata, a pena de 01 (um) a 04 (quatro) anos de reclusão, e multa, além da pena correspondente à violência, conforme redação do art. 344 do Código Penal.

Com base nas circunstâncias judiciais do art. 59 do Código Penal, anteriormente analisadas, fixo a pena-base em 3 (três) anos de reclusão para cada um dos três crimes.

Pena definitiva. Ante a inexistência de circunstâncias agravantes, atenuantes ou causas de aumento ou de diminuição, para cada crime de coação no curso do processo, torno a pena definitiva em 3 (três) anos de reclusão.
Da continuidade delitiva. Nos termos do art. 71, caput, do Código Penal, deve ser reconhecida a continuidade delitiva em relação aos 3 (três) crimes de coação no curso do processo, cometidos nas datas de 17/11/2020, 6/12/2020 e 15/2/2021, de modo que faço incidir à pena concretamente fixada para o delito a fração de 1/6, estabelecendo-a, assim, em 3 (três) anos e 6 (seis) meses de reclusão.
Pena de multa. Considerando que a pena de multa deve guardar estrita proporcionalidade com a pena privativa de liberdade aplicada, uma vez que sobre aquela incidem as mesmas circunstâncias desta, estabeleço-a em **30 (trinta) dias-multa para cada um dos 3 (três) crimes de coação no curso do processo. Por força da continuidade delitiva, nos termos da fração acima aplicada (1/6), fica estabelecida definitivamente em 35 (trinta e cinco) dias-multa.**
Tendo em vista a condição econômica favorável do RÉU, que é Deputado Federal, arbitro o dia-multa no valor de 5 (cinco) salários mínimos, considerado o patamar vigente à época do fato, que deve ser atualizado até a data do efetivo pagamento (arts. 49, §§1º e 2º; e 60, caput, do Código Penal).

7.3. TOTAL DAS PENAS.
Consideradas as penas para cada crime acima fixadas, a pena final do réu DANIEL LÚCIO DA SILVEIRA é de 8 (oito) anos e 9 (nove) meses de reclusão, em regime inicial fechado, e 35 (trinta e cinco) dias- multa, o valor do dia-multa equivalente a 5 (cinco) salários mínimos, considerado o patamar vigente à época do fato, que deve ser atualizado até a data do efetivo pagamento (arts. 49, §§ 1º e 2º; e 60, caput, do CP).

8. Regime inicial de cumprimento da pena.
Fixo o regime **fechado** para o início do cumprimento da pena de 8 (oito) anos e 9 (nove) meses de reclusão, nos termos do art. 33, §§ 2º, 'a' e 3º, do Código Penal.
Efetivamente, a pena do réu é superior a (oito) anos, de modo que deve começar a ser cumprida em regime fechado. Ainda que assim não fosse, nos termos dos § 2º e § 3º do art. 33 do Código Penal, a determinação do regime inicial de cumprimento da pena far-se-á com observância dos critérios previstos no art. 59 do mesmo diploma legal.
No caso de DANIEL LÚCIO DA SILVEIRA, foram identificadas 4 (quatro) circunstâncias desfavoráveis, razão pela qual se justifica, ainda que a pena

final fosse fixada em patamar inferior a 8 (oito) anos, o início do cumprimento da pena em regime fechado.

9. CONCLUSÃO

Diante de todo o exposto, REJEITO AS PRELIMINARES, bem como DECRETO A PERDA DE OBJETO dos agravos regimentais interpostos contra a decisão que indeferiu as diligências requeridas na fase do art. 10 da Lei 8.038/90 e contra a decisão que determinou a necessidade de juntada das alegações finais para análise de requerimento de extinção de tipicidade e punibilidade; e **JULGO PARCIALMENTE PROCEDENTE** a denúncia para:

(a) ABSOLVER O RÉU DANIEL LÚCIO DA SILVEIRA da imputação do art. 286, parágrafo único, do Código Penal, considerada a continuidade normativo-típica em relação ao art. 23, II, da Lei 7.170/83;

(b) CONDENAR O RÉU DANIEL LÚCIO DA SILVEIRA:

(b.1) como incurso nas penas do artigo 18 da Lei 7.170/83, por 2 (duas) vezes, na forma do art. 71 do Código Penal, em virtude da ultra-atividade da lei penal mais benéfica em relação ao artigo 359-L do Código Penal à pena 5 (cinco) anos e 3 (três) meses de reclusão;

(b.2)como incurso nas penas do art. 344 do Código Penal, por 3 (três) vezes, na forma do art. 71 do Código Penal à pena 3 (três) anos e 6 (seis) meses de reclusão, bem como à pena de 35 (trinta e cinco) dias-multa, no valor de 5 (cinco) salários mínimos dia-multa, considerado o patamar vigente à época do fato, que deve ser atualizado até a data do efetivo pagamento.

Consideradas as penas para cada crime, a **PENA FINAL** é de 8 (oito) anos e 9 (nove) meses de reclusão, em regime inicial fechado, e 35 (trinta e cinco) dias-multa, o valor do dia-multa equivalente a 5 (cinco) salários mínimos, considerado o patamar vigente à época do fato, que deve ser atualizado até a data do efetivo pagamento.

Fica fixado o **regime fechado para o início do cumprimento da pena.**

Após o trânsito em julgado, ficam **suspensos os direitos políticos do condenado**, enquanto durarem os efeitos da condenação, nos termos do art. 15, III, da Constituição Federal; que é autoaplicável, sendo consequência direta e imediata da decisão condenatória transitada em julgado, não se exigindo, inclusive, manifestação expressa a respeito de sua incidência na decisão condenatória e prescindindo-se de quaisquer formalidades. Dessa maneira, com o trânsito em julgado da presente condenação criminal, o réu estará suspenso automaticamente dos seus direitos políticos.

O referido dispositivo constitucional, ao referir-se ao termo "condenação criminal transitada em julgado", não distingue quanto ao tipo de infração penal cometida, aplicando-se integralmente à presente hipótese, pois a ratio

do citado dispositivo é permitir que os cargos públicos eletivos sejam reservados somente para os cidadãos insuspeitos, preservando-se a dignidade da representação democrática; nos mesmos termos do artigo 55, VI e VI, c.c o § 3°, da Constituição Federal e artigo 92 do Código Penal, que determinam a perda do mandato parlamentar, em relação ao réu DANIEL LÚCIO DA SILVEIRA, a ser declarado pela Mesa da Câmara dos Deputados.
Após o trânsito em julgado:
(a) lance-se o nome do réu no rol dos culpados;
(b) expeça-se guia de execução definitiva.
(c) oficie-se o Presidente da Câmara dos Deputados, para fins do artigo 55, III, VI e VI, c.c o § 3°, da Constituição Federal e art. 92 do Código Penal.
Custas pelo condenado (art. 804 do Código de Processo Penal).
É O VOTO.

Fonte: STF, Ação Penal n. 1.044/DF, Rel. Min. Alexandre de Moraes, j. em 20/04/2022.

Quadro 7.1 Quadro sistematizador: crimes contra a soberania nacional

Tipo	SUJEITO ATIVO			CONSUMAÇÃO E TENTATIVA				ELEMENTO SUBJETIVO	PENA MÍNIMA E REGIME INICIAL		PERSECUÇÃO Em relação à quantidade de pena Necessário analisar os aspectos subjetivos		
	Característica específicas	Pluralidade de agentes	Modalidade da ação	Momento consumativo	Exaurimento	Finalidade específica	Tentativa	Forma culposa	Pena mínima	Conversão PRD	Transação penal	ANPP	SPC
359-I	Crime comum	Possível		Prática do verbo nuclear	Ato de negociar	Sim	Possível	Não	RA	Possível	Não	Não	Não
359-I, §2 º	Crime comum	Possível		Prática do verbo nuclear	Ato de participar de operação bélica	Sim	Possível	Não	RA	Possível	Não	Não	Não
359-J	Crime comum	Possível		Prática do verbo nuclear	Prática de violência ou grave ameaça	Sim	Possível	Não	RA	Possível	Sim	Sim	Sim
359-K *caput*	Crime comum	Possível		Prática do verbo nuclear	Ato da entrega	Sim	Possível	Não	RA	Possível	Não	Não	Não

Referências

ADORNO, S. A criminalidade urbana violenta no Brasil: um recorte temático. **BIB – Revista Brasileira de Informação Bibliográfica em Ciências Sociais**, n. 35, p. 3-24, 1993.

ALCANTARA, C. H. P. **A teoria da adequação social no direito penal**: aspectos controvertidos e aplicação na jurisprudência do Tribunal de Justiça de São Paulo. 2017. 229 f. Dissertação (Mestrado em Direito Penal) – Universidade de São Paulo, São Paulo, 2017. Disponível em: <https://www.teses.usp.br/teses/disponiveis/2/2136/tde-21082020-012703/publico/6855846_Dissertacao_Original.pdf>. Acesso em: 4 abr. 2024.

AMARAL, S. do. **Falsidade documental**. Campinas: Millennium, 2000.

ANDES – Sindicato Nacional dos Docentes das Instituições de Ensino Superior. **Casos de feminicídio e estupro no país crescem no primeiro semestre de 2023**. 14 nov. 2023. Disponível em: <https://www.andes.org.br/conteudos/noticia/casos-de-feminicidio-e-estupro-no-pais-crescem-no-primeiro-semestre-de-20231#:>. Acesso em: 4 abr. 2024.

ARAÚJO, D. B. F. **Um olhar crítico sobre o ativismo judicial em matéria penal no Supremo Tribunal Federal**: ativismo judicial garantista X ativismo judicial punitivista. 2022. 150 f. Dissertação (Mestrado em Direito) – Universidade Federal do Amazonas, Manaus, 2022. Disponível em: <https://tede.ufam.edu.br/bitstream/tede/8730/7/Dissertac%cc%a7a%cc%830_DanielAraujo_PPGDIR.pdf>. Acesso em: 4 abr. 2024.

ARAUJO, I. A. Elites jurídicas no Brasil: o caso do Tribunal de Segurança Nacional (1936-1945). **Conversas & Controvérsias**, Porto Alegre, v. 9, n. 1, p. 1-7, 2022. Disponível em: <https://revistaseletronicas.pucrs.br/index.php/conversasecontroversias/article/view/41589/27525>. Acesso em: 4 abr. 2024.

BARROS, F. D. **Estudo completo do feminicídio**. 2015. Disponível em: <https://www.impetus.com.br/artigo/876/estudo-completo-do feminicidio>. Acesso em: 4 abr. 2024

BARROSO, L. R. A superação da ideologia da segurança nacional e a tipificação dos crimes contra o Estado democrático de direito. **Revista de Estudos Criminais**, ano 2, n. 9, 2003.

BASCH, F. F. The Doctrine of the Inter-American Court of Human Rights Regarding States' Duty to Punish Human Rights Violations and Its Dangers. **American University International Law Review**, v. 23, p. 195-229, 2007. Disponível em: <https://digitalcommons.wcl.american.edu/cgi/viewcontent.cgi?article=1019&context=auilr>. Acesso em: 4 abr. 2024.

BEDOYA SÁNCHEZ, S. **The Politics of Order**: a Critical Theorization of Selectivity in Relation to ICTY's Indictment Policy Practice. Freiburg: Albert-Ludwigs-Universität Freiburg, 2016.

BEIRAS, A. et al. Políticas e leis sobre violência de gênero – reflexões críticas. **Psicologia & Sociedade**, v. 24, p. 36-45, 2012.

BIANCHINI, A. A qualificadora do feminicídio é de natureza objetiva ou subjetiva? **R. EMERJ**, Rio de Janeiro. v. 19, n. 72, p. 203-219, jan./mar. 2016. Disponível em: <https://www.emerj.tjrj.jus.br/revistaemerj_online/edicoes/revista72/revista72_203.pdf>. Acesso em: 4 abr. 2024.

BITENCOURT, C. R. **Tratado de direito penal**. 11. ed. São Paulo, Saraiva, 2011. v. 2: Parte Especial.

BITENCOURT, C. R. **Tratado de direito penal**. 20. ed. São Paulo, Saraiva, 2024. v. 3: Parte Especial.

BORGES, N. M. O processo de racionalização do direito no Ocidente: perspectivas sobre a ação racional e a alteração dos tipos penais. In: ENCONTRO PREPARATÓRIO PARA O CONGRESSO NACIONAL DO CONPEDI, 16., 2007, Campos dos Goytacazes. **Anais**... Conpedi, 2007.

BRASIL. Câmara dos Deputados. **Parecer de Plenário pela Comissão Especial Destinada a Proferir Parecer ao PL n. 2462/1991 e apensados**. Voto Deputada Margarete Coelho. Brasília, 2021. Disponível em: <https://www.camara.leg.br/proposicoesWeb/prop_mostrarintegra?codteor=2004072>. Acesso em: 4 abr. 2024.

BRASIL. Câmara dos Deputados. **Projeto de Lei n. 6.622, de 2013**. Brasília, 2013. Disponível em: <https://www.camara.leg.br/proposicoesWeb/prop_mostrarintegra;jsessionid=2A3D635EDD61B6C52AC9DD78FC599090.proposicoesWebExterno2?codteor=1176394&filename=Avulso+-PL+6622/2013>. Acesso em: 4 abr. 2024.

BRASIL. Câmara dos Deputados. **Projeto de Lei n. 6.354, de 2019**. Brasília, 2019a. Disponível em: <https://www.camara.leg.br/proposicoesWeb/prop_mostrarintegra?codteor=1844205&filename=PL%20 6354/2019>. Acesso em: 4 abr. 2024.

BRASIL. Câmara dos Deputados. **Projeto de Lei n. 643, de 2020**. Brasília, 2020. Disponível em: <https://www.camara.leg.br/proposicoesWeb/prop_mostrarintegra?codteor=1994839&filename=Parecer-CCJC-2021-04-19>. Acesso em: 4 abr. 2024.

BRASIL. Câmara dos Deputados. **Relatório Final da Comissão Parlamentar de Inquérito do Extermínio no Nordeste**. Brasília, 2005. Disponível em: <https://www2.camara.leg.br/atividade-legislativa/comissoes/comissoes-temporarias/parlamentar-de-inquerito/52-legislatura/cpiexterminio/reatoriofinal/relatoriofinal.pdf>. Acesso em: 4 abr. 2024.

BRASIL. Constituição (1988). Emenda Constitucional n. 104, de 4 de dezembro de 2019. **Diário Oficial da União**, Poder Legislativo, Brasília, DF, 5 dez. 2019b. Disponível em: <https://www.planalto.gov.br/ccivil_03/constituicao/emendas/emc/emc104.htm>. Acesso em: 4 abr. 2024.

BRASIL. Decreto n. 11.615, de 21 de julho de 2023. **Diário Oficial da União**, Poder Executivo, Brasília, DF, 21 jul. 2023a. Disponível em: <https://www.planalto.gov.br/ccivil_03/_ato2023-2026/2023/decreto/d11615.htm?ref=emdefesadocomunismo.com.br>. Acesso em: 4 abr. 2024.

BRASIL. Decreto-Lei n. 2.848, de 7 de dezembro de 1940. **Diário Oficial da União**, Poder Executivo, Rio de Janeiro, 31 dez. 1940. Disponível em: <https://www.planalto.gov.br/ccivil_03/decreto-lei/del2848compilado.htm>. Acesso em: 4 abr. 2024.

BRASIL. Lei n. 10.741, de 1º de outubro de 2003. **Diário Oficial da União**, Poder Legislativo, Brasília, DF, 3 out. 2003. Disponível em: <https://www.planalto.gov.br/ccivil_03/leis/2003/l10.741.htm>. Acesso em: 4 abr. 2024.

BRASIL. Ministério da Saúde. **Novo boletim epidemiológico aponta casos de violência sexual contra crianças e adolescentes no Brasil**. 18 maio 2023b. Disponível em: <https://www.gov.br/saude/pt-br/assuntos/noticias/2023/maio/novo-boletim-epidemiologico-aponta-casos-de-violencia-sexual-contra-criancas-e-adolescentes-no-brasil>. Acesso em: 4 abr. 2024.

BRASIL. Ministério da Saúde. Secretaria de Vigilância em Saúde e Ambiente. Notificações de violência contra crianças e adolescentes no Brasil, 2015 a 2021. **Boletim Epidemiológico**, v. 54, n. 8, 29 fev. 2024. Disponível em: <https://www.gov.br/saude/pt-br/centrais-de-conteudo/publicacoes/boletins/epidemiologicos/edicoes/2023/boletim-epidemiologico-volume-54-no-08>. Acesso em: 4 abr. 2024.

BRASIL. Senado Federal. **Projeto de Lei n. 8.305, de 2014**. Brasília, 2014. Disponível em: <https://www.camara.leg.br/proposicoesWeb/prop_mostrarintegra?codteor=1294611&filename=PL%208305/2014>. Acesso em: 4 abr. 2024.

BRETAN, M. E. A. N. **Violência sexual contra crianças e adolescentes mediada pela tecnologia da informação e comunicação**: elementos para a prevenção vitimal. 2012. 326 f. Tese (Doutorado) – Universidade de São Paulo, São Paulo, 2012. Disponível em: <http://www.teses.usp.br/teses/disponiveis/2/2136/tde-22042013-111456/>. Acesso em: 4 abr. 2024.

BUENO, S.; LIMA, R. S. de. Incertezas na medição da evolução das Mortes Violentas Intencionais no Brasil: desafios metodológicos e dilemas de políticas públicas. In: FÓRUM BRASILEIRO DE SEGURANÇA PÚBLICA. 17º Anuário Brasileiro de Segurança Pública. São Paulo, 2023. p. 24-43. Disponível em: <https://forumseguranca.org.br/wp-content/uploads/2023/07/anuario-2023.pdf>. Acesso em: 4 abr. 2024.

BUENO, S. et al. A explosão da violência sexual no Brasil. In: FÓRUM BRASILEIRO DE SEGURANÇA PÚBLICA. **17º Anuário Brasileiro de Segurança Pública**. São Paulo: Fórum Brasileiro de Segurança Pública, 2023. p. 154-161. Disponível em: <https://forumseguranca.org.br/wp-content/uploads/2023/07/anuario-2023.pdf>. Acesso em: 4 abr. 2024.

BUSATO, P. C. **Direito penal**: Parte Especial. São Paulo: Tirant Brasil, 2022. v. 2. [e-book].

BUSATO, P. C. O papel do Ministério Público no futuro do direito penal brasileiro. **Revista de Estudos Criminais**, ITEC – Instituto Transdisciplinar de Estudos Criminais, n. 5, p. 105-124, 2002. Disponível em: <https://www.mpsp.mp.br/portal/page/portal/documentacao_e_divulgacao/doc_biblioteca/bibli_ser; vicos_produtos/bibli_boletim/bibli_bol_2006/SRC%20 05_105.pdf>. Acesso em: 4 abr. 2024.

BUTLER, J. **Deshacer el género**. Traducción de Patrícia Soley-Beltran. Barcelona: Paidós, 2006.

CABETTE, E. L. S. Lesão corporal por misoginia ou violência doméstica contra a mulher. **Meu Site Jurídico**, 25 abr. 2022. Disponível em: <https://meusitejuridico.editorajuspodivm.com.br/2022/04/25/lesao-corporal-por-misoginia-ou-violencia-domestica-contra-a-mulher/>. Acesso em: 4 abr. 2024.

CÂMARA, L. A.; ALCÂNTARA, J. V. S. de. O populismo penal e a política criminal brasileira. **Revista da Academia Paranaense de Letras Jurídicas**, Curitiba: APLJ, n. 6, p. 307-350, 2021. Disponível em: <https://aplj.com.br/wp-content/uploads/2021/11/e-book-Revista-APLJ-n6.pdf>. Acesso em: 4 abr. 2024.

CAMPOS, M. da S. Crime e Congresso Nacional: uma análise da política criminal aprovada de 1989 a 2006. **Revista Brasileira de Ciência Política**, Brasília, n. 15, p. 315-347, 2014.

CAMPOS, M. da S.; AZEVEDO, R. G. de. A ambiguidade das escolhas: política criminal no Brasil de 1989 a 2016. **Revista de Sociologia e Política**, v. 28, p. e002, 2020.

CANTERA, L. Violencia en la pareja: fenómenos, procesos y teorías. In: SÁNCHEZ, T. (Ed.). **Maltrato de género, infantil y de ancianos**. Salamanca: Publicaciones Universidad Pontificia de Salamanca, 2005. p. 55-94.

CARDOSO, M. A. F. O estelionato virtual praticado contra o idoso e os reflexos jurídico-penais. **Revista Ibero-Americana de Humanidades, Ciências e Educação**, v. 9, n. 5, p. 3385-3398, 2023.

CARILLO, B. et al. **Reincidência criminal no Brasil**. Universidade Federal de Pernambuco, 14 nov. 2022. Disponível em: <https://www.gov.br/senappen/pt-br/assuntos/noticias/depen-divulga-relatorio-previo-de-estudo-inedito-sobre-reincidencia-criminal-no-brasil/reincidencia-criminal-no-brasil-2022.pdf>. Acesso em: 4 abr. 2024.

CARUSO, T.; BRENER, P. A Parte Especial do Código Penal: de uma teoria geral para um estudo sistemático. **Revista Brasileira de Ciências Criminais**, São Paulo: RT, n. 192, p. 129-162, set./out. 2022.

CERQUEIRA, D. et al. **Armas de fogo e homicídios no Brasil**. São Paulo: Fórum Brasileiro de Segurança Pública, 2022. Disponível em: <https://forumseguranca.org.br/wp-content/uploads/2022/09/informe-armas-fogo-homicidios-no-brasil.pdf>. Acesso em: 4 abr. 2024.

CHOUKR, F. H. **Processo penal de emergência**. Rio de Janeiro: Lumen Juris, 2003.

CIFALI, A. C. **A política criminal brasileira no governo Lula (2003-2010)**: diretrizes, reformas legais e impacto carcerário. 2015. 280 f. Dissertação (Mestrado em Ciências Criminais) – Pontifícia Universidade Católica do Rio Grande do Sul, Porto Alegre, 2015.

CNJ – Conselho Nacional de Justiça. **Justiça julgou quase 200% a mais de casos de feminicídio em 2021**. 1º jul. 2022. Disponível em: <https://www.cnj.jus.br/justica-julgou-quase-200-a-mais-de-casos-de-feminicidio-em-2021/>. Acesso em: 4 abr. 2024.

CNJ – Conselho Nacional de Justiça. **Meta 9**: moeda falsa. Relatório Temático 2. 2020. Disponível em: <https://www.cnj.jus.br/wp-content/uploads/2022/01/relatorio-tematico-2-moeda-falsa-painel-e-relatorio-quantitativo.pdf>. Acesso em: 4 abr. 2024.

CNMP – Conselho Nacional do Ministério Público. **Relatório Nacional da Execução da Meta 2**: um diagnóstico da investigação de homicídios no país. Brasília, 2012. Disponível em: <https://www.cnmp.mp.br/portal/images/stories/Enasp/relatorio_enasp_FINAL.pdf>. Acesso em: 4 abr. 2024.

CRESPO, M. Crimes digitais: do que estamos falando? **Canal Ciências Criminais**, 15 jun. 2015. Disponível em: <https://canalcienciascriminais.com.br/crimes-digitais-do-que-estamos-falando/>. Acesso em: 4 abr. 2014.

CUNHA, R. S. Especial: teses do STJ sobre crimes contra a Administração Pública. **Meu Site Jurídico**, 13 jun. 2017a. Disponível em: <https://meusitejuridico.editorajuspodivm.com.br/2017/06/13/especial-teses-stj-sobre-crimes-contra-administracao-publica/>. Acesso em: 4 abr. 2024.

CUNHA, R. S. **Manual de direito penal**. 5. ed. São Paulo: Juspodivm, 2017b.

CUNHA, R. S.; PINTO, R. B. **Violência doméstica**: Lei Maria da Penha comentada artigo por artigo. 6. ed. São Paulo: RT, 2015.

DAL RI JÚNIOR, A. **O Estado e seus inimigos**: a repressão política na história do direito penal. Rio de Janeiro: Revan, 2006.

DEL NEGRI, A. Os juristas, o regime militar de 1964 e personalidades autoritárias que cruzaram o marco da Constituição de 1988. **História do Direito**, v. 2, n. 3, p. 320-342, 2022.

DELMANTO, C. et al. **Código Penal comentado**. 7. ed. atual e ampl. Rio de Janeiro: Renovar, 2007.

DIAS, C. C. N.; SILVA, V. R. da. "O Estado brasileiro vai ter quem manda dentro dos presídios": análise do discurso de senadores na votação da PEC da Polícia Penal. **Lua Nova: Revista de Cultura e Política**, n. 115, p. 81-122, 2022.

DUARTE, S. V.; ALMEIDA, T. M. de O. Coagindo crimes cibernéticos: uma análise do arcabouço legal brasileiro para a segurança digital e comunicação. **Altus Ciência**, v. 18, n. 18, p. 85-102, 2023. Disponível em: <http://revistas.fcjp.edu.br/ojs/index.php/altusciencia/article/view/148>. Acesso em: 4 abr. 2023.

ENGUÉLÉGUÉLÉ, S. B. As comunidades epistêmicas penais e a produção legislativa em matéria criminal. **Revista Brasileira de Políticas Públicas**, v. 8, n. 2, p. 960-978, 2018.

FALAVIGNO, C. F. Racionalidade legislativa penal: a contribuição da academia e do Judiciário. **Revista de Estudos Criminais**, São Paulo, n. 82, p. 131-150, 2021.

FBSP. **Visível e invisível**: a vitimização de mulheres no Brasil. 4. ed. São Paulo: FBSP, 2023.

FELIX, S. A. Armas versus vidas: análise de regressão sobre o impacto da apreensão de armas nos homicídios. **Revista LEVS**, n. 11, 2013.

FERREIRA, C. C.; MASIERO, C. M.; MACHADO, É. B. L. do A. Pós-Constituição de 1988: um cruzamento entre produção legislativa e impactos de encarceramento. **Revista Brasileira de Ciências Criminais**, v. 147, p. 27-65, 2018.

FERREIRA, P. da S. Direitos fundamentais e letalidade policial: sentidos opostos numa mesma trilha. **Revista Eletrônica Direito e Sociedade**, v. 7, n. 2, p. 111-126, 2019.

FGV – Fundação Getulio Vargas. Centro de Políticas Sociais. **Mídia – Pesquisa "Insegurança alimentar no Brasil: pandemia, tendências e comparações globais"**. 2022. Disponível em: <https://cps.fgv.br/midia-pesquisa-inseguranca-alimentar-no-brasil-pandemia-tendencias-e-comparacoes-globais>. Acesso em: 4 abr. 2024.

FÓRUM BRASILEIRO DE SEGURANÇA PÚBLICA. **17º Anuário Brasileiro de Segurança Pública**. São Paulo, 2023a. Disponível em: <https://forumseguranca.org.br/wp-content/uploads/2023/07/anuario-2023.pdf>. Acesso em: 4 abr. 2024.

FÓRUM BRASILEIRO DE SEGURANÇA PÚBLICA. **Visível e invisível**: a vitimização de mulheres no Brasil. 4. ed. São Paulo: FBSP, 2023b. Disponível em: <https://forumseguranca.org.br/wp-content/uploads/2023/03/visiveleinvisivel-2023-relatorio.pdf>. Acesso em: 10 set. 2024.

FRAGOSO, H. C. A nova Lei de Segurança Nacional. **Revista de Direito Penal de Criminologia**, Rio de Janeiro: Forense, n. 3, jan./jun. 1983.

FRAGOSO, H. C. Crimes contra a pessoa. Crimes contra a vida. Homicídio. **Revista de Direito Penal**, v. 5, p. 5, 1948.

FRAGOSO, H. C. **Lições de direito penal**: Parte Especial (arts. 121 a 160 CP). Rio de Janeiro: Forense, 2003.

FRANCO, A. S. (Coord.). **Código Penal e sua interpretação jurisprudencial**. 7. ed. São Paulo: RT, 2001. v. 2: Parte Especial.

FRANCO, A. S.; STOCO, R. (Coord.). **Código Penal e sua interpretação**: doutrina e jurisprudência. 8. ed. atual. e ampl. São Paulo: RT, 2007.

FREITAS, F. da S. Morte, poder, território e dinheiro: milícias e grupos de extermínio no Brasil (2000-2021). In: FREITAS, F. da S. (Org.). **Violência no Brasil**: desafio das periferias. São Paulo: Fundação Perseu Abramo, 2022. p. 97-108.

GIAMBERARDINO, A. R. A parte especial do direito penal entre codificação e descodificação: sugestões para um início de abordagem. **Revista da Faculdade de Direito da UFPR**, v. 49, p. 157-174, 2009.

GOMES FILHO, D. F. Dogmática penal: fundamento e limite à construção da jurisprudência penal no Supremo Tribunal Federal. **Brazilian Journal of Development**, v. 6, n. 8, p. 60272-60303, 2020.

GOMES, M. G. M. **Teoria geral da parte especial do direito penal**. São Paulo: Atlas, 2014.

GOUVEIA FILHO, E. C. **Justiça penal e democracia no Brasil**. 2023. 273 f. Tese (Doutorado em Ciências Jurídicas) – Universidade do Minho, Braga, 2023.

GRECO, R. **Curso de direito penal**: Parte Especial. 8. ed. Rio de Janeiro: Impetus, 2011. v. II.

GRECO, R. **Curso de direito penal**. São Paulo: Atlas, 2024. v. 2. [e-book Kindle].

GUERRA, M. P.; MACHADO FILHO, R. D. Fim do constitucionalismo autoritário? Os debates sobre a permanência da Lei de Segurança Nacional na redemocratização (1978-1987). **Revista de Direito e Práxis**, v. 14, n. 1, p. 193-223, 2023. Disponível em: <https://www.e-publicacoes.uerj.br/revistaceaju/article/view/57060>. Acesso em: 4 abr. 2024.

HASSEMER, W. **Direito penal libertário**. Tradução de Regina Greve. Belo Horizonte: Del Rey, 2009.

HUNGRIA, N. **Comentários ao Código Penal**. Rio de Janeiro: Forense, 1955. v. VII.

HUNGRIA, N.; FRAGOSO, H. C. **Comentários ao Código Penal**. 4. ed. Rio de Janeiro: Forense, 1980. v. VII: arts. 155 a 196.

IPEA – Instituto de Pesquisa Econômica Aplicada. Dados sobre estupro no Brasil. **Policy Brief em Questão: Evidências para Políticas Públicas**, n. 22, mar. 2023. Disponível em: <https://www.ipea.gov.br/atlasviolencia/arquivos/artigos/1694-pbestuprofinal.pdf>. Acesso em: 4 abr. 2024.

JAPIASSÚ, J. M. **A luta da legalidade pela determinação semântica nos tipos penais**: possibilidades de um enfrentamento jurídico-discursivo. 2009. Dissertação (Mestrado) – Universidade Federal de Pernambuco, Recife, 2009.

JESUS, D. de. **Direito penal**: Parte Especial. São Paulo: Saraiva, 2016. v. 2.

JESUS, D. de; MILAGRE, J. A. **Manual de crimes informáticos**. São Paulo: Saraiva, 2016.

JORIO, I. D. **Conceito material de crime**. São Paulo: Tirant Brasil, 2023.

LAGRECA, A.; NASCIMENTO, T. **Queda em nível nacional**: o que dizem os dados de homicídios do 1º semestre de 2023. 23 ago. 2023. Disponível em: <https://fontesegura.forumseguranca.org.br/queda-em-nivel-nacional-o-que-dizem-os-dados-de-homicidios-do-1-semestre-de-2023/>. Acesso em: 4 abr. 2024.

LEITE, L. F.; VASSOLER, T. O.; GITIRANA, J. H. O epistemicídio dos direitos sexuais e reprodutivos das mulheres nos manuais brasileiros de direito penal. **Caderno PAIC**, v. 22, n. 1, p. 253-272, 2021.

LEMOS, A. P. **Nomear o mal e dizer o bem**: a relação entre criminalização e descriminalização de condutas e o discurso do direito internacional dos direitos humanos. 2017. 115 f. Dissertação (Mestrado em Direito) – Universidade Federal do Paraná, Curitiba, 2017. Disponível em: <https://acervodigital.ufpr.br/xmlui/bitstream/handle/1884/47391/R%20-%20D%20-%20ALESSANDRA%20PREZEPIORSKI%20LEMOS.pdf?sequence=1&isAllowed=y>. Acesso em: 4 abr. 2024.

LESFEM – Laboratório de Estudos de Feminicídios. **Brasil registra 1.153 feminicídios até julho de 2023**. 22 ago. 2023. Disponível em: <https://sites.uel.br/lesfem/brasil-registra-1-153-feminicidios-ate-julho-de-2023/> e em: <https://sway.cloud.microsoft/Dc7r5Tvr19NheTW9?ref=Link>. Acesso em: 4 abr. 2024.

LUISI, L. **Os princípios constitucionais penais**. Porto Alegre: Sérgio Antonio Fabris Editor, 2003.

MACHADO, D. R. G.; GROTT, S. Estelionato virtual. **Revista Científica Multidisciplinar do CEAP**, v. 4, n. 1, p. 1-10, 2022. Disponível em: <http://periodicos.ceap.br/index.php/rcmc/article/view/149/92>. Acesso em: 4 abr. 2024.

MACHADO, L. Os brasileiros presos por furto de comida na pandemia de covid. **BBC News Brasil**, 18 jun. 2021. Disponível em: <https://www.bbc.com/portuguese/brasil-57477601>. Acesso em: 4 abr. 2024.

MALARINO, E.; ARNAUDO, L. A. Activismo judicial, punitivización y nacionalización: tendencias antidemocráticas y antiliberales de la CIDH. In: PASTOR, D. R. (Dir.); GUZMÁN, N. (Coord.). **El Sistema penal en las sentencias recientes de los órganos interamericanos de protección de los derechos humanos**. Buenos Aires: Ad-Hoc, 2009.

MARCHI JÚNIOR, A. de P. **O princípio da legalidade e sua atuação no direito penal brasileiro**: o protagonismo da jurisprudência do Superior Tribunal de Justiça quanto à delimitação do alcance dos tipos penais. 2012. 240 f. Tese (Doutorado em Direito) – Universidade Federal de Minas Gerais, Belo Horizonte, 2012. Disponível em: <https://repositorio.ufmg.br/bitstream/1843/BUOS-98ZJ5B/1/ant_nio_de_p_dova.pdf>. Acesso em: 4 abr. 2024.

MARQUES, D.; LAGRECA, A. Os crimes patrimoniais no Brasil: entre novas e velhas dinâmicas. **Anuário Brasileiro de Segurança Pública 2022**, 17 ago. 2022. Disponível em: <https://fontesegura.forumseguranca.org.br/os-crimes-patrimoniais-no-brasil-entre-novas-e-velhas-dinamicas/>. Acesso em: 4 abr. 2024.

MARTINELLI, J. P; BEM, L. S. de. O patrimônio como objeto de tutela do direito penal. In: ARANHA FILHO, A. J. Q. T. de C.; BRITO, A. C. de; MORAES, J. (Org.). **Cidadania e ciência penal**: livro em homenagem ao Prof. Adalberto José Queiroz Telles de Camargo Aranha. São Paulo: Tirant Brasil, 2023. p. 251-273.

MARTINS, J. Quando a vítima é o policial. In: FÓRUM BRASILEIRO DE SEGURANÇA PÚBLICA. **Anuário Brasileiro de Segurança Pública 2020**. São Paulo: Fórum Brasileiro de Segurança Pública, 2020. p. 76-81. Disponível em: <https://forumseguranca.org.br/wp-content/uploads/2020/10/anuario-14-2020-v1-interativo.pdf>. Acesso em: 4 abr. 2024.

MASSENO, M. D. **Os tipos penais brasileiros perante a Convenção de Budapeste sobre o cibercrime, principais problemas de adequação.** 13 nov. 2023. Disponível em: <https://www.academia.edu/101702344/Os_Tipos_Penais_Brasileiros_perante_a_Conven%C3%A7%C3%A3o_de_Budapeste_sobre_o_Cibercrime_principais_problemas_de_adequa%C3%A7%C3%A3o>. Acesso em: 4 abr. 2024.

MASSON, C. **Direito penal**: Parte Especial. 9. ed. São Paulo: Forense, 2016.

MÉDICI, S. de O. **Elementos para uma teoria da parte especial do direito penal.** 2003. Tese (Doutorado) – Universidade de São Paulo, São Paulo, 2003. Disponível em: <https://repositorio.usp.br/item/001332407>. Acesso em:4 abr. 2024.

MENDES, A. P. T. **Por que o legislador quer aumentar penas?** Populismo penal legislativo na Câmara dos Deputados – Análise das justificativas das proposições legislativas no período de 2006 a 2014. 287 f. Tese (Doutorado em Direito Penal) – Faculdade de Direito da PUC-Rio, Rio de Janeiro, 2015.

MENDONÇA, L. L. M. de. Sobre a (i)legitimidade da qualificadora do homicídio por motivação política. **Consultor Jurídico**, 24 jul. 2022. Disponível em: <https://www.conjur.com.br/2022-jul-24/lawrence-lino-qualificadora-homicidio-motivacao-politica/>. Acesso em: 4 abr. 2024.

MISSE, M. Cinco teses equivocadas sobre a criminalidade urbana no Brasil: uma abordagem crítica. **Série Estudos**, v. 91, p. 23-39, 1995. Disponível em: <https://necvu.com.br/wp-content/uploads/2020/11/Cinco_Teses_Equivocadas_sobre_a_Criminal.pdf>. Acesso em: 4 abr. 2024.

MONIZ, H. I. G. **O crime de falsificação de documentos**: da falsificação intelectual e da falsidade em documento. Coimbra: Livraria Almedina, 1993.

MONTENEGRO, L. **Por que se qualifica o homicídio?** Um estudo sobre a relevância da motivação em direito penal, por ocasião da Lei do Feminicídio (Lei 13.104, de 2015). São Paulo: Marcial Pons, 2017.

MUNIZ, J. de O.; SOARES, B. M. **Estudo exploratório sobre vitimização, letalidade e saúde ocupacional nas polícias de São Paulo**: sugestões para um programa de ação federativa. 2011. Disponível em: <https://dspace.mj.gov.br/handle/1/3581>. Acesso em: 4 abr. 2024.

NABUCO FILHO, J. Algumas observações sobre o estelionato: a questão da pessoa induzida em erro. **Revista JurisFIB**, v. 1, n. 1, p. 2, 2011.

NORONHA, M. E. **Direito penal**. São Paulo: Saraiva, 1995. v. IV.

NUCCI, G. de S. **Código Penal comentado**. 7. ed. São Paulo: RT, 2007.

PASTANA, D. R. Estado punitivo brasileiro: a indeterminação entre democracia e autoritarismo. **Civitas – Revista de Ciências Sociais**, v. 13, p. 27-47, 2020.

PASTOR, D. R. Contrariedades actuales del derecho penal internacional. In: MACULAN, E.; GIL, A. G. (Coord.). **Intervención delictiva y derecho penal internacional**: reglas de atribución de la responsabilidad en crímenes internacionales. Madrid: Dykinson S.L., 2013. p. 55-68.

PELIZZON, R.; VIEIRA, T. V. Concurso de pessoas no crime de infanticídio. In: SIMPÓSIO DE SUSTENTABILIDADE E CONTEMPORANEIDADE NAS CIÊNCIAS SOCIAIS, IV, 2016, Paraná. Disponível em: <https://www.fag.edu.br/upload/contemporaneidade/anais/593706d4b5877.pdf>. Acesso em: 4 abr. 2024.

PINHEIRO, P. P. **Direito digital**. 7. ed. São Paulo: Saraiva Educação, 2021.

PINTO, N. M. **Penas e alternativas**: um estudo sociológico dos processos de agravamento das penas e de despenalização no sistema de criminalização brasileiro (1984-2004). 2006. 234 f. Tese (Doutorado em Sociologia) – Universidade Federal do Rio de Janeiro, Rio de Janeiro, 2006. Disponível em: <https://necvu.com.br/wp-content/uploads/2020/12/TESE_Nalayne_Mendonca_PDF.pdf>. Acesso em: 8 abr. 2024.

PISAPIA, G. D. **Introduzione alla parte speciale del diritto penale**. Milano: Giuffrè, 1948.

PONTE, A. C. da; AOKI, L. G. de O. S. Apontamentos sobre os movimentos de recodificação e de consolidação do direito penal brasileiro. **Humanidades & Tecnologia em Revista**, ano XII, n. 13, p. 99, 2018.

PRADO, L. R. **Tratado de direito penal brasileiro**: Parte Especial. Editora Thoth, 2024. [e-book Kindle].

REALE JÚNIOR, M.; WUNDERLICH, A. **Lei de Segurança Nacional e defesa do Estado de direito no Brasil**. Canela, RS, 14 set. 2020. Disponível em: <https://www.conjur.com.br/dl/pa/parecer-oab-lsn-reale-jr-wunderlich.pdf>. Acesso em: 4 abr. 2024.

REINA, E. Com agravamento da crise econômica, casos de furto de alimento se multiplicam. **Consultor Jurídico**, 21 ago. 2022. Disponível em: <https://www.conjur.com.br/2022-ago-21/agravamento-crise-casos-furto-alimento-multiplicam/>. Acesso em: 4 abr. 2024.

REINACH, S.; BARROS, B. W. O aumento da violência contra crianças e adolescentes no Brasil em 2022. **Anuário Brasileiro de Segurança Pública 2023**, 20 set. 2023. Disponível em: <https://fontesegura.forumseguranca.org.br/o-aumento-da-violencia-contra-criancas-e--adolescentes-no-brasil-em-2022/>. Acesso em: 4 abr. 2024.

RESENTE, M. A. Reações persecutórias em policiais vítimas de violência. **Revista de Psicologia: Saúde Mental e Segurança Pública**, Belo Horizonte, v. 2, n. 4, p. 31-40, jan./dez. 2007. Disponível em: <https://revista.policiamilitar.mg.gov.br/index.php/psicologia/issue/view/85>. Acesso em: 4 abr. 2024.

RIBEIRO, A. P.; SOUZA, E. R. de; SOUSA, C. A. M. de. Lesões provocadas por armas de fogo atendidas em serviços de urgência e emergência brasileiros. **Ciência & Saúde Coletiva**, v. 22, p. 2851-2860, 2017.

RIBEIRO, J. Mortes violentas caem, mas Brasil concentra 20,4% dos homicídios do planeta, indica estudo. **R7 Cidades**, 28 jun. 2022. Disponível em: <https://noticias.r7.com/cidades/mortes-violentas-caem-mas-brasil-concentra-204-dos-homicidios-do-planeta-indica--estudo-28062022/>. Acesso em: 4 abr. 2024.

ROCHA JÚNIOR, F. de A. do R. M. A legalidade penal constitucionalmente filtrada: uma análise da jurisprudência do Supremo Tribunal Federal. **Constituição, Economia e Desenvolvimento: Revista Eletrônica da Academia Brasileira de Direito Constitucional**, v. 11, n. 21, p. 167-197, 2019. Disponível em: <https://abdconstojs.com.br/index.php/revista/article/view/219>. Acesso em: 4 abr. 2024.

ROXIN, C. **Derecho penal**: fundamentos – la estrutura de la teoria del delito. Tradução de Diego Pena et al. Madrid: Civitas, 1997.

SAFERNET. **Safernet apresenta índice de palavras que ajudará o mundo a combater produção e difusão de imagens de abuso sexual infantil**. 17 nov. 2023. Disponível em: <https://new.safernet.org.br/content/safernet-apresenta-indice-de-palavras-que-ajudara-o-mundo--combater-producao-e-difusao-de>. Acesso em: 4 abr. 2024.

SALES, S. J. S. de. Parte especial do Código e parte especial do direito penal: o problema da legislação complementar. Descodificação e recodificação. Critérios para a recodificação: novas tendências. **Ciências Penais: Revista da Associação Brasileira de Professores de Ciências Penais**, n. 1, p. 134-170, 2004.

SANTOS, A. A. dos. Malatian, Teresa. Dom Luís de Orléans e Bragança: peregrino de impérios. São Paulo: Alameda Casa Editorial, 2010, 268 p. **Revista História e Cultura**, Franca-SP, v. 1, n. 1, p. 155-160, 2012.

SENAPPEN – Secretaria Nacional de Políticas Penais. **Quantidade de tipificações penais.** 30 jun. 2023. Disponível em: <https://app.powerbi.com/view?r=eyJrIjoiN2Q1ZmFmZWItNDNhMi00OTFjLTgyZGYtMjc1MmFiZDhmNGQ4IiwidCI6ImViMDkwNDIwLTQ0NGMtNDNmNy05MWYyLTRiOGRhNmJmZThlMSJ9>. Acesso em: 4 abr. 2024.

SILVA, A. C. Q.; BEZERRA, M. D.; SANTOS, W. T. Relações jurídicas virtuais: análise de crimes cometidos por meio do uso da internet. **Revista Cesumar – Ciências Humanas e Sociais Aplicadas**, v. 21, n. 1, p. 7-28, 2016.

SILVEIRA, F. A. M. Crescimento e descodificação do direito penal. **Revista dos Tribunais**, v. 897, p. 435-484, jul. 2010. Disponível em: <https://dspace-novo.almg.gov.br/retrieve/122092/Fabiano%20Augusto%20Martins%20Silveira.pdf>. Acesso em: 4 abr. 2024.

SILVEIRA, F. A. M. **Do crescimento do direito penal**: medições, análises e interação entre ciência e política no processo de reforma legislativa. 2008. Tese (Doutorado em Direito) – Universidade Federal de Minas Gerais, 2008.

SINUÉS, O. A.; JIMÉNEZ, R. M. M. **Los géneros de la violencia**: una reflexión "queer" sobre la "violencia de género". Egales, 2010.

SOUSA, M. H. F. de. **Estruturação linguística dos tipos penais**. 2014. 376 f. Dissertação (Mestrado em Direito) – Universidade de São Paulo, São Paulo, 2014. Disponível em: <https://www.teses.usp.br/teses/disponiveis/2/2136/tde-04102017-092234/publico/Completa_Estruturacao_linguistica_dos_tipos_penais_Matheus_Herren_Falivene_de_Sousa.pdf>. Acesso em: 4 abr. 2024.

SOUZA, A. de B. G.; JAPIASSÚ, C. E. A. **Direito penal**: Parte Especial. 2. ed. São Paulo: Tirant Brasil, 2022. [e-book].

SOUZA, M. C. C. de. **Produção e consumo de leis penais no capitalismo**: o fetichismo da mercadoria. 75 f. Dissertação (Mestrado em Direito Civil Constitucional; Direito da Cidade; Direito Internacional e Integração Econômica; Direi) – Universidade do Estado do Rio de Janeiro, Rio de Janeiro, 2012. Disponível em: <https://www.bdtd.uerj.br:8443/handle/1/9590>. Acesso em: 4 abr. 2024.

STF – Supremo Tribunal Federal. **Aplicação das súmulas no STF**. Disponível em: <https://portal.stf.jus.br/jurisprudencia/sumariosumulas.asp?base=30>. Acesso em: 4 abr. 2024.

STJ – Superior Tribunal de Justiça. Secretaria de Jurisprudência. Coordenadoria de Divulgação de Jurisprudência. **Inteiro teor da súmulas**. Brasília, DF, 25 jun. 2024. Disponível em: <https://www.stj.jus.br/docs_internet/jurisprudencia/tematica/download/SU/Sumulas/SumulasSTJ.pdf>. Acesso em: 4 abr. 2024.

UNODC – United Nations Office on Drugs and Crime. **Victims of Intentional Homicide**. 2022. Disponível em: <https://dataunodc.un.org/dp-intentional-homicide-victims>. Acesso em: 4 abr. 2024.

VIANNA, T. L. Da estrutura morfossintática dos tipos penais. **Prisma Jurídico**, v. 2, p. 121-142, 2003.

VIGLIAR, J. M. M. **Uniformização de jurisprudência como garantia do jurisdicionado**. 2002. Tese (Doutorado) – Universidade de São Paulo, São Paulo, 2002. Disponível em: <https://repositorio.usp.br/item/001293918>. Acesso em: 4 abr. 2024

VILELA, R. B. T. da C. Crimes eletrônicos: responsabilização criminal dos gerenciadores dos meios de facilitação e necessidade de tipificação penal específica para estes delitos. **Ensaio Jurídico**, v. 1, p. 257-276, 2010.

WAISELFISZ, J. J. **Mapa da Violência 2016**: homicídios por armas de fogo no Brasil. 26 ago. 2015. Disponível em: <https://flacso.org.br/files/2016/08/Mapa2016_armas_web-1.pdf>. Acesso em: 4 abr. 2024.

WUNDERLICH, A. **Crime político, segurança nacional e terrorismo**. São Paulo: Tirant lo Blanch, 2020.

Gisele Silveira Valim Bertinato

Sobre o autor

Fauzi Hassan Choukr tem pós-doutorado pela Universidade de Coimbra (2012-2013). É doutor (1999) e mestre (1994) em Direito Processual Penal pela Universidade de São Paulo (USP) e especialista em Direitos Humanos pela Universidade de Oxford – New College (1996) e em Direito Processual Penal pela Universidade de Castilla-La Mancha (2007). Tem capacitação profissional para o sistema acusatório pelo Centro de Estudos Jurídicos das Américas (Ceja), no Chile (2016). Pesquisador convidado do Instituto Max Planck para direito penal estrangeiro, internacional e criminologia (1997-2008) e do Collège de France, cátedra sob regência da Profª Mireille Delmas-Marty (2005-2011). Acadêmico da Academia Paulista de Direito (a partir de 2018, Cadeira Nelson Hungria). Membro da Associação Internacional de Direito Penal (AIDP); do Instituto Panamericano de Direito Processual; da Associação Brasileira de Direito Processual (ABDPro); do Instituto Brasileiro de Direito Processual Penal (Ibraspp); do Instituto Brasileiro de Ciências Criminais (IBCCrim). Presidente do Ibraspp (2016-2019). Coordenador do PPGD da Faculdade de Campinas (Facamp) – Programa aprovado pela Capes (junho/2022). Pesquisas concentradas nos seguintes temas: direitos fundamentais e sistema penal; internacionalização de direitos e globalização econômica; justiça de transição. Promotor de Justiça no Estado de São Paulo (desde 1989).

Impressão: xxxxxxxxxxx